Gerti Samel / Sylvia Schneider

Clear Your Life

Gerti Samel
Sylvia Schneider

Clear Your Life

Zehn Wege für Frauen,
ihr Leben zu entrümpeln

Kreuz

Inhalt

Vorwort oder:
Frauen räumen ihr Leben
anders auf

Jahrelang leben wir unseren Alltag, erfüllen unsere
Pflichten, verschleißen uns im doppelten oder dreifachen
Salto Mortale. Doch irgendwann kommt ein Punkt in unserem Leben, an dem es einfach reicht. Plötzlich haben
wir das dringende Bedürfnis, unser Leben aufzuräumen.
Manchmal beginnt es beim Kleiderschrank und endet mit
einer Kündigung. Ein andermal wird der Körper gereinigt und anschließend die Wohnung entrümpelt. Ganz
Mutige verkaufen ihre Wohnung und reisen um die Welt.
Egal, wo wir beginnen, fast immer hat so eine Klärungs-
aktion Auswirkungen auf alle anderen Lebensbereiche,
denn wer einmal gespürt hat, wie befreiend es ist, etwas
Altes, Ausgedientes, Überflüssiges, Hinderliches loslassen zu können, der sucht Klarheit auch in anderen Dingen und Beziehungen.

Zugegeben: Zur Zeit boomen die Empfehlungen, sich
das Leben einfacher zu machen, nebenbei schlanker und
fitter zu werden und alles besser in den Griff zu bekommen. Und dann auch noch glücklich zu werden. Interessanterweise stammen fast alle diese Tipps von Männern.
Als wir zwei uns kürzlich darüber unterhielten, haben wir
uns gefragt, ob männlich geprägte Ratschläge tatsächlich
auf ein Frauenleben übertragbar sind. Wir glauben, dass
Frauen anders fühlen, denken und – aufräumen. Denn
nach allem, was wir wissen, sieht der Alltag von Frauen
doch immer noch ziemlich anders aus als der der meisten
Männer. Nach wie vor haben Frauen einfach mehr Ruck-
säcke zu schultern. Da ist neben dem Beruf vielleicht noch
ein Kind allein zu erziehen, sind masernkranke Geschwis-
ter zu betreuen, die Wäsche zu waschen, die alten Eltern
zu versorgen, der chronisch kranke Mann zu pflegen, das

Katzenklo zu säubern, die Einkäufe zu erledigen, für das leibliche Wohl der Familie zu sorgen, die Nöte der Freundin anzuhören, mit dem Banker über den Überziehungskredit zu verhandeln, schnell noch mal eine Runde zu joggen, über eine Neuorganisation der Altersvorsorge nachzudenken, das Auto in die Werkstatt und Oma zum Arzt zu bringen, den Elternabend nicht zu versäumen, für das Seminar den Koffer zu packen und vorzukochen, das Geburtstagsgeschenk für Onkel Ernst nicht zu vergessen, Notizen für die nächste Konferenz zu machen … und das manchmal sogar alles an einem Tag.

Jeder noch so sinnvolle Verbesserungsvorschlag für ein leichteres Leben wird oft genug durch die Wirklichkeit von Frauen torpediert. Wie oft haben auch wir uns schon in den vergangenen Jahren von unseren Nöten erzählt und uns vorgenommen, uns von vielem zu befreien. Gemeinsam haben wir so manche Lösung erdacht und oft ließ sie sich tatsächlich umsetzen. Wir haben tiefe Einsichten gewonnen und Zusammenhänge begriffen. Doch oft genug sind wir auch auf halbem Wege stehen geblieben und mussten uns eingestehen, hochfliegende Pläne nicht wirklich in Angriff genommen oder nicht durchgehalten zu haben, einfach deshalb, weil es nicht ging. Oder weil wir dachten, es geht nicht.

Wir glauben inzwischen: Frauen würden Frauen andere Ratschläge geben, um ihr Leben zu klären. Deshalb haben wir dieses Buch geschrieben, liebe Leserinnen. Für den Augenblick, in dem Sie unwiderruflich sagen: »Jetzt räume ich auf!« Wenn Frauen Bilanz ziehen und ihr Leben entrümpeln, entwickeln sie oft eine große Energie aus Wut, Frust und manchmal auch Verzweiflung: Wo bin ich eigentlich selbst in diesen ganzen Ansprüchen geblieben? Nutzen Sie diese Energie und Kraft, um zu schauen, wo sich Ihr Leben ändern soll und kann!

Wir haben uns auf die Suche gemacht nach den großen und kleinen Entrümpelungsstrategien. Sie bestehen aus vielen kleinen Schritten, manchmal aus großen Kraftakten, aus Übungen und Mut machenden Ratschlägen. Sie müssen dabei selbst herausfinden, an welcher Stelle Sie Ihr Leben klären möchten und was überhaupt möglich ist. Letztlich entscheiden Sie selbst, welcher Weg der Ihre ist. Manch eine schafft es gerade, ihren Schreibtisch zu entmüllen. Einer anderen gelingt es, unerträgliche familiäre Vernetzungen zu entwirren und der Familie eine neue Struktur zu geben. Eine dritte verschafft sich kleinere Verschnaufpausen, eine vierte krempelt ihr Leben total um.

Übernehmen Sie sich dabei nicht. Das Leben zu klären ist meist ein gutes Stück Arbeit. Oft mag es nur mit Mühe gelingen, die emotionalen Verwicklungen zu entwirren, in denen wir stecken. Es kann auch manches ans Licht kommen, was wir gar nicht so gerne sehen wollen. Manche Klärung schieben wir seit langem vor uns her. Geistig, seelisch, körperlich, im privaten Bereich, im Job und überall da, wo wir uns aufhalten. Sehen Sie sich das nach. An den Beispielen aus unserem eigenen Leben werden Sie merken, dass wir es auch tun – und das nicht selten mit einer gehörigen Portion Galgenhumor. Wir sind alle auf dem Weg.

In diesem Buch finden Sie Handwerkszeug, um Ihr Leben auf allen Ebenen zu klären. Und einmal angefangen, wird es immer öfter immer leichter. Wir werden sensibler gegenüber Unklarheiten und Ungereimtheiten. Wir spüren schneller, wenn etwas nicht mehr stimmt. Je mehr wir klären, desto mehr kommt von uns selbst zum Vorschein: das, was wir sind, was uns ausmacht. Und das Wunderbarste ist: Je klarer Sie werden, desto klarer begegnet Ihnen Ihre Umwelt, desto authentischer werden Sie und desto unbeschwerter können Sie leben. Ganz klar.

Gerti Samel
Sylvia Schneider

Vorweg

Liebe Leserin,

als Einstieg in die »Zehn Wege, Ihr Leben zu entrümpeln« finden Sie am Anfang eines jeden Kapitels einen Test, der Sie in die jeweilige Thematik hineinführt. Er soll Ihnen helfen, sich auf das einzustellen, was Sie gleich lesen werden, und Ihnen helfen, Ihren eigenen Status quo zu überprüfen. Dann fällt es Ihnen leichter zu sehen, wo Sie stehen, und zu entscheiden, ob Sie etwas Müll loswerden wollen. Wenn das so ist, können Sie nach dem Test eher entscheiden, wovon Sie sich trennen wollen und wie das Ihnen persönlich am besten gelingt, denn jede von uns hat ihren eigenen Weg zum Glück, und der will gefunden sein.

Viel Spaß und viel Erfolg dabei!

1. Weg

Raus mit dem Gedankenmüll!

Clear-Your-Life-Test:
Wie klar ist Ihr Kopf?

☐ Haben Sie so viel um die Ohren, dass Sie sich manchmal am liebsten eine Decke über den Kopf ziehen
würden?

☐ Sind Sie häufig unkonzentriert oder verzetteln Sie sich
leicht?

☐ Macht es Ihnen manchmal Mühe, bei einem Sachver-
halt zu verstehen, worauf es ankommt?

☐ Zählt Ihnen Ihr innerer Antreiber, wenn Sie sich eigentlich ausruhen möchten, immer zuerst auf, was Sie
vorher noch erledigen müssten?

☐ Haben Sie oft das Gefühl, dass Sie in emotionale Abhängigkeiten verstrickt sind?

☐ Denken Sie oft, dass Sie eigentlich viel zu negativ und
misstrauisch sind?

☐ Ertappen Sie sich manchmal dabei, dass Sie genau so
reden oder argumentieren wie Ihr Vater, Ihre Mutter
oder eine andere wichtige Bezugsperson?

☐ Sind Sie oft in Gedanken so sehr woanders, dass Sie
gar nicht wahrnehmen, was um Sie herum geschieht?

☐ Liegen Sie nachts wach, grübeln Sie und machen Sie
sich Sorgen?

☐ Leiden Sie unter Schuldgefühlen, wenn Sie mal die
Beine hoch legen und einfach nichts tun?

☐ Wollen Sie immer alles perfekt erledigen?

☐ Fällt es Ihnen schwer, anderen Menschen Aufgaben
zu übertragen?

☐ Ist Ihr Geist so unruhig, dass Sie – wenn Sie zu entspannen versuchen – unaufhörlich innere Dialoge führen?

☐ Sind Sie innerlich davon überzeugt, nur dann anerkannt zu werden, wenn Sie etwas leisten?

☐ Haben Sie Probleme, anderen einen Gefallen abzu-
schlagen?

- [ ] Neigen Sie dazu, sich ausnutzen zu lassen?
- [ ] Werden Sie schnell schlapp, mutlos und depressiv verstimmt, wenn Ihnen etwas nicht gelingt?
- [ ] Leiden Sie unter psychosomatischen Beschwerden wie Kopfweh, Schulterverspannungen, Rückenschmerzen, Magen-/Darmproblemen oder funktionellen Herzbeschwerden wie Herzrasen oder -stechen?
- [ ] Nehmen Sie die Bedürfnisse anderer oft wichtiger als Ihre eigenen?

Wie ist Ihre »geistige« Bilanz ausgefallen? Wenn Sie die meisten Fragen mit »Ja« beantwortet haben, zeigt das, dass Sie typisch weibliche Denkstrukturen besitzen. Es fällt Ihnen schwer, zu Ihren Stärken zu finden, denn Sie schleppen wahrscheinlich – wie die meisten von uns – eine Menge Ballast von früher mit sich herum. Es ist nicht immer einfach, sich davon zu befreien, zumal wir den Müll oft auch gar nicht als solchen erkennen. Sich von eingefahrenen Denkmustern zu verabschieden, kann eine schwere Aufgabe sein, die man nicht immer allein bewältigt. Lassen Sie sich im Folgenden aufzeigen, was Ihnen dabei helfen kann.

Nutzen Sie die Macht Ihrer Gedanken!

Achte auf Deine Gedanken, denn sie werden Worte.
Achte auf Deine Worte, denn sie werden Handlungen.
Achte auf Deine Handlungen, denn sie werden Gewohnheiten.
Achte auf Deine Gewohnheiten, denn sie werden Dein Charakter.
Achte auf Deinen Charakter, denn er wird Dein Schicksal.

Haben Sie diese Worte schon mal gehört oder gelesen? Sie stammen aus dem jüdischen Talmud. Würde man sie in die moderne Alltagssprache übersetzen, käme dabei in etwa das heraus: Achte darauf, was du denkst, tust und sagst, denn alles kommt aus dir heraus und zu dir zurück. All dieses bildet deinen Charakter und entscheidet darüber, was für ein Mensch du wirst, bist und bleibst.

Unsere Gedanken schaffen unsere Realität und sind Voraussetzung für unser Tun. Wir bekommen oft genau das, was wir vom Leben erwarten: das Glück oder das Pech, den Erfolg oder die Niederlage, die wohlgeratenen Kinder oder kleine Problemfälle, den Traumberuf oder den Frustjob. Wer davon überzeugt ist, dass alle Menschen nur darauf aus sind, uns zu betrügen, zu bestehlen oder übers Ohr zu hauen, wird diese Erfahrung mit großer Wahrscheinlichkeit machen. Wer fest daran glaubt, eine Aufgabe meistern zu können, dem wird sie aller Voraussicht nach gelingen. Das Glück ist mit den Glücklichen, behauptet auch der Volksmund.

Das Gleiche gilt für unsere Selbsteinschätzung. Wir sind das, was wir von uns halten. Und genau so nehmen uns die anderen wahr. Sie halten sich für naiv und gutmütig? Dann wundern Sie sich nicht, wenn Sie etwas belächelt und fortwährend ausgenutzt werden. Sie fühlen sich verwirrt und ohne Orientierung? Dann schauen Sie sich in Ihrer Umgebung um: Irgendwo bekommen Sie das Chaos gespiegelt.

Gedanken, Ansichten, Meinungen und Überzeugungen sind Teile von uns, die wir als Wahrheit akzeptieren. Sie speisen sich aus unserem genetischen Erbe, unserer Erziehung, der Wahrnehmung unserer Umwelt sowie unseren positiven und schmerzlichen Erfahrungen. Aus ihnen leiten sich auch unsere Gefühle ab. Alles, was wir über uns selbst und über die Welt um uns herum denken, ist für uns wahr. Für andere Menschen existiert eine andere Wahrheit.

Ob die Aufgabe, die gerade vor uns liegt, ein Problem oder eine Herausforderung für uns darstellt, hängt von den Maximen ab, die wir aus unserer eigenen Wahrheit ableiten: Sie können unsere Welt erweitern oder einengen. Jeder Tag kann eine aufregende, bereichernde Erfahrung sein oder eine hoffnungslose, sorgenvolle und schmerzliche. Zwei Menschen, die in der gleichen Welt und unter ganz ähnlichen Bedingungen leben, können das Leben völlig unterschiedlich erfahren.

Ist Ihr Glas halb voll oder halb leer?

An welchem Punkt des Lebens stehen Sie gerade? Wie stehen Sie zu Ihrem Partner, den Kindern, den Eltern und Kollegen? Wie läuft es finanziell und beruflich, wie gefällt Ihnen Ihr Zuhause? Haben Sie die Beziehungen, die Sie brauchen? Welche Wünsche und Träume hegen Sie? Haben Sie bislang alles erreicht, was Sie wollten? Spüren Sie Verstrickungen, Vermischungen und Ungereimtheiten, die Sie gerne los wären? Wenn Sie bereit sind, Ihre bisherigen Überzeugungen zu verändern, kann sich auch Ihr Leben ändern. Darin liegt ein Schlüssel zum eigenen Schicksal. Sie können Ihr Gehirn von Ideen und Vorstellungen befreien, die Sie unglücklich machen.

Wenn Sie sich noch nicht viel mit diesem Thema beschäftigt haben, wird Ihnen das sicher nicht unbedingt bewusst sein. Unsere Gedanken kommen nämlich nicht immer an die Oberfläche unseres Bewusstseins und machen sich »offiziell« als Gedanken bemerkbar, viele von ihnen »hausen« dagegen als – für uns – blinde Passagiere im Unterbewusstsein und beeinflussen von ihrem Versteck aus unsere Worte und Handlungen, ohne dass wir uns dessen bewusst sind.

Unser Unterbewusstsein akzeptiert alles, was wir glauben. Denn es ist als wesentlicher Teil von uns unverbrüchlich »auf unserer Seite«. Seine Aufgabe ist es unter anderem auch, uns das Leben zu erleichtern. Es stellt nichts in Frage, verurteilt oder kritisiert nichts. Es reicht, dass wir glauben, zu klein, zu dumm, zu unfähig oder vom Pech verfolgt zu sein. Das Unterbewusstsein nimmt es für bare Münze und ist daran beteiligt, wenn sich solche falschen Annahmen für uns selbst zu bestätigen scheinen.

Der größte Teil unserer heutigen Überzeugungen stammt aus einem Alter, als wir ungefiltert alles glaubten, was uns vom Vater, der Mutter, den Großeltern, der Lehrerin, einem Onkel oder einer anderen Bezugsperson gesagt wurde. Als Kinder oder in der Jugendzeit haben uns die Menschen, denen wir nahe standen, ihr Weltbild eingetrichtert. Sätze wie »Traue keinem Fremden«, »Es trifft immer die falschen« oder »Die Welt ist ungerecht« haben wir einfach übernommen, und wenn wir nicht daran gearbeitet haben, wirken sie bis heute. Wenn also die Menschen, die Ihnen das Leben »erklärt« und »beigebracht« haben, unglücklich, ängstlich, voller Schuldgefühle oder aggressiv waren, haben Sie eine Menge negativer Dinge über sich und Ihre Umwelt gelernt.

Wie stark all diese Vorurteile, Dogmen, Ängste und Verurteilungen aus der Kindheit unser Schicksal bestimmen, ist nur den wenigsten von uns bewusst. Die Wahrheit aber ist: Als Erwachsene suchen wir uns immer wieder Bezugspersonen aus, mit denen wir die emotionale Atmosphäre unserer Kindheit wieder herstellen können. Wurden wir damals gelobt, ermutigt und auf Händen getragen, werden wir die Nähe von Menschen suchen, die uns wieder genauso behandeln. Wurden wir geschlagen und gedemütigt, werden wir dieses Verhalten entweder »zurückzahlen« oder wir lassen zu, dass wir geschlagen und gedemütigt werden.

Löschen Sie schädliche Überzeugungen!

Mit der folgenden Übung lernen Sie Ihre wichtigsten Überzeugungen kennen und die guten von den schlechten zu unterscheiden – und sich von den negativen zu trennen. Wenn Sie ernsthaft mitmachen und bis zum

Schluss am Ball bleiben, leisten Sie hier ein großes Stück Arbeit, denn das Aufräumen schädlicher Überzeugungen ist einer der wichtigsten Meilensteine auf dem Weg zu einem klaren Leben!

Nehmen Sie bitte ein Blatt Papier und schreiben Sie auf, was Ihnen zu den folgenden Begriffen einfällt.

- Frauen
- Männer
- Sex
- Liebe
- Familie
- Glück
- Erfolg
- Beruf
- Geld

Nehmen Sie sich Zeit zum Überlegen. Nun kreisen Sie bitte alle Einschätzungen bzw. Glaubenssätze ein, die konstruktiv und positiv sind. Es sind Einstellungen, die Sie beibehalten und in Zukunft sogar verstärken sollten. Alle negativen Glaubenssätze hingegen, die Sie in Ihrer Kreativität einschränken oder die Ihre Selbstachtung unterlaufen, werden durchgestrichen. Sie hindern Sie daran, Ihr Leben voller Kraft und Zuversicht zu meistern. Schauen Sie sich diese Sätze ruhig noch einmal an. Wollen Sie Ihr Leben wirklich immer noch auf diesen Überzeugungen gründen? Es sind die Barrieren, die Ihnen bei der Klärung Ihres Lebens im Weg stehen. Aber jetzt, wo Sie sich ihrer bewusst werden, können Sie sich auch bewusst davon trennen.

Im nächsten Schritt schreiben Sie nun bitte Ihre Lebensgeschichte auf. Beginnen Sie bei Ihrer Kindheit. Sie haben keine Eile. Lassen Sie Ihre wichtigsten Erfahrungen dabei Revue passieren, schreiben Sie auch Ihre Gefühle in wichtigen Situationen auf, an die Sie sich erinnern. Kein Problem, wenn dieser Aufarbeitungsprozess den ganzen Tag dauert. Sie können auch erst morgen mit dem nächsten Teil weitermachen.

Nun lesen Sie sich Ihre Lebensgeschichte bitte noch einmal unter einem bestimmten Aspekt durch: Suchen Sie nach allen negativen Überzeugungen, die bis heute in Ihrem Kopf herumspuken. Fahnden Sie nach den negativen Botschaften Ihrer Kindheit. Jede, die ans Licht kommt, trägt zu Ihrer seelischen Heilung bei. Deshalb dürfen Sie sie ruhig freudig begrüßen: »Jetzt bist Du entdeckt und entlarvt. Du hast mich lange genug unglücklich gemacht. Nun wirst Du ein für allemal aus meinem Leben verschwinden.« Am besten, Sie schreiben Ihre neu entdeckten negativen Lebenseinstellungen noch einmal auf, um sie dann genüsslich durchzustreichen.

Und nun ein kleines Abschluss-Ritual: Stellen Sie sich vor einen Spiegel, schauen Sie sich tief und ernsthaft in die Augen und bejahen Sie Ihre Bereitschaft, all die durchgestrichenen Lebenseinstellungen zu löschen. Atmen Sie dreimal tief ein und aus und sagen Sie mit lauter Stimme: »Ja, ich bin bereit, alle hinderlichen Einstellungen, Überzeugungen und Glaubenssätze, die mir nicht mehr dienen, loszulassen.« Wiederholen Sie diesen Satz mehrfach mit entschlossener Stimme.

Wenn Sie die eben beschriebene Übung ernsthaft mitgemacht haben, müsste es Ihnen jetzt besser gehen. Womöglich fühlen Sie sich befreit, als wäre ein schwerer Ballast von Ihnen abgefallen. Sie fühlen sich zuversichtlich und voller Kraft, denn die Energie, die in den negativen Gedanken gebunden war, ist nun frei und steht Ihnen zur Verfügung. Genießen Sie dieses Gefühl und vergessen Sie es nicht. Jedes Mal, wenn Sie es spüren, kommen Sie einen Schritt weiter, fühlen sich klarer, befreiter – und innerlich aufgerichtet.

Sollten Sie die Übung nur durchgelesen haben, wissen Sie jetzt wenigstens, dass es eine gute Möglichkeit gibt, schädliche Gedankenmuster selbst zu löschen. Das Einzige, was Sie dazu brauchen, ist etwas Zeit und die innere Bereitschaft, sich darauf einzulassen. Am Anfang kommt es Ihnen vielleicht noch etwas komisch vor, doch Sie werden schnell merken, dass sich versteckte Knoten dadurch lösen lassen.

Professionelle Eselsbrücken können Ihnen helfen

Falls Sie diese Art von Selbsthilfe-Übungen noch nie gemacht haben, fällt es Ihnen vielleicht leichter, die Techniken in einer Gruppe unter der Anleitung einer Therapeutin oder eines Therapeuten zu lernen. Sollten Sie sich für ein solches Seminar entscheiden, ist es wichtig, die Spreu vom Weizen zu trennen. Deshalb möchten wir Ihnen an dieser Stelle drei unterschiedliche Wege vorstellen, die uns seriös erscheinen:

Realighting mit Ingrid Hack: Ingrid Hack, eine in München lebende Diplompsychologin, hat die Initiatische Therapie nach Karlfried Graf Dürckheim mit alchimistischen Visualisierungsritualen verknüpft. In ihren Kursen und auf den von ihr entwickelten Selbsthilfe-CDs lernt man in einer Kurztherapie, alte Muster gedanklich regelrecht zu zertrümmern und das innere »Blei« in Gold zu verwandeln. Die Realighting-Übung beginnt immer damit, dass man sich an eine konkrete Situation erinnert, bei der man reflexartig und völlig unangemessen reagiert hat. Obwohl der Anlass nichtig war, hat man gereizt oder gekränkt reagiert – oder sich schuldig, hilflos oder ängstlich gefühlt. In einem nächsten Schritt stellt man sich die Frage, von welcher Bezugsperson aus der Kindheit man das Muster übernommen hat, um es dann symbolisch zu zerschlagen, indem man mit einem Stock oder Teppichklopfer auf eine Matratze oder ein Kissen schlägt. Anschließend versetzt man sich in die eigene Lage von damals hinein und schenkt dem Kind, das man war, genau das, was ihm in diesem Moment nämlich gefehlt hat: Liebe, Rückendeckung, Verständnis und Schutz. Auch die Bezugsperson, die dem Kind damals nicht helfen konnte, wird in diesem Prozess »geheilt«, da die auslösende Lebenssituation nachträglich so nachgestellt wird, dass alle Beteiligten »richtig« handeln.

Um Ihnen eine Idee davon zu geben, wie sich solche Abhängigkeiten zeigen, hier einige Beispiele:

- Viele von uns lassen zu, dass der Partner an uns herumnörgelt und wir uns am Schluss so klein und dumm wie ein Schulkind fühlen.
- Wir schaffen es nicht, der Schwiegermutter zu sagen, dass sie nicht ständig unangemeldet vorbeischauen soll.
- Wir sind aus Schuldgefühlen heraus nicht in der Lage, unserem Kind Grenzen zu setzen, und lassen uns von ihm auf der Nase herumtanzen.

Die Acht visualisieren mit Phyllis Krystal: Die in England geborene und in den USA lebende Psychoanalytikerin Phyllis Krystal war eine der ersten, die in ihren Seminaren uralte esoterische Erfahrungen mit moderner Tiefenpsychologie verband. Anfangs wurde die heute über 70-jährige »Grande Dame der New-Age-Psychologie« für ihre Übungen, sich mit dem höheren Selbst zu verbinden, belächelt – heute gilt sie als eine der ersten Verfechterinnen moderner Imaginationsmethoden. Phyllis Krystal hat eine spezielle Visualisierungsmethode entwickelt, mit der sich Menschen von psychischen Abhängigkeiten befreien können. »In irgendeiner Form«, sagt sie, »ist jeder von uns in Bindungen verstrickt, die unser Wohlbefinden stark beeinträchtigen. Diese emotionalen Abhängigkeiten kosten viel Energie, die wir an anderer Stelle viel bes-

22

ser brauchen können.« In ihrem Selbsthilfe-Klassiker »Die inneren Fesseln sprengen« lehrt Phyllis Krystal eine wirkungsvolle Methode, um sich aus schädlichen Bindungen zu lösen. Man visualisiert im Geiste verschiedene Symbole und verändert sie dann in Gedanken. Eine ihrer zentralen Übungen ist zum Beispiel das Visualisieren einer Acht: Man stellt sich die beiden Kreise vor, die die Ziffer Acht bilden, setzt in den einen Kreis sich selbst und in den anderen das, wovon man sich lösen will. Das kann eine Person, aber es kann auch die Zigarette, die Sucht nach Konsum oder der Heißhunger nach Süßem sein. Im nächsten Schritt stellt man sich die Bindungen vor dem geistigen Auge ganz genau vor, zum Beispiel als Schnüre, mit denen man an die Personen oder Dinge gekettet ist. Im letzten Schritt werden diese Fesseln oder Ketten vor dem geistigen Auge durchtrennt.

Remapping mit Dr. Andreas Hammering: Diese Methode wurde von dem heute in München lebenden norwegischen Arzt für Naturheilkunde Andreas Hammering erfunden. Man kann sie nicht selbst anwenden, sondern muss sich behandeln lassen. Trotzdem möchten wir sie erwähnen, weil sie enorme Erfolgsquoten von bis zu 90 Prozent aufweist. Dr. Hammering therapiert mit seinem Remapping nicht nur schädliche Verhaltensmuster und Gewohnheiten, sondern auch Phobien, Zwangsgedanken, Süchte und Depressionen. Pro Sitzung, die zwischen 60 und 90 Minuten dauert, kann man ein bis zwei zuvor benannte Muster löschen. Remapping enthält Bestandteile aus der Physiotherapie, Kinesiologie, Gedankenfeldtherapie und Akupunktur. Während der Behandlung aktiviert Dr. Hammering bestimmte Gehirnareale durch Klopfen und erteilt dem Patienten währenddessen paradoxe Anweisungen. Beispielsweise soll man sich gedanklich intensiv in ein typisches Empfinden, das man abschaffen möchte, hineinversetzen und alles emotional möglichst stark nachempfinden. Währenddessen muss man jedoch rückwärts zählen oder ein Lied singen. Für medizinische und psychologische Laien ist das, was in einer solchen Sitzung geschieht, absolut nicht nachvollziehbar. Aber das Ergebnis ist dafür umso überzeugender.

Erkennen Sie Ihr Schuldkonzept!

In dem Test zu Beginn dieses Kapitels wurden Ihre typisch weiblichen Gedankenmuster abgefragt, die Sie daran hindern, sich frei und unbeschwert zu fühlen. Viele der Fragen zielten dabei auf eine geradezu klassische Domäne weiblichen Denkens ab. Es gibt eigentlich kaum eine Frau, die diese nicht in sich beherbergt.

Jede von uns kennt Schuldgefühle. Diese lähmen unsere Energie, machen uns klein und geben uns das Gefühl, minderwertig zu sein: ein großes Thema im Leben jedes Menschen. Frauen sind dafür allerdings besonders empfänglich, und Mütter stärker als Frauen ohne Kinder. Am meisten leidet genau die Bevölkerungsgruppe an Schuldgefühlen, die es in unserer Gesellschaft ohnehin sehr schwer hat: Alleinerziehende und gleichzeitig berufstätige Mütter. Sich von Schuldgefühlen zu befreien, ist für viele Frauen der Schlüssel zu Freiheit und Glück.

Stellen Sie sich einmal vor einen großen Spiegel und betrachten Sie Ihren Körper. Wie gerade ist Ihr Rücken, wie aufrecht tragen Sie Ihren Kopf? Ihre ganz normale Haltung drückt das Maß Ihrer Schuldgefühle aus. Typische Kennzeichen von Menschen, die permanent mit einem latent schlechten Gewissen durchs Leben gehen, sind eingezogene Schultern, ein nach vorne gebeugter Nacken, ein krummer Rücken, eine geduckte Kopfhaltung. Aber nicht nur die Körperhaltung, auch unsere Ausstrahlung, unser Lachen – ja, eigentlich unser gesamtes Lebensgefühl zeigen oft deutlich, wie stark Schuldgefühle in uns wirken.

Ähnlich wie Lebenseinstellungen, so entstehen auch Schuldgefühle in der Kindheit. Schuldgefühle zu erzeugen ist bis heute ein ebenso gängiges Erziehungsmittel wie das Bestrafen oder Belohnen. Dass es funktioniert, haben wir am eigenen Leib erfahren. Irgendwann wurden wir so weit gebracht, dass wir uns schuldig fühlten. Um dies zu erreichen, mussten die Erwachsenen uns nur die folgende Botschaft vermitteln: »Wenn Du nicht tust, was wir wollen, geht es uns schlecht, und daran bist Du schuld. Außerdem lehnen wir Dich ab. Wir lieben Dich nur, wenn Du Dich so verhältst, wie wir es wollen.«

Sicherlich haben Sie als kleines Mädchen schon Sätze gehört und nachhaltig verinnerlicht wie:

- Wenn du ein braves Mädchen sein willst, dann isst du deinen Teller auf. Sonst bist du nicht mehr Mamas Liebling.
- Ich habe mir so viel Mühe gemacht, dir ein Essen zu kochen. Und als Dank lässt du das Essen stehen?
- Du solltest dich schämen. So, wie du mich ständig ärgerst, bringst du mich noch ins Grab.
- Du bist ein schlechtes Kind, so etwas zu deiner Mutter zu sagen.
- Mama mag dich nicht, wenn du so unartig bist.
- Du bist schuld, dass es mir so schlecht geht. Du machst mich noch krank mit deinem Ungehorsam.
- Ein richtiges Mädchen tut so etwas nicht, aber du bist ja kein richtiges Mädchen.

Solche Worte erreichen ein kleines Mädchen an seinen tiefsten, verwundbarsten Stellen, denn es ist emotional völlig abhängig von der Liebe seiner Eltern – insbesondere von der seiner Mutter, an der es sich ja auch geschlechtlich orientieren muss. Diese Sätze setzen sich so tief in uns fest, dass wir sie als Mütter unseren Kindern gegenüber unbewusst wiederholen. Haben Sie sich auch schon einmal dabei erwischt? Doch selbst wenn Sie sich bemühen, so etwas niemals auszusprechen: Kinder haben solche Antennen für Liebesentzug, dass die Botschaft auch ohne Worte nachhaltig ankommt, wenn Mama mit leidendem Gesicht herumläuft, die Stirn runzelt oder nicht mehr mit ihrem Liebling spricht.

Kinder lernen ihre Lektion in Sachen Schuld und Scham sehr rasch. Diese heißt: Wenn ich ungehorsam bin und etwas Verbotenes tue, dann bin ich ein schlechtes Kind. Ich bin nicht liebenswert und muss mich dafür schämen.

Da wir als Kinder noch nicht in der Lage waren, das Verhalten unserer Eltern in Frage zu stellen, übernehmen wir das vernichtende Urteil der Eltern, ohne darüber nachzudenken. Wir lernen uns selbst abzulehnen, wenn wir die Wünsche und Forderungen der »Großen« nicht erfüllen.

Als kleine Mädchen verinnerlichen wir schon sehr früh Regeln und Normen, die uns überfordern, und so fühlen wir uns jedes Mal schlecht und minderwertig, wenn wir den Normen der Eltern nicht entsprechen. Wir finden, dass wir Strafe verdienen. Und wenn sie ausgeblieben ist (etwa weil wir unsere Tat vertuschen konnten), dann geißeln wir uns manchmal freiwillig. Manche Menschen wurden als Kinder von den Eltern so durch Schuldgefühle gedemütigt, dass sie bis ins Erwachsenenalter das Gefühl behalten, von Natur aus schlecht zu sein. Sie spielen die Rolle des schwarzen Schafs in der Familie, glauben von sich, dass mit ihnen etwas nicht stimmt, und lehnen sich als Person ab. Mädchen wird überdies noch das Gefühl vermittelt, sie seien minderwertig, weil sie weiblichen Geschlechts sind. Ihre typischen Eigenschaften sind daher: Mangelhaftigkeit, Unstetigkeit, Unberechenbarkeit, Launenhaftigkeit und im Zustand stets leichter Hysterie.

Schuldgefühle entstehen, wenn wir unsere Person als schlecht bewerten, weil wir etwas getan oder unterlassen haben, von dem wir glauben, es sei falsch. Schuld ist eine objektiv messbare Angelegenheit. Sie trifft einen Menschen, der Gebote, Pflichten, Regeln oder Gesetze verletzt hat. Schuld entsteht, wenn das eigene Handeln oder Verhalten einem anderen schadet. Ob man als Schuldiger Schuldgefühle entwickelt, das hängt ganz davon ab, wie stark das eigene Unrechtsbewusstsein ausgeprägt ist.

Frauen lernen, sich für alle ihnen nahestehenden Menschen verantwortlich zu fühlen. Sie glauben, die Erwartungen des Partners, der Eltern, der Schwiegereltern, der Nachbarn, der Lehrer ihrer Kinder, der Kollegen des Mannes und vieler anderer Menschen erfüllen zu müssen.

Hier einige Kernsätze, die Ihnen sicherlich bekannt vorkommen:

- Ich bin für die Harmonie in der Familie zuständig. Wenn meine Eltern sich schlecht fühlen, bin ich daran schuld.
- Ich muss hilfsbereit und bescheiden sein und meine eigenen Bedürfnisse zurückstellen.
- Ich muss für Harmonie in der Gruppe (Familie) sorgen.
- Für die Kinder und den Haushalt bin alleine ich zuständig. Wenn in der Familie etwas schief läuft, die Kinder schlechte Noten bekommen oder das Haushaltsgeld nicht reicht, bin ich schuld.
- Auch wenn ich Kinder habe, muss ich trotzdem einen anständigen Beruf lernen, um meinen Mann finanziell unterstützen zu können und im Fall einer Scheidung unabhängig zu sein.

Viele Frauen sind so streng mit sich selbst, dass sie sich sofort schlecht fühlen, wenn sie sich eigene Wünsche erfüllen. Vor allem bei Müttern löst jeder Impuls, ihren eigenen Interessen nachzugehen, Gefühle von Schuld und Scham aus. Bestes Beispiel: Auch wenn eine Frau heute nicht mehr schief angesehen wird, wenn sie sich nach der Babypause für den Wiedereinstieg in den Beruf entscheidet, heißt das noch lange nicht, dass sie sich dieses Recht selbst innerlich einräumt.

Nach allem, was Sie bis hierher gelesen haben, dürfte Ihnen eines klar geworden sein: Ein verantwortungsvoller und moralischer Mensch braucht keine Schuldgefühle. Sie sind einzig und allein das Resultat von Selbstverurteilungen, die wir beim Übertreten erlernter oder selbst aufgestellter moralischer Regeln, Gebote und Normen aussprechen. Schuldgefühle müssen also nicht sein. Wir können sie ungestraft aus unserem Leben vertreiben – und zwar jetzt sofort, an dieser Stelle.

Wenn Sie mögen, nehmen Sie einfach einen Zettel und schreiben Sie die folgenden Aussagen auf:

Schuldgefühle …

- … bringen keinen einzigen Vorteil, aber viele Nachteile.
- … sind das größte Hindernis auf dem Weg zur glücklichen Mutter, zur erfüllten Frau, zum authentischen Menschen.
- … haben keinerlei Nutzen oder Zweck. Sie machen nichts ungeschehen und helfen uns nicht, Fehler zu korrigieren oder zu vermeiden.

Diesen Zettel hängen Sie sich nun an eine Stelle in Ihrer Wohnung, an der Sie häufig vorbeikommen. Immer wenn Sie sich dabei ertappen, dass Sie aus irgendeinem Grund ein schlechtes Gewissen haben, lesen Sie die Sätze wieder durch.

Was Sie selber produzieren, können Sie auch wieder abschaffen

Wer Schuldgefühle herstellt, kann sie auch wieder abschaffen. Jeder Mensch ist in der Lage, seine Schuldgefühle loszuwerden oder zumindest so einzudämmen, dass er ein befreites Leben führen kann. Stellen Sie sich das einmal vor: Sie leben, lieben, lachen völlig unbeschwert,

Sie fühlen sich immer gut bei allem, was Sie tun. Ist das nicht ein wunderbarer Gedanke? Um uns diesem Zustand zu nähern, müssen wir noch einen kleinen Schritt tun:

- Nicht die Person, nur das Verhalten ist schlecht: Lernen Sie, zwischen Schuld- und Reuegefühlen zu unterscheiden. Weiter oben haben wir bereits definiert, dass Schuldgefühle entstehen, wenn wir unsere Handlungen oder unser Verhalten als falsch bewerten und uns deswegen als schlechten Menschen verurteilen. Folge: Wir fühlen uns schlecht und von Selbstverurteilung gequält. Wir sind wie gelähmt und unserer Energie beraubt.
- Anders verhält es sich mit Reuegefühlen: Sie entstehen, wenn wir unsere Handlungen oder unser Verhalten als falsch bewerten und diese bedauern, uns diesen Fehler aber verzeihen. Wir behalten also unsere Selbstachtung und unseren Wert als Mensch, denn unseren Fehler beziehen wir nur auf ein bestimmtes Verhalten in einer bestimmten Situation. Wenn wir etwas bereuen, fühlen wir uns verantwortlich für unser Verhalten und suchen automatisch nach Wegen, den Fehler wieder gut zu machen. Außerdem lernen wir aus unseren Fehlern und versuchen, sie in Zukunft zu vermeiden. Wir bleiben jederzeit in der Lage, aktiv zu sein und zu handeln.

Fassen wir noch einmal zusammen: Bei Schuldgefühlen verurteilen wir nicht nur unser Verhalten, sondern uns als Menschen. Wir glauben, wir seien als Person schlecht, weil wir uns falsch verhalten haben. Bei Reuegefühlen bedauern wir lediglich unser Verhalten, stellen unseren Wert als Mensch jedoch nicht in Frage. Also bereuen wir fortan nur noch!

Schieben Sie den Prozess des bewussten Verlernens an, indem Sie folgenden Satz immer wieder sagen: »Ich bin als Mensch völlig in Ordnung, auch wenn ich immer wieder Fehler mache.« Sie können zu jedem Zeitpunkt entscheiden, Ihre Schuldgefühle aufzugeben, wann immer Sie nicht mehr unter ihnen leiden möchten.

Ein anderes Problem ist, dass Frauen oft zu perfektionistisch sind: »Wenn die Saite zu fest gespannt ist, reißt sie. Ist sie zu locker, kann man nicht auf ihr spielen.« Dieses asiatische Sprichwort spiegelt die Situation eines perfektionistisch veranlagten Menschen wieder. Er trägt in sich zwei Teilpersönlichkeiten: den Hilflosen und den Perfektionistischen, von denen jeder abwechselnd die Oberhand gewinnt. Der innere Dialog der Perfektionistin lautet: Egal, wie kraftvoll ich beginne und mich anstrenge, ich versage immer, weil ich einfach nicht durchhalte. Dann bin ich wieder hilflos.

Perfektionistische Frauen erwarten von sich Unmenschliches, und genau diese unrealistisch hohen Erwartungen sind ein Pferdefuß: Sie erzeugen eine so große innere Anspannung, dass einem dadurch viel mehr Fehler unterlaufen. Doch schon beim kleinsten Fehler verurteilen sie sich und machen sich dann die schlimmsten Vorwürfe.

Das Grundproblem dabei: In einem perfektionistischen Kopf regiert das »Alles-oder-nichts-Denken«. Man glaubt, man könnte nur entweder alles richtig oder alles falsch machen. Das aber ist ein Denkfehler. Normal ist, dass man beides tut: Man macht viele Dinge richtig und man macht viele Fehler. Beides existiert zur gleichen Zeit. Doch perfektionistische Frauen tun sich damit schwer, sich auch nur kleinste Fehler einzugestehen. Aus Angst, etwas falsch machen zu können, trauen sie sich oft nicht mehr, etwas Neues auszuprobieren.

Um all die Regeln und Gesetze einhalten zu können, die ihnen ihr innerer Antreiber auferlegt, arbeiten sich Perfektionisten nach sämtlichen Kräften ab. Dabei kommen alle Bedürfnisse unweigerlich zu kurz, und irgendwann führt das übersteigerte Bemühen zum Zusammenbruch. Das ist dann die unvermeidliche Gegenreaktion. Man verfällt in Hilflosigkeit, in das genaue Gegenstück zum Perfektionisten.

Hier einige typische Gegenreaktionen von Perfektionistinnen:

- permanentes Wehklagen und Jammern,
- Faulheit,
- maßloses Essen,
- Erschöpfung,
- Depression.

Ein fataler Kreislauf: Zuerst treibt der innere Antreiber sein Opfer in den Zusammenbruch, und dann verurteilt er ihn dafür: »Siehst du, du kannst nicht durchhalten, bist schwach und unfähig.«

Für Perfektionisten gibt es nur eine Form der Heilung: den mittleren Weg zu finden, das heißt ein Gleichgewicht zwischen extremer Kontrolle und extremer Hilflosigkeit herzustellen. Gleichgewicht und Mäßigung bilden den mittleren Weg der Gesundung. Doch genau dieser Weg ist es, wovor sich die Perfektionistin am meisten fürchtet. Weil sie den Begriff Mäßigung mit Mittelmäßigkeit gleichsetzt, und die kann sie als Extremistin am allerwenigsten ertragen.

Wenn Sie perfektionistisch veranlagt sind, sollten Sie sich folgende Fragen immer wieder stellen:

- Wo bin ich zu verkrampft?
- Wo bin ich zu lasch?
- Wo ist mein Mittelweg?

Um bei der eingangs erwähnten Metapher zu bleiben: Erst, wenn die Saite die richtige Spannung hat, kann man auf ihr spielen.

Stellen Sie sich doch bitte einmal vor, Sie müssten für zwei Wochen weg von zu Hause. Vielleicht ist Ihre Mutter krank geworden und braucht Ihre Hilfe, vielleicht steht eine dringende Geschäftsreise an. Fakt ist, Sie müssen Ihre Familie viele Tage und Nächte allein lassen. Was löst diese Vorstellung bei Ihnen aus? Haben Sie das Gefühl, dass zu Hause alles drunter und drüber geht, dass Mann und Kind im Chaos versinken? Befürchten Sie gar, Ihr Kind könnte Schaden nehmen, wenn es nicht von Ihnen, sondern von Papa, Tante oder Oma versorgt wird?

Frauen mit übertriebenem Perfektionsdrang haben nämlich nicht nur Angst, selbst etwas falsch zu machen, sie sind tief in ihrem Inneren fest davon überzeugt, dass nur sie in der Lage sind, alles richtig zu tun: »Ohne mich läuft nichts«, so lautet das Credo der tüchtigen Perfektionistin. Wer kennt nicht diese Bemerkung einer Mutter: »Wenn ich mir nur vorstelle, dass mein Mann für unsere Tochter kochen soll, wird mir ganz schwindelig! Er ist ja nicht mal in der Lage, ein Ei in die Pfanne zu hauen.« Partner und Kollegen perfektionistischer Frauen haben es schwer. Sie können es ihr einfach nicht recht machen, so sehr sie sich bemühen. Immer wird sie etwas an der Leistung anderer auszusetzen haben, weil sie davon überzeugt ist, nur sie weiß, wie es richtig geht. Und da sie nun mal alles richtig machen will, übernimmt sie für alles die Verantwortung – für Haushalt und Kindererziehung, für den Einkauf, für soziale Verpflichtungen.

Frauen, die in allem perfekt sein wollen, stehen permanent unter innerer Anspannung, kontrollieren sich ständig und wirken alles andere als gelassen und fröhlich.

Hier ein kleiner Test für Sie als Perfektionistin:
Überprüfen Sie bitte einmal, ob Sie mit den folgenden Aussagen übereinstimmen. Jeder Widerstand, der sich in Ihnen regt, zeigt Ihnen an, wo Sie innerlich stehen:

- Es gibt sehr viele Arten, ein und dieselbe Sache zu erledigen. Sie haben nicht das Monopol auf »richtiges Erledigen«, und auch Sie mussten sich Ihre Fertigkeiten erst aneignen, indem Sie übten.

- Dass Sie anderen kein Recht auf Fehler zugestehen, hat damit zu tun, dass Sie es bei sich selbst nicht tun.
- Bei Menschen, die glauben, alles selbst machen zu müssen, bleibt zwangsläufig einiges liegen. Das erzeugt zusätzlich den Druck des Unerledigten.
- Wie würden Sie sich fühlen, wenn Ihnen Ihr Mann oder Ihre Kollegen eine Arbeit von vornherein nicht zutrauen? Dieses Gefühl vermitteln Sie Ihren Mitmenschen durch Ihre Haltung Tag für Tag. Kein Wunder, wenn andere plötzlich wütend auf Sie werden oder Sie sogar für überheblich halten.

Der Stress, unter dem wir stehen, wird von uns selbst produziert. Er ist das Produkt unserer unrealistischen Erwartungen an uns selbst. Wenn wir uns weniger abverlangen würden, könnten wir besser entspannen und vielleicht sogar Spaß am Leben haben. Wie können Sie Ihre Leistungsansprüche herunterschrauben? Was halten Sie zum Beispiel davon, sich einmal aufzuschreiben, welche Arbeiten oder Erledigungen Sie nicht unbedingt selber machen müssen? Diese Dinge kann jemand anderes für Sie tun, Sie müssen nur um Hilfe bitten. Aber formulieren Sie Ihr Anliegen bitte so genau, dass es der anderen Person möglich ist, die Aufgabe richtig zu erledigen. Ungenaue Erklärungen werden oft missverstanden und bestärken Sie in dem Gefühl, dass ohne Sie nichts richtig läuft. Lassen Sie Schritt für Schritt ein wenig los, dann können Sie sich davon überzeugen, dass einiges auch ohne Ihr Zutun klappt. Auch werden Sie erstaunt feststellen, dass sich Ihr Partner beim Kochen gar nicht so dumm anstellt, wie Sie immer meinten. Fragen Sie ihn doch einmal, was ihm lieber ist: eine perfekte oder eine glückliche Frau?

Entlarven Sie Ihre Projektionen!

Das ist ein besonders schwerer Part, denn die Menschen, die es betrifft, sind nur selten in der Lage, sich an die eigene Nase zu fassen. Probieren wir es trotzdem.

Wir alle kennen Menschen, die dazu neigen, andere zu kritisieren, ihnen die Schuld zu geben, sie zu verurteilen, abzustempeln oder zu übergehen. Diese Menschen sind zutiefst davon überzeugt, dass sie selbst Recht haben und die anderen Unrecht. Ihnen vorzuschlagen, dass sie ihre Verurteilungen einmal sein lassen und sich lieber mit ihren eigenen Fehlern und Schwächen befassen, ist so ähnlich, als legte man einem Finanzbeamten nahe, sein Fach zu wechseln und in einer Rockband zu spielen.

Die Wahrheit über negative Kritik ist jedoch, dass sie ein Spiegel ist. Das, was wir an anderen kritisieren, zeigt uns eigentlich nur auf, was wir an uns selbst nicht akzeptieren. Mit unseren Schuldzuweisungen projizieren wir also unsere eigenen Problemthemen auf andere und schützen uns davor, unsere Schwachstellen zu spüren. Wenn wir unsere ganze Aufmerksamkeit auf andere richten, können wir unsere eigenen Mängel nicht mehr wahrnehmen. Wir schützen uns davor, den Anteil zu erkennen, den wir selbst an einer misslichen Situation haben. Menschen, die zum Kritisieren neigen, erkennen meist nicht, dass sie sich mit ihrer Kritik an anderen vor ihren eigenen schwarzen Löchern schützen.

Hier einige klassische Beispiele für Projektionen:

- Sie machen Ihren Chef dafür verantwortlich, dass Sie beruflich nicht weiterkommen.
- Sie geben Ihrem Partner die Schuld dafür, dass Sie nicht tun können, was Sie wirklich wollen.
- Sie werfen Ihrer Freundin vor, dass sie Ihnen zu wenig Zeit widmet.

So ist es bei uns

Auch uns fällt es oft genug schwer, der Versuchung zu widerstehen, andere zu kritisieren und uns während eines Streits unserem eigenen Thema zuzuwenden. Schließlich macht man sich dadurch auch verletzlich, und es ist alles andere als angenehm, sich seine eigenen Schwächen vor Augen zu führen. Aber mit der Zeit fingen wir an, uns für unsere Projektionen zu sensibilisieren, und begriffen, wie wertvoll es ist, die eigene Verletzlichkeit und Angst zu spüren: Hier liegt schließlich die Chance, sich persönlich weiter zu entwickeln.

Wenn Sie eine Person verurteilen, machen Sie sich bitte klar, dass Sie Ihre Urteile über sich selbst fällen. Wenn es jemanden in Ihrem Leben gibt, den Sie verändern wollen, kann Ihnen diese Person helfen, Ihre eigenen Problemthemen zu finden. Wenn Sie jemanden auf Anhieb nicht leiden können oder ihn gar unausstehlich finden, sollten Sie davon ausgehen, dass diese Person eine Eigenschaft von Ihnen spiegelt, die Sie an sich selbst nicht mögen. Je heftiger und emotionaler Sie Ihr Gegenüber kritisieren, desto größer ist das Problem, das Sie selbst mit diesem Thema haben. Hören Sie auf, die anderen ändern zu wollen. Die meisten von uns glauben, dass sie glücklicher wären, wenn ihre Mitmenschen sich endlich ändern würden. Die Mutter, der Vater, der Geliebte, der Chef, die Nachbarn, der Bundeskanzler – wenn sie nur endlich einsehen würden, dass sie etwas anders machen müssten. Aber so geht es leider nicht. Wir haben weder das Recht, einen anderen Menschen zu ändern, noch würde es uns je gelingen, denn der Schuss ginge nach hinten los. Möchten wir im Leben eine Veränderung, müssen wir sie selbst herbeiführen. Es ist ganz bestimmt mühsam, sich selbst zu ändern, aber leider ist es der einzige Weg nach vorn. Wenn wir willens sind, unser eigenes Verhalten einmal zu beleuchten, und dann die notwendigen Kurskorrekturen vornehmen, stellen wir manchmal völlig überrascht fest, dass die Menschen, die wir bis dahin als schwierig empfunden haben, auf einmal in ganz anderem Licht erscheinen. Wir glauben, sie hätten sich geändert. In Wirklichkeit aber ist in uns selbst etwas Entscheidendes vorgegangen: Wir haben größere Klarheit erlangt und gehen anders mit den Menschen um.

So bekämpfen Sie die Reizüberflutung

Manche Menschen erschrecken bei der Idee, Ihren Kopf auszuleeren, weil sie befürchten, ihre Denkfähigkeit würde darunter leiden oder gar ganz verschwinden. In Wirklich passiert genau das Gegenteil. Unser Gehirn ist überfüllt von Gedankentrash: nutzlose Wortfetzen, Bilder, Erinnerungen und wirre Dialoge. Diese Altlasten schwächen unsere Konzentration, trüben den Blick für Prioritäten und erschweren klare Gedanken. Da kann man nur sagen: Weg damit! Hier einige Methoden, innerlich leer zu werden:

Machen Sie den Gibberish: Diese Übung kann richtig Spaß machen, weil sie all den Nonsens verdeutlicht, der in unserem Kopf herumspukt. Wenn Sie sie abends vor dem Einschlafen machen, werden Sie anschließend völlig entspannt und gedankenleer in die Kissen sinken. Setzen Sie sich im Bett auf und sagen Sie einige Minuten lang nur unsinnige Wortsilben, die keine Bedeutung haben. Wichtig ist dabei, dass Sie keine Worte sprechen, sondern nur Vokale, Zischlaute und Silben – wie zum Beispiel »Makulabimbam Boristscheigl dumidibublschemgradsodi«. Minutenlang dürfen Sie lautstark Ihre »Quatschader« ausleben, bis Sie das Gefühl haben, es ist alles raus. Dann bitte nicht mehr reden, nur noch hinlegen – und gute Nacht!

Üben Sie die heilsame Achtsamkeit: Bei der buddhistischen Lehre des Zen geht es darum, den Augenblick bewusst wahrzunehmen – und zwar in jedem Augenblick! Bei diesen Übungen wird die Selbstwahrnehmung trainiert. Man lernt, exakt zu beobachten, was man gerade tut und wie es einem dabei geht. Ein gutes Beispiel:

Die Geh-Meditation: Lenken Sie Ihre ganze Aufmerksamkeit nur auf das Gehen und auf alle damit verbundenen Empfindungen. Fühlen Sie bewusst, wie Sie einen Fuß auf den Boden setzen und belasten, wie Sie Ihr Gewicht verlagern, das andere Bein anheben und so weiter. Sie beobachten einfach sich selbst und Ihr Befinden, ganz ohne großartig zu bewerten. Wenn Sie sich völlig auf das Tun im Augenblick konzentrieren, wird der normalerweise ständig und automatisch fließende Gedankenstrom unterbrochen. So kann sich der Teufelskreis negativer Gedanken und Ängste auflösen. Mit der Zeit begreifen Sie, dass Sie niemals etwas anderes leben können als den Augenblick. Diese tiefe Erkenntnis spüren Sie über den ganzen Körper. Sie lernen, den Augenblick zu genießen. Viele Sorgen, zwanghafte Gedanken, Grübeleien und Zukunftsängste verlieren damit ihre nagende Kraft.

Tun Sie einfach – nichts: Eine echte Herausforderung für den westlichen Geist ist die Stille-Meditation, bei der man im idealen Fall nichts bewegt und nichts denkt. Es geht nur darum, still zu sitzen und nichts zu tun. Atmen. Bilder und Gedanken kommen und wieder gehen lassen. Nur atmen und Zeuge sein, wie Gedankenfetzen auftauchen und davonziehen wie Wolken am Himmel. Irgendwann werden Sie merken, wie das innere Geschnatter des Gedankenapparats leiser wird. Nach einer Weile stellen Sie sich vor, beim Einatmen Ruhe einzuatmen und dass beim Ausatmen alle Gedanken, Bilder und Worte aus dem Mund herausgepustet werden.

Lieben Sie, was Sie tun!

Diese Aufforderung klingt einfach, aber es handelt sich hier wohl um eine der schwersten Übungen – zumindest für Menschen des westlichen Kulturkreises. So ist sie gemeint: Wenn Ihnen etwas nicht passt, haben Sie zwei Möglichkeiten: Entweder Sie verändern die Situation oder Sie verlassen das Feld und gehen einfach weg. Das, was übrig bleibt, sollten Sie lieben, was immer es ist – also Ihre Arbeit, Ihre Wohnung, Ihren Partner, Ihren Stress, Ihren Termindruck … Auf diese Weise sind Sie in der Lage, alles, was Sie tun, mit Liebe zu erledigen.

Denken Sie positiv, aber mit Gefühl: Das Positive Denken ist seit vielen Jahren umstritten, weil es bei vielen Menschen einfach nicht funktioniert. Was dabei übersehen wurde: Einen Satz immer wieder zu wiederholen, an den man nicht glaubt oder den man für unrealistisch hält, bringt tatsächlich nichts. Heute weiß man, dass nur solche Sätze wahr werden können, die auch positiv gefühlt werden. Sonst können sie nämlich nicht ins Unterbewusstsein dringen und verfehlen ihre Wirkung. »Affirmare« heißt auf Deutsch bekräftigen. Affirmationen sind Sätze, die eine positive innere Haltung oder ein Ziel einprägsam formulieren. Wenn Sie etwas affirmieren, dann bejahen und bekräftigen Sie es also besonders intensiv. Aber nur, wenn Ihre Worte und Ihr Gefühl übereinstimmen, führen Affirmationen zu Erfolg.

Unter den folgenden Sätzen finden Sie sicher einige, die Sie in Ihren persönlichen Zielen, Wünschen und Problemen unterstützen. Probieren Sie aus, was Sie fühlen, wenn Sie einen Satz fünfmal laut aussprechen. Die Sätze, die Sie gefühlsmäßig positiv berühren, üben Sie täglich einige Male ein:

● Ich bin ganz ruhig und entspannt.
● Ich bin erfolgreich in allem, was ich tue.

- Ich bin glücklich, fröhlich und frei.
- Ich bin geistig und körperlich völlig gesund.
- Ich muss nur mir selbst gefallen.
- Mein Haus ist schuldenfrei.
- Ab heute lerne ich, glücklich zu sein.
- Ich nehme mich so an, wie ich bin.
- Ich schlafe jetzt tief und fest, bis mich morgen früh der Wecker wach klingelt.
- Ich bin auf dem Weg in ein neues Leben.
- Ich glaube an mich und meine Begabungen.
- Von nun an lerne ich, gut für mein Wohl zu sorgen.

Die meisten Frauen sind zu »Ja-Sagerinnen« erzogen worden. Wenn es angebracht wäre, Grenzen zu setzen, lächeln wir und nicken oder protestieren lauthals in kindlich-aggressiver Trotzhaltung. Manchmal ziehen wir uns auch schmollend zurück oder bekommen Wutanfälle, die der Situation nicht angemessen sind. All diese Wege sind nicht richtig. Schluss mit der ewigen Duckmäuserei! »Je mehr wir das Nein vermeiden, desto weniger wird es von unserer Seite weichen«, sagt auch die Psychotherapeutin Ulrike Dahm. Wenn es nämlich keinen Platz in unserem Inneren hat, wird es von außen auf uns zukommen. In Form egoistischer Partner, trotziger Kinder oder fordernder Kollegen. Das Ganze dauert so lange, bis wir es zu einem Teil unseres eigenen Lebens machen. Warum immer neue Verpflichtungen auf sich nehmen? Sagen Sie freundlich, aber klar und bestimmt ab, wenn es Ihnen zu viel wird. Damit schaffen Sie Raum für ein Ja an anderer Stelle.

Schulen Sie Ihre Intuition!

Wenn Sie Ihre innere Stimme ignorieren, bringen Sie sich unter Umständen in Gefahr: Sie vertrauen Menschen, die es nicht verdienen, treffen falsche Entscheidungen, ignorieren Warnungen. Intuition ist dieses vage Bauchgefühl, das uns in wichtigen Situationen oder auch, wenn wir einen Menschen kennen lernen, sagt: »Alles okay« oder »Irgendwas stimmt hier nicht«. Wir wissen etwas, aber wir wissen nicht, warum wir es wissen, denn wir finden keine »vernünftige« Erklärung für unser Gefühl. Leider neigen die meisten von uns immer noch dazu, die Botschaften der inneren Stimme genau deswegen zu übergehen.

Frauen sind auf dem Gebiet der Intuition allerdings weitaus talentierter als Männer, aber auch hier ziehen diese zur Zeit nach: Intuitiv zu handeln ist in unserer kopflastigen Zeit eine immer stärker gefragte Eigenschaft. Persönlichkeitstrainer versuchen, uns diese Fähigkeit wieder anzutrainieren, weil wir damit Fehlentscheidungen vermeiden und Situationen besser einschätzen lernen. Wer klarer und eindeutiger seinen Lebensweg gehen will, sollte deshalb seine Intuition schulen.

Hier einige Übungen, mit denen Sie intuitiven Eingebungen vertrauen lernen. Intuition lässt sich übrigens nicht erzwingen. Sie überkommt uns, bei einsamen Spaziergängen, in der Badewanne, bei schöpferischen Pausen …

- Nehmen Sie sich ein Blatt Papier und einen Stift und schreiben Sie sich ein paar Minuten lang alles auf, was Ihnen einfällt. Wenn Sie lieber auf Tonband aufzeichnen, nehmen Sie dieses. Sie sollen völlig unzensiert nur laut und dabei an gar nichts Konkretes denken. Lassen Sie sich in den Strom der Gedanken fallen. Nach fünf Minuten schauen oder hören Sie sich an, was aus Ihnen herausgeflossen ist. Sie werden überrascht sein!

- Versuchen Sie einmal, einige so genannte seltsame Zufälle in Ihrem Leben zu rekonstruieren. Schreiben Sie auf, was Ihnen dazu einfällt. Passiert es Ihnen zum Beispiel manchmal, dass Sie jemanden anrufen wollen, von dem Sie lange nichts mehr gehört haben – und just in diesem Augenblick klingelt das Telefon? Wie oft waren Sie zur richtigen Zeit am richtigen Ort – zum Beispiel um einen wichtigen Menschen kennen zu lernen oder um etwas zu erleben, das Ihnen weiter hilft? Solche Ereignisse haben Sie Ihrer Intuition zu verdanken. Achten Sie ab jetzt verstärkt darauf und notieren Sie, welche Gefühle solchen Situationen vorangehen. Mit der Zeit werden Sie für Ihre Empfindungen sensibler und vertrauen stärker Ihrer inneren Stimme.

- Nutzen Sie Routinearbeiten, um Ihre Intuition zu fördern. Konzentrieren Sie sich ganz auf das, was Sie gerade tun – sei es das Zähneputzen, Geschirrspülen, Staubwischen oder Autofahren. Lassen Sie sich ganz vom Rhythmus Ihrer Arbeit gefangen nehmen und versuchen Sie, Ihre Gedanken dabei fließen zu lassen. Das macht Ihre Ideen bunter und intuitiver.

- Ziehen Sie vor wichtigen Entscheidungen Ihren Verstand und Ihre Intuition zu Rate – und zwar am besten mit Hilfe einer Fantasiereise: Nachdem Sie sich bequem hingelegt und entspannt haben, stellen Sie sich einen Mann vor, mit dem Sie ein Geschäft machen wollen. Können Sie ihm vertrauen? Malen Sie sich aus, wie es wäre, mit ihm zu verhandeln. Wie wird er sich verhalten? Wird er versuchen, Sie zu dominieren, oder bleibt er fair und partnerschaftlich? Achten Sie auf Ihre Gefühle. Öffnen Sie nun die Augen und ziehen Sie Bilanz: Welches Gefühl überwiegt? Welche Ängste tauchten in Ihrer Fantasie auf? Nehmen Sie sie ernst, es sind die Botschaften Ihrer Intuition.

Die 10 Clear-Your-Life-Regeln für einen klaren Kopf

1.
Betreiben Sie Gedankenhygiene
Was wir denken, wird unser Schicksal. Deswegen sollten Sie Ihre tiefen Überzeugungen und Lebenseinstellungen genau unter die Lupe nehmen. Trennen Sie sich von Glaubenssätzen, die Sie an Ihrer Entwicklung hindern!

2.
Schluss mit Schuldgefühlen
Hören Sie auf, sich für Fehler zu verurteilen. Sie können einen Fehler einsehen und bedauern, Sie können Fehlverhalten korrigieren und in Zukunft vermeiden. Aber Sie dürfen sich deswegen als Person nicht minderwertig fühlen.

3.
Hören Sie auf, perfekt sein zu wollen
Es ist keine Stärke, alles richtig und tadellos machen zu wollen. Mit überzogenen Selbstansprüchen stressen Sie sich und Ihre Umwelt. Ihr neues Motto: Relax!

4.
Erkennen Sie Ihre Projektionen
Menschen, die Sie besonders wütend machen, die Sie immer wieder kritisieren oder verurteilen, sollten Ihre Lehrmeister sein: Sie zeigen Ihnen, wo Sie mit sich selbst ein Problem haben.

5.
Verändern Sie nur sich selbst
Versuchen Sie nie, andere zu ändern, arbeiten Sie stattdessen an sich selbst. Damit ändert sich automatisch Ihre

Beziehung zu Ihren Mitmenschen. Sie bekommen Ihre eigene Veränderung von den anderen zurück.

6.
Lieben Sie es oder lassen Sie es
Was Ihnen in Ihrem Leben nicht gefällt, sollten Sie abschaffen oder ändern. Wenn dies nicht möglich ist, sollten Sie es lieben – egal, was es ist.

7.
Denken und fühlen Sie positiv
Nutzen Sie die Kraft des Unterbewusstseins, indem Sie sich Ihre inneren Ziele und Wunschvorstellungen immer wieder vorsagen und wirklich fühlen. So werden sie zur Wirklichkeit.

8.
Leeren Sie regelmäßig Ihren Gedankenmüll aus
Methoden dafür sind zum Beispiel Zen-Meditation oder das Vor-sich-hin-Plappern sinnloser Silben.

9.
Lernen Sie die Kraft des Nein
Eine angemessene Abgrenzung hat nur Vorteile: Sie lernen Prioritäten zu setzen, bekommen das Nein weniger von außen durch Widerstände »zugeführt« und schaffen sich Raum für ein Ja an anderer Stelle.

10.
Trauen Sie Ihrer Intuition
Unsere innere Stimme warnt uns jenseits aller Vernunft vor Gefahren, sagt uns, wem wir vertrauen können und wem nicht. Sie ist eine wichtige Institution auf der anderen Seite des Verstands.

2. Weg

Von Körperballast befreien!

Clear-Your-Life-Test: Wie klar ist Ihr Verhältnis zu Ihrem Körper?

- ☐ Wie belastet ist Ihr Organismus?
- ☐ Wachen Sie morgens auf und fühlen sich nicht erholt?
- ☐ Haben Sie öfter Schwellungen im Gesicht?
- ☐ Fühlen Sie sich oft matt und antriebslos?
- ☐ Können Sie sich schlecht entspannen?
- ☐ Leiden Sie unter Verdauungsstörungen – wie Blähbauch oder Verstopfung?
- ☐ Haben Sie oft Sodbrennen bzw. saures Aufstoßen?
- ☐ Gibt es öfter Tage, an denen Sie alles wie durch einen Nebel wahrnehmen?
- ☐ Bewegen Sie sich zu wenig?
- ☐ Essen Sie wenig Obst und Gemüse?
- ☐ Essen Sie mehr als einmal die Woche Fleisch oder Wurst?
- ☐ Ernähren Sie sich überwiegend von Fast Food?
- ☐ Rauchen Sie?
- ☐ Trinken Sie regelmäßig Alkohol – manchmal auch ein bisschen zu viel?
- ☐ Trinken Sie weniger als zwei Liter Wasser am Tag?
- ☐ Trinken Sie viel Kaffee, Tee und andere aufputschende Getränke?
- ☐ Haben Sie öfter Kopfweh – oder ein dumpfes Gefühl im Kopf?
- ☐ Leiden Sie oft unter schlechter Laune oder sind einfach schlecht drauf?
- ☐ Sind Sie häufig reizbar und nervös?
- ☐ Sind Sie auch nach einem faulen Wochenende nicht richtig erholt?
- ☐ Leiden Sie oft unter kalten Händen und Füßen – und frösteln Sie leicht?
- ☐ Gehen Sie einer überwiegend sitzenden Tätigkeit nach?

- [ ] Reagiert Ihr Zahnfleisch oft übersensibel auf Kaltes, Süßes oder Saures?
- [ ] Haben Sie glanzloses Haar und/oder Haarausfall?
- [ ] Haben Sie weiche, brüchige, gespaltene, gefurchte oder fleckige Nägel?
- [ ] Machen Ihnen häufig Muskelkrämpfe zu schaffen?
- [ ] Haben Sie Gelenkschmerzen?
- [ ] Leiden Sie unter Arthritis oder Arthrose?
- [ ] Ist Ihre Haut trocken und überempfindlich und neigt zu Rissen, Schrunden und Ekzemen?
- [ ] Ist Ihr Schmerzempfinden besonders stark ausgeprägt?
- [ ] Bekommen Sie leicht Erkältungen und Infektionen?

Sind Sie die Checkliste durchgegangen? Überwiegend »Ja«-Antworten sprechen übrigens dafür, dass Ihr Körper ziemlich sauer ist. Er hat zu viele Schadstoffe angesammelt. Sehr wahrscheinlich spüren Sie das bereits, ohne es genau benennen zu können: Sie fühlen sich unwohl – oft ohne äußeren Grund. Je mehr der genannten Befindlichkeitsstörungen Sie von sich kennen, desto deutlicher merken Sie, dass etwas nicht stimmt.

Freuen Sie sich auf ein neues Körpergefühl!

Wenn Sie jemals ein Haus richtig entmüllt und auf Vordermann gebracht haben, kennen Sie das Gefühl: Zufrieden genießen Sie die neue Weite, die sich vor Ihnen auftut. Gleichzeitig sind Sie aber voller Energie und bekommen Lust, alles neu zu gestalten. Ähnlich wird es Ihnen mit einem entrümpelten Körper ergehen. Sie fühlen sich einerseits relaxt und gelassen, gleichzeitig sprühen Sie vor Ideen und Tatendrang. Die besten Voraussetzungen, um anschließend weitere Bereiche Ihres Lebens in Angriff zu nehmen!

Haben Sie schon einmal eine Entgiftungskur gemacht? Dann werden Sie diesen Zustand immer wieder zurück haben wollen. Und das ist gut so, denn die Umstände, unter denen wir heute leben, machen es bitter nötig, dass wir unseren Körper regelmäßig reinigen, um gesund und leistungsfähig zu bleiben. Die Belastungen, denen er ausgesetzt ist, beschränken sich nicht nur auf Autoabgase, Wohngifte, schlechte Luft und Rückstände in den Lebensmitteln, auch Psychogifte wirken auf den Organismus. Da sind der ständige Stress ums Geld, der Ärger mit dem Chef, die Zeitnot und nicht zuletzt die chronische Bewegungsarmut durch die überwiegend sitzende Lebensweise. Und um all das auszuhalten, kompensieren wir das, indem wir rauchen, zu viel Alkohol trinken, uns mit Kaffee aufputschen, zu viel Süßes, zu viel oder zu wenig essen.

So machen wir uns krank

Die Faktoren des ganz normalen, ungesunden Lebens bewirken, dass im Körper aggressive Säuren entstehen. Diese zirkulieren nicht nur im Blut, sondern umspülen auch die Organe und Gelenke. Das alleine wäre schlimm genug. Aber nun kommt hinzu, dass ein Organismus, der sich im übersäuerten Milieu befindet, nicht mehr in der Lage ist, sich selbst zu reinigen. Das Ausleitungs- und Entgiftungssystem funktioniert nämlich nur im basischen Bereich. Und so kommt es, dass die durch die normale Körperfunktion anfallenden Stoffwechselprodukte nicht ausgeschieden werden. All die abgestorbenen Zellen und die täglich durch das Zersetzen der Nahrungsstoffe anfallenden Gifte, die so genannten Schlacken, wird der Körper nun nicht mehr los.

Und so beginnt er seinen Müll an verschiedenen Stellen zu deponieren – in den Blutgefäßen, an den Gelenken, den Organen, im Gehirn und im Bindegewebe. Diese inneren Mülldeponien nennt man Ablagerungen. Sie machen dem betroffenen Körpergewebe heftige Probleme. Nun kann es nämlich seiner eigentlichen Aufgabe, Zellen zu ver- und entsorgen, nur noch schlecht nachkommen. Mit der Folge, dass die Zellen mit Nährstoffen und Sauerstoff unterversorgt sind. Je nachdem, wo dies geschieht, macht es sich unterschiedlich bemerkbar: In den Arterien wird der Blutfluss durch die Verkalkungen verlangsamt, die Gelenke beginnen unbeweglich zu werden und zu schmerzen. Auch die Muskeln tun durch die übersäuerte Gewebeflüssigkeit weh.

Anfangs spüren wir die Beschwerden nur leicht, sie bewegen sich noch im Bereich der in der Checkliste genannten Befindlichkeitsstörungen. Doch wenn wir die Hilferufe des Körpers überhören, werden sie lauter. Bald stellen sich die ersten Stoffwechselstörungen ein. Es werden zum Beispiel die ersten Rheumaknoten sichtbar, Gicht und Arthrose verformen die Gelenke. Manche Menschen bekommen Diabetes, andere Allergien oder Arteriosklerose. Besonders betroffen sind die Ausscheidungsorgane. Mit der Zeit kommt es zu Gallen-, Harn- oder Nierensteinen.

Eine ganz besondere Rolle in diesem Geschehen spielt der Darm. Das Schlackendepot, das der Körper hier anlegt, hat besonders weitreichende Folgen auf die Versorgung des gesamten Körpers. Zum einen wird die Passage des Darminhalts immer schwerer, wodurch Verdauungsstörungen entstehen. Zum anderen werden die Darmzotten, deren Oberfläche ein Fußballfeld bedecken könnte, durch die Ablagerungen an ihrer Aufgabe gehindert, die dem Nahrungsbrei entzogenen Nährstoffe aufzunehmen. Das ist der Grund, warum viele Menschen, die sich eigentlich ausgewogen ernähren, unter Vitamin- und Mineralienmangel leiden. Diesen Mangelzustand können allerdings weder teure Vitamintabletten noch erstklassige Biokost ausgleichen. Sie produzieren allenfalls »teuren Stuhlgang«, wie einige Naturheilkundler es drastisch formulieren. In Wahrheit ist ein Darm, der aus dem Gleichgewicht geraten ist, einfach nicht mehr in der Lage, etwas aufzunehmen.

Wie wir sehen, nehmen alle großen und klassischen Zivilisationsleiden ihren Anfang im übersäuerten Körper. Manche Ärzte behaupten sogar, dass jegliche Krankheit überhaupt erst auf der Basis eines sauren Organismus entstehen kann!

Machen Sie den Muskeltest: Sie können ganz einfach ausprobieren, ob Ihr Körper übersäuert ist: In einem gesunden, basischen Organismus lässt sich ein Muskel kneten und bis auf den Knochen drücken, ohne dass es weh tut. Bei einem sauren Milieu steigt der Säuregehalt im Muskelgewebe und die Muskeln werden druckempfindlich. Sie können den Säuregrad Ihres Organismus leicht abschätzen, wenn Sie auf einen Muskel so lange Druck ausüben, bis Sie den Knochen spüren.

Eine andere Möglichkeit ist der Kneiftest am Trapezmuskel, der sich vom Hals zur Schulter zieht. Je saurer Sie sind, desto schmerzhafter ist das Kneifen in diesen Muskel.

Der Mensch ist eine »basische Pflanze«. Er kann nur aufblühen, heilen und sich wohlfühlen, wenn sein Körper sich überwiegend im basischen Bereich befindet. Nur dann besitzt er die Fähigkeit, sich selbst zu reinigen. Er kann sich aus eigener Kraft von Giften, Viren und anderen Mikroben befreien und damit seine gesunde Balance aufrecht erhalten. Auch Ablagerungen kann er in diesem Zustand auflösen und ausscheiden, wenn diese noch nicht allzu stark in den Stoffwechsel eingegriffen haben.

Testen Sie Ihre Übersäuerung: Nach dem oben beschriebenen Muskeltest wissen Sie nun vielleicht, *dass* Ihr Körper sauer ist. Aber Sie wissen nicht, *wie stark*. Die einfachste Art, den Grad der eigenen Übersäuerung festzustellen, ist der Säure-Basen-Test. Sie müssen sich dazu nur entsprechende Teststreifen aus Lackmuspapier in der

Apotheke besorgen. Einen dieser ph-Indikator-Teststreifen tauchen Sie in den ersten Morgenurin. Der ideale ph-Wert, der anzeigt, dass Ihr Körper sich im basischen Milieu befindet, liegt bei 7,5. Die meisten Menschen haben jedoch Werte zwischen 4,5 und 6,5 – was bedeutet, dass über den Urin eine große Menge an Säure ausgeschieden wird.

In einigen Ausnahmefällen liegt der ph-Wert zwischen 7,5 und 8, obwohl man von der Belastung her eigentlich übersäuert sein müsste. Dann sollten Sie davon ausgehen, dass bei Ihnen der Säurestoffwechsel gestört ist. Wenden Sie sich dann bitte an einen guten Heilpraktiker oder einen Arzt für Naturheilkunde.

Ihr gesunder Maßnahmenkatalog

Was aber gilt es nun zu tun, wenn der Test zeigt, dass Sie sauer sind? Seit die Pharma-Industrie die Übersäuerung als »Feind der Gesundheit« entdeckt hat, gibt es Medikamente en masse dagegen. Wir nennen hier aber lieber die Maßnahmen, die sich über die Jahre als unbestreitbar erfolgreich erwiesen haben. Sie sind leider ein wenig unbequem, weil sie eigenen Einsatz erfordern.

Die besten Mittel zum Säure-Basen-Ausgleich sind:
● allen voran eine säureausleitende Ernährung
● regelmäßige Bewegung im aeroben Trainingsbereich
● Schwitzen aus eigener Kraft
● Aufsteigende Bäder mit Natron
● Heilfasten
● eine Darmsanierung
● regelmäßig Sauna, Dampfbad oder Tepidarium
● immer wieder nach Bedarf: Basenpulver nehmen
● mindestens zwei Liter Wasser pro Tag trinken
● Entspannung und innere Ruhe

Saures macht basisch, Süßes macht sauer:
Unsere Nahrung setzt sich aus sauren, säurebildenden und basischen Lebensmitteln zusammen.

Saure Nahrungsmittel wie Zitrone, Rhabarber oder Essig schmecken – ganz klar – sauer. Wenn wir sie gegessen haben, bleiben sie jedoch nicht sauer. Bei Menschen mit gesundem Säurestoffwechsel (den die meisten von uns haben) werden diese Lebensmittel in basische Substanzen verwandelt.

Säurebildende Nahrungsmittel sind vom Geschmack her nicht sauer, sondern eher neutral, oft sogar süß. Trotzdem wirken sie Säure bildend, weil sie beim Umwandlungsprozess im Verdauungsapparat oder in den Zellen erhebliche Mengen an Säuren frei setzen. Klassisches Beispiel ist weißer Zucker, bei dessen Umwandlung in Energie Säuren entstehen.

Basische Lebensmittel enthalten wenig oder keine Säure. Sie produzieren auch im Körper keine sauren Substanzen.

Wenn Sie Ihren Körper durch Ernährung entsäuern wollen, gilt es drei Grundregeln zu beachten:

- Die Nahrung soll zu einem Viertel aus säurebildenden und zu drei Vierteln aus basenbildenden Nahrungsmitteln bestehen.
- Saure Nahrungsmittel wie Obst oder Essig können Sie, wenn Sie säureempfindlich sind, ganz oder teilweise weglassen.
- Achten Sie darauf, dass die für den Körper notwendige Eiweißzufuhr garantiert bleibt. Allerdings können Sie statt auf Fleisch vermehrt auf Milchprodukte setzen.

Säurebildende Nahrungsmittel:
- Kaffee, Tee, Kakao, Limonade, Alkohol
- Raffinierter Zucker
- Zuckersüße Süßigkeiten wie Bonbons, Schokolade, Kekse, Pralinen, Marmelade oder kandierte Früchte

- Fleisch, Geflügel, Wurst, Fleischextrakte, Fisch
- Eier
- Reis
- Käse
- Tierische Fette (gesättigte Fettsäuren)
- Erdnussöl und gehärtete oder raffinierte Pflanzenöle
- Getreide (auch Vollkorn), etwa Weizen, Roggen, Dinkel, Gerste, Hafer und Hirse
- Getreideprodukte wie Brot, Flocken und Teigwaren
- Hülsenfrüchte wie Sojabohnen, weiße Bohnen, Linsen, Saubohnen
- Nüsse wie Erdnüsse, Haselnüsse, Walnüsse (außer Mandeln)

Basische und basenbildende Nahrungsmittel:
- Kartoffeln
- Alle grünen Gemüse wie Blattsalat, grüne Bohnen, frische Erbsen, Brokkoli, Grünkohl usw.
- Alle farbigen Gemüse wie Karotten, rote Beete, Paprika, Kürbis, Zwiebeln usw. – außer Tomaten
- Wildkräuter, Gewürzkräuter, Gewürze
- Quark
- Sahne
- Rohmilch
- Frische Molke, Molkenpulver
- Bananen
- Mandeln, Paranüsse
- Kastanien
- Dörrfrüchte außer Aprikosen
- Mandelmilch
- Basische Mineralwässer

Wenn Sie Ihren Speiseplan künftig immer nach der genannten ein Viertel/drei Viertel-Formel zusammenstellen, beugen Sie damit nicht nur der Entstehung neuer Schlacken vor, sondern füllen auch die Basenreserven wieder auf. Der ganze Prozess wird beschleunigt, wenn Sie zusätzlich zu Ihrer basenbetonten Kost noch basische Mineralien zu sich nehmen.

Basische Mineralsalze enthalten die Mineralstoffe, die der Körper braucht, um Säuren zu neutralisieren. Auf dem Markt sind zahlreiche Präparate in Pulver- oder Tablettenform erhältlich, die man eine halbe oder eine ganze Stunde vor den Mahlzeiten einnimmt. Die Mischungen versorgen den Körper mit reichlich basischen Substanzen und helfen ihm, die Säuren über die Nieren auszuscheiden. Als Faustregel gilt: Je übersäuerter der Körper, desto höher die Dosierung.

Schon nach kurzer Zeit werden Sie merken, dass diese Diät Ihren Körper tiefgreifend umstimmt. Die üblichen Beschwerden wie Magenbrennen, Darmprobleme, Blähbauch, aber auch Migräne, Kopfschmerzen, depressive Verstimmung und Gelenkschmerzen werden sich sehr bald bessern oder ganz verschwinden.

Die körperliche Fitness und das Wohlbefinden, die Sie sich mit einer basenbetonten Ernährung aufbauen, können Sie durchs Leben begleiten, auch ohne dass Sie verbissen auf jeden Bissen achten, den Sie zu sich nehmen. Zu einer nahrungsbedingten Übersäuerung kommt es ja nur, wenn Sie mehr saure und säurebildende Speisen essen als basische. Da wir aber auf viele säurebildende Speisen nicht verzichten können – und oft auch nicht mögen –, sollten wir diese möglichst mit basenbildenden Lebensmitteln kombinieren. Die Basen können dann die Säuren neutralisieren. So neutralisiert zum Beispiel ein großer Anteil von (stark basischen) Kartoffeln und Gemüse das (stark säurebildende) Stück Rindfleisch. Viele traditionelle Gerichte sind übrigens durch kluge Beobachtung unserer Altvorderen sinnvoll zusammengesetzt. Bestes Beispiel: Beeren, die wir oft ohne nachzudenken mit Sahne oder Quark verfeinern – und damit gleichzeitig deren Säure neutralisieren.

Zum Schluss noch einige Regeln, die Ihnen helfen, Ihr neues Körpergefühl zu erhalten:

- Nach 15 Uhr keine Rohkost mehr zu sich nehmen.
- Abends nicht zu spät, leicht und säurearm essen – vor allem keine Eiweißbomben wie Fleisch, Käse oder Sauermilchprodukte, da es sonst im Darm zu Fäulnis kommt.
- Immer zuerst Rohes und dann Gekochtes – nie umgekehrt.
- Nicht Süßes nach Rohem essen, da es sonst zu Blähungen kommt.
- Immer gut kauen.

Die meisten von uns wissen inzwischen, dass der Körper nur bei ausreichender Flüssigkeitszufuhr seine Giftstoffe ausscheiden kann. Trotzdem machen selbst gesundheitsbewusste Frauen beim Trinken oft Fehler. Sie glauben, es reicht, dem Körper täglich zwei Liter Flüssigkeit zuzuführen. Das ist aber ein großer Irrtum. Kaffee, Tee und Alkohol zum Beispiel dürfen bei dieser Rechnung nicht mitgezählt werden, weil sie dem Körper Flüssigkeit entziehen. Doch auch süße Getränke wie Limonade, Cola oder andere Softdrinks zählen nicht, auch wenn in ihnen Wasser enthalten ist. Was der Körper wirklich braucht, ist Wasser. Täglich zwei Liter pures Wasser! Getränke egal welcher Art führen dem Körper Nährstoffe zu.

Pures Wasser hingegen ist ungesättigt, also aufnahmefähig. Es kann Giftstoffe aus dem Körper schwemmen.

Wenn Sie gerne Wasser aus dem Wasserhahn trinken: Prima! Und vor allem besser als Mineralwasser mit viel Kohlensäure, von dem Sie ohnehin keine großen Mengen auf einmal trinken können.

Übrigens: Damit das Wasser den Körper nicht allzu schnell wieder verlässt, empfiehlt es sich, immer wieder mal eine Prise Salz ins Glas zu geben.

So ist es bei uns

Auch wir lieben es, uns morgens einen Kaffee zu kochen. Inzwischen plagt uns nicht einmal mehr ein schlechtes Gewissen dabei, weil wir Tricks anwenden, um diesen starken Säurebildner halbwegs unschädlich zu machen: Wir geben eine Miniprise Kardamom oder Zimt dem Kaffeepulver bei. Diese arabischen Gewürze machen den Kaffee noch verdaulicher. Außerdem trinken wir unseren Kaffee genüsslich mit purer Sahne oder guter Bio-Milch mit Rahmschicht. Rahm schmeckt nicht nur hervorragend, er ist vor allem basisch und neutralisiert die Kaffeesäure.

Da wir jedoch wissen, wie sehr Kaffee den Körper austrocknet, haben wir es uns angewöhnt, vorher auf nüchternen Magen ein bis zwei Glas Wasser zu trinken. Das reinigt den Organismus ungemein und gibt einem das Gefühl, schon etwas Gesundes für sich getan zu haben. Generell beherzigen wir die Regel: Jede Tasse Kaffee, jedes Glas Wein erfordert ein zusätzliches Glas Wasser.

Bewegung befreit

Ein oft unterschätztes Mittel, den Organismus in seinem Heilprozess zu unterstützen, ist Bewegung. Wer seinen Körper entsäuern will, muss dafür sorgen, dass die Sauerstoffversorgung der Zellen sichergestellt ist. Viele Substanzen bleiben nämlich nur deswegen als Säure im Körper zurück, weil zu wenig Sauerstoff vorhanden ist, um sie zu verbrennen. Und dazu brauchen wir – schlicht und einfach – mehr Luft! Durch das viele Sitzen im Büro werden unsere Lungen zu wenig gefordert und das Körpergewebe zu schlecht belüftet. Nur bei körperlicher Anstrengung werden die Sauerstoffzufuhr erhöht und der Blutkreislauf so beschleunigt, dass alle Muskeln und Organe mit den Nährstoffen versorgt werden. Durch den rascheren Atemrhythmus und die Sauerstoffzufuhr tanken die Zellen Sauerstoff – und durch die beschleunigte Blutzirkulation kommt auch ins Gewebe Sauerstoff. Bewegung tut also Not, allerdings nicht nur ein paar Minuten am Tag. Am besten wirkt tägliche körperliche Aktivität. Aber statt ins Fitness-Studio zu gehen und dort ein intensives Hanteltraining zu absolvieren, täte es dem Körper besser, wenn Sie sich zu Ausdauersport entschließen könnten. Egal ob Powerwalking, Joggen, Schwimmen oder Radfahren – Hauptsache, Sie bewegen sich so, dass Sie dabei noch sprechen können, ohne außer Atem zu geraten.

Ideal wäre es, den Alltag insgesamt aktiver zu gestalten und zum Beispiel häufiger zu Fuß zu gehen, als Auto zu fahren, Treppen zu steigen, statt den Fahrstuhl zu nehmen – die ganze Palette der oft gehörten und gelesenen Ratschläge also. Wie effektiv diese Maßnahmen zur Entsäuerung des Körpers beitragen, zeigt ein Beispiel: Eine Frau mit deutlich saurem Urin (ph-Wert 5) maß nach einem ausgedehnten Waldspaziergang ihren Urin nochmals. Er hatte sich inzwischen ohne weiteres Zutun auf den gesunden ph-Wert 7 normalisiert.

Schwitzen entschlackt

Am einfachsten und besten schwitzen wir bei körperlicher Anstrengung. Bei intensiver Bewegung steigt nicht nur die Körpertemperatur, was das starke Schwitzen auslöst, sie kurbelt auch den Blutkreislauf an. Dadurch werden Schlacken und Säuren aus dem Gewebe gelöst und den Ausscheidungsorganen zugeführt. Nach körperlicher Aktivität enthält der Schweiß wesentlich mehr Abfallstoffe als nach passivem Schwitzen, zum Beispiel durch heiße Bäder oder Sauna.

Nicht als Alternative, sondern zusätzlich zum Sport sind heiße Bäder ein ausgezeichnetes Mittel, um die Haut im Ausscheiden und Schwitzen zu trainieren. Besonders das aufsteigende Bad ist – zusammen mit dem Heilfasten, aber auch alleine für sich – ein sehr wirksames Heilverfahren. Es löst im Körper eine Art künstliches Fieber aus, das in der Tiefe lagernde Abfallstoffe lösen und saure Toxine aus dem Körper hinausbefördern kann. Gleichzeitig erweitern sich während des Badens die Gefäße, wodurch die Toxine selbst durch die kleinen Kapillaren ihren Weg nach draußen finden. Eine hervorragende Unterstützung also für Ihre Entgiftungsaktion. Alles, was Sie brauchen, ist eine Badewanne, ein Badethermometer und etwas Natronpulver.

So geht´s: Füllen Sie die Badewanne mit genau 37 Grad warmem Wasser und geben Sie als Badezusatz einen Esslöffel Natronpulver in die Wanne. Steigen Sie hinein und geben Sie nun nach und nach immer ein wenig mehr heißes Wasser zu, bis Sie das Wasser zwar als sehr warm, aber nicht als unangenehm heiß empfinden. Es geht nicht darum, die höchstmögliche Temperatur zu erreichen, sondern eine Temperatur zu erzielen, in der Sie es 15 Minuten lang gut aushalten. Je nachdem, wie gut Sie Hitze vertragen, kann diese Temperatur zwischen 39 Grad und 42 Grad liegen. Wenn Ihnen auch 39 Grad noch zu viel sind, können Sie ein wenig darunter bleiben, dies aber durch eine längere Badedauer ausgleichen. Wenn Sie mögen, legen Sie sich ein kühles Tuch auf die Stirn. Nach Ihrer Badezeit steigen Sie nun bitte vorsichtig (Achtung, Kreislauf!) aus dem Wasser, wickeln sich in ein großes Tuch und legen sich für eine halbe Stunde zugedeckt ins Bett. Nun kann der Körper langsam und in Ruhe den Schwitzprozess beenden.

Während einer Entsäuerungskur können Sie Ihr aufsteigendes Bad bis zu drei Wochen lang jeden Tag nehmen. In dieser Zeit können Sie die Badetemperatur und -dauer allmählich steigern, bis Sie Ihr persönliches Maximum erreicht haben. Die beste Zeit dafür ist der Abend kurz vor dem Schlafengehen. Danach können Sie entspannt im Bett einschlummern.

Um den Schwitzprozess des aufsteigenden Bades zusätzlich zu unterstützen, können Sie vorher oder anschließend ein bis zwei Tassen schweißtreibenden Tee trinken. Hier zwei Rezepte:

- Ein Esslöffel Holunderblüten pro Tasse mit kochendem Wasser übergießen und zehn Minuten zugedeckt ziehen lassen.
- Eine Handvoll Lindenblüten pro Tasse übergießen und ebenfalls zehn Minuten zugedeckt ziehen lassen.

Heilfasten schenkt neue Lebensfreude

Wer sich ernsthaft auf den Weg macht, mit sich ins Reine zu kommen und sein Leben neu zu ordnen, dem kann eine Heilfasten-Kur die nötige Umstellung bringen. Gerade in Umbruchphasen und vor einem wichtigen Neubeginn bietet sie sich an. Beim Heilfasten haben Sie die große Chance, sich auf sehr gesunde Art von allem zu verabschieden, was Ihren Körper belastet und vergiftet, um anschließend körperlich leicht und geistig beflügelt neue Lebensziele in Angriff zu nehmen. Auch wenn Sie »nur« vorhaben, sich das Rauchen abzugewöhnen oder Ihre Ernährung umzustellen: Heilfasten ist immer ein willkommener »Cut«.

Wie keine andere Maßnahme ist das Heilfasten geeignet, eine Brücke zwischen den verschiedenen Ebenen des Seins zu schlagen und diese miteinander zu versöhnen. Selbst wenn Sie sich ausschließlich auf Ihren Körper konzentrieren möchten und nur seine Entgiftung zum Ziel haben, werden Sie bemerken, dass Sie dabei sensibler werden und sich Ihr Geist für Neues öffnet. Spielt der Körper hingegen nur die Rolle des Mediums, und Sie haben höhere geistige Ziele im Sinn, wird er Ihnen beim Fasten zeigen, wie sehr er zu Ihnen gehört. Vor allem bei Übersäuerung ist Heilfasten das bewährte Mittel schlechthin, um Gewebe und Organe zu reinigen. Die Regeneration einer vorgeschädigten Leber, die ja ganz besonders von Umwelt- und Genussgiften belastet wird, grenzt geradezu ans Wunderbare.

Wenn Sie gesund sind, können Sie ohne weiteres alleine Heilfasten. Bei Bedenken, als Fasten-Anfängerin und wenn Sie sich unsicher fühlen, ist es gut, während der Zeit einen Heilpraktiker oder einen naturheilkundigen Arzt im Rücken zu haben, der unter Umständen unterstützende Pflanzenmischungen oder homöopathische Mittel verschreiben kann.

Die wichtigsten Fragen und Antworten zum Thema:

● *Was ist Heilfasten?*
Aus medizinischer Sicht ist das Heilfasten eine niederkalorische Trinkdiät. Banal ausgedrückt: Es wird nicht mehr gekaut, sondern nur noch geschluckt – und zwar täglich bis zu drei Liter Flüssigkeit in Form von Wasser, Säften, Saftschorlen und dünnen Gemüsesuppen.

● *Wie lange dauert es?*
Als ideal gelten zwei Vorbereitungstage, sechs Fastentage und zwei Aufbautage – insgesamt also 10 Tage. Längeres Fasten ist möglich und manchmal medizinisch ratsam, denn es kann zu (erwünschten) Veränderungen im Stoffwechsel führen. Das sollten Sie nur in Fastenkliniken oder unter ärztlicher Aufsicht tun.

● *Wer darf nicht fasten?*
Menschen mit schweren, auszehrenden Krankheiten wie Krebs, Tuberkulose, Leberzirrhose, Schilddrüsenüberfunktion und Diabetes vom Typ 1.

● *Wer sollte trotz Krankheit fasten?*
Menschen mit Asthma, Verdauungskrankheiten, Migräne, Hautleiden und Allergien können einen Großteil ihrer Beschwerden durch regelmäßiges Heilfasten dramatisch verbessern, wenn nicht gar ganz zum Verschwinden bringen. Sie sollten allerdings unbedingt unter ärztlicher Aufsicht sein.

● *Kann man dabei weiter arbeiten?*
Das kommt auf die Tätigkeit an. Wenn Sie eine stress-
reiche Woche vor sich haben, werden Sie sich um einen Großteil der seelisch-geistigen Vorzüge der Fasten-
kur bringen. Liegt hingegen nichts Besonderes an, können Sie während Ihrer Kur Ihren Alltag weiterführen.
Schwierig wird es, wenn Sie für andere kochen oder
beim Essen zusehen müssen. Haben Sie allerdings einen Job, bei dem Sie für andere Verantwortung tragen
oder sind Sie viel oder meistens im Auto unterwegs,
sollten Sie lieber nur im Urlaub fasten.

● *Warum eigens Urlaub nehmen?*
Weil Sie dann einfach mehr Zeit für sich haben und einen wichtigen Teil des Heilfastens voll auskosten können – nämlich Ruhe, Entspannung, Zeit für Besinnung
und Rückzug, Muße und Kreativität.

● *Wie fit bleibt man beim Fasten?*
Sie können durchaus leistungsfähig bleiben, wenn Sie
ein gesundes Maß zwischen Bewegung und Entspannung finden. Fastenwanderer, die täglich große Strecken zurücklegen, sind das beste Beispiel dafür. Wenn
Sie Ihre Zeit lieber für Meditation nutzen wollen:
Atemgymnastik und Spaziergänge sind zum Ausgleich
sehr wichtig. Der Körper soll jeden Tag bewegt werden.

● *Welches ist der geistig-seelische Effekt beim Heilfasten?*
Fasten verstärkt jede meditative Erfahrung. Der bewusste Verzicht auf feste Nahrung öffnet uns den Zu-
gang zu unserem Inneren. Die Träume werden intensiver, Gefühle stärker, so manches im normalen Alltag
Verdrängte kommt ans Licht. Viele Menschen erhalten
beim Fasten neue Erkenntnisse. Diesen Umstand nutzen die Indianer bei ihrer Visionssuche ebenso wie
Mönche in ihren Retreats. Da man während des Fas-
tens viele Dinge neu zu betrachten lernt oder Dinge
klarer sieht, lohnt es sich auf jeden Fall, in dieser Zeit
ein Tagebuch zu führen.

Die 10 Clear-Your-Life-Regeln für ein klares Körpergefühl

1.
Kontrollieren Sie regelmäßig Ihre Säure-Basen-Werte!
Mit Hilfe von ph-Teststreifen können Sie immer wieder den Grad einer eventuellen Übersäuerung ermitteln, um dann entsprechende Gegenmaßnahmen einzuleiten.

2.
Achten Sie auf überwiegend basische Ernährung!
Die richtige Mischung besteht aus einem Viertel säurebildenden und drei Vierteln basenbildenden Lebensmitteln. Diese Kost ist die beste Basis für körperliche und geistige Gesundheit.

3.
Setzen Sie sich in Bewegung!
Beim gesundheitlich optimalen Training bleiben Sie immer im aeroben Bereich. Außerdem wichtig: Immer wieder durch Anstrengung ins Schwitzen kommen.

4.
Geben Sie Ihrem Körper regelmäßig die Chance, seine Gifte loszuwerden!
Etwa durch Saunabesuche oder ansteigende Bäder.

4.
Trinken Sie zwei bis drei Liter Wasser am Tag!
Diese Flüssigkeitsmenge brauchen Sie, damit die Organe funktionieren und die täglich anfallenden Abfallstoffe ausgeschieden werden können.

5.
Einmal Heilfasten im Jahr – der Königsweg der Reinigungskuren!

So lösen sich auch tiefsitzende Toxine aus Organen, Gelenken und Gewebe. Gleichzeitig beflügeln Sie Ihren Geist für neue Taten. Ein optimaler Weg auch, wenn Sie vor einem Neubeginn stehen und sich vornehmen, Ihr Leben zu klären.

7.
Pflegen Sie Ihren Darm!

Er ist nicht nur Ihr wichtigstes Ausscheidungsorgan, er sorgt auch dafür, dass Sie die gesunden Nährstoffe aus Ihrem Essen aufnehmen können.

8.
Schalten Sie bei Körpersignalen einen Gang zurück!

Wenn die Gelenke schmerzen, der Magen drückt, die Nägel brüchig werden oder weitere Befindlichkeitsbeschwerden auftauchen, heißt dies, dass Ihr Körper Sie auf etwas aufmerksam machen will. Nehmen Sie ihn ernst!

9.
Entdecken Sie den »basischen Lebensstil«!

Wenn Sie sich einmal bewusst gemacht haben, dass sich Körper, Geist und Seele nur positiv weiterentwickeln, wenn der Körper im basischen Bereich bleibt, haben Sie damit den Schlüssel zur Dauer-Wellness in der Hand.

10.
Kommen Sie auch mental in Ihre Mitte!

Stress, Zeit- und Leistungsdruck sind geistige Gifte, die den Organismus ebenfalls sauer machen. Lernen Sie, sich systematisch zu entspannen, üben Sie Yoga, Tai Chi oder andere Methoden, um wieder in die Mitte zu kommen.

3. Weg

Schluss mit falschen Schönheitsidealen!

Clear-Your-Life-Test: Wie stark definieren Sie sich über Ihr Aussehen?

Welche Bemerkung würde Sie am meisten freuen?

☐ a) Du hast eine tolle Ausstrahlung.
☐ b) Du siehst wirklich gut aus.
☐ c) Du bist eine sehr kluge Frau.

Es klingelt an der Tür. Sie machen im Nachthemd mit Gesichtsmaske auf, weil Sie Ihre Schwester erwarten. Leider ist es der nette Arbeitskollege, der gerade in der Gegend war. Was passiert?

☐ a) Ich werde knallrot und entschuldige mich, bitte ihn aber trotzdem herein und verschwinde schnell im Bad.
☐ b) Ich erschrecke zu Tode und knalle die Tür sofort wieder zu.
☐ c) Ich habe kein Problem mit dieser Situation. Ich bin schließlich zu Hause, und wer mich überraschend besucht, muss mit solchen Sachen rechnen.

Welche der folgenden Aussagen treffen auf Sie zu?

☐ a) Wenn ich morgens in den Spiegel schaue und einen Pickel entdecke, ist der Tag für mich schon gelaufen.
☐ b) Ungeschminkt würde ich niemals vor die Haustür treten.
☐ b) Meine beste Freundin sagt mir oft, dass ich mein Äußeres nicht so wichtig nehmen soll.
☐ a) Manchmal ziehe ich mich zweimal, dreimal um, bevor ich ausgehe.
☐ a) Wenn ich irgendwo eingeladen bin, sehe ich schon beim ersten Blick, welche Frau besser oder schlechter aussieht als ich.

☐ a) Für mich ist es wichtig, auch in einer intimen Situation noch gut auszusehen.

Stellen Sie sich vor, Sie hätten eine Schönheitsoperation gewonnen und könnten sich mehrere Eingriffe auswählen. Was würden Sie alles machen lassen?

☐ a) Totales Facelift
☐ a) Lidstraffung
☐ a) Busen vergrößern oder straffen
☐ a) Reiterhosen absaugen
☐ a) Nur ein bisschen Botox in die Stirn
☐ c) Ich würde dankend ablehnen.

Bei einem Empfang flirten Sie gerade mit einem jüngeren, gut aussehenden Mann. Plötzlich spricht eine attraktive Frau ihn an, worauf er sich ihr sofort zuwendet. Wie reagieren Sie?

☐ a) Ich würde weggehen und mir sagen: So ist das im Leben, sie sieht einfach besser aus.
☐ b) Ich wäre empört über dieses Verhalten.
☐ c) Ich würde denken: Ein Mann, der so auf Äußerlichkeiten abfährt, ist sowieso nicht meine Kragenweite.

Wie stehen Sie zu der folgenden Aussage: Der Altersprozess ist Teil des Lebens. Ab einem gewissen Alter bekommt jede Frau Falten und eine schlaffere Haut.

☐ a) Stimmt, aber man kann den Prozess durch einen gesunden Lebensstil und gute Kosmetik lange hinauszögern.
☐ b) Mir sieht man mein Alter garantiert nicht an, weil ich etwas dagegen tue. Wozu gibt es die Schönheitschirurgie?
☐ c) Ich sehe den reifen Jahren sehr relaxt entgegen.

Sie sitzen gerade in einer öffentlichen Sauna, da kommt eine Frau Marke Model-Typ mit einem perfekten Körper herein. Was geht Ihnen durch den Kopf?

☐ a) Ich bin mal gespannt, was dabei herauskommt, wenn sie den Mund aufmacht.
☐ b) Da kann ich mich nur hinter dem Badehandtuch verschanzen.
☐ c) Diese Frau ist wirklich bildschön.

Wenn Sie Ihr Selbstbewusstsein auf einer Skala von 1 (gar nicht ausgeprägt) bis 100 (sehr stark ausgeprägt) einschätzen müssten: Wie sähe das Ergebnis aus?

☐ a) 40 bis 70
☐ b) 10 bis 30
☐ c) 80 bis 100

Was kaufen Sie regelmäßig zur Schönheitspflege?

☐ a) Ich belohne mich hin und wieder mit einer Gesichtsbehandlung in einem Beauty-Institut.
☐ b) Wenn mir etwas aus meinem Pflegeprogramm ausgeht, kaufe ich es sofort nach – mit Masken, Kuren und allem Drum und Dran. Außerdem gehe ich regelmäßig zur Kosmetikerin.
☐ c) Ich kaufe nur das Übliche, zum Beispiel Haarshampoo und eine Tagescreme.

Wie oft haben Sie eine A-, B- oder C-Antwort angekreuzt? Geben Sie sich bitte für jedes A zwei Punkte und für jedes B drei Punkte. Die C-Antworten bleiben unbepunktet. Hier Ihre Testauflösung:

Bis 19 Punkte: Die Gelassene

Sie fühlen sich wohl in Ihrer Haut, und das macht Sie für andere anziehend. Frauen, die selbstverständlich mit ihrem Körper umgehen, haben eine natürliche Ausstrahlung und wirken authentisch und unprätentiös. Sie sehen auch das Thema Schönheit ganz gelassen und können mit Ihren körperlichen Mängeln gut umgehen. Allerdings sollten Sie in dieser Richtung auch nicht übertreiben. Wer zu entspannt mit seinem Äußeren umgeht, neigt dazu, sich zu vernachlässigen. Wenn es bei Ihnen Anzeichen dafür gibt, sollten Sie gegensteuern und mal wieder ganz gezielt etwas für Ihr Aussehen tun.

20 bis 31 Punkte: Die Schönheitsbewusste

Ihnen ist Ihr Aussehen sehr wichtig, und deshalb investieren Sie viel Zeit und Geld in Kosmetik, Schmuck und Mode. Allerdings besteht auch die Gefahr, dass Sie Ihre Konsumhaltung etwas übertreiben, denn wenn es Ihnen nicht so gut geht, halten Sie sich leicht auch daran fest. Mit anderen Worten: Schönheit wird besonders wichtig, wenn Sie von anderen Menschen enttäuscht werden oder wenn sie Misserfolge erleiden. In solchen Augenblicken sind Sie davon überzeugt, dass Ihr Äußeres daran schuld ist. Aber das stimmt natürlich nicht. Zeigen Sie Ihrer Umwelt lieber, was Sie innerlich drauf haben. Ihre Persönlichkeit ist mehr gefragt!

Ab 32 Punkte: Die Schönheitsfixierte

Sie definieren sich über Ihr Aussehen und sind deshalb sehr empfänglich für die Verlockungen der Schönheitsindustrie. Doch auch wenn Sie modisch immer auf dem neuesten Stand sind und alle kosmetischen Tricks beherrschen, so richtig zufrieden sind Sie nie mit sich. Keine Schönheitsoperation bringt Ihnen das, was Ihnen fehlt – und das ist Selbstwertgefühl. Machen Sie sich das bitte immer wieder bewusst, wenn Sie darüber nachdenken, sich den Busen vergrößern oder die Lippen aufspritzen zu lassen. Vielleicht hat Ihre Umwelt Ihnen schon einmal signalisiert, dass Sie ohne »Maske« (sprich: Make-up) auch sehr ansehnlich sind?

Wären Sie lieber klug oder schön?

Als moderne, aufgeschlossene Frauen können wir heute selbst bestimmen, was uns wichtig ist. Starre Rollen und Lebensentwürfe haben ausgedient, und die meisten von uns erfinden sich im Laufe ihres Lebens immer wieder neu. Wir können Gespielin oder Geliebte sein, die Managerin einer Familie, Single-Mutter, Top-Karrieristin, Weltenbummlerin – oder alles zusammen. Frauen leben ihre Vielschichtigkeit aus, stehen zu ihren Gefühlen, lernen, ihre Meinung nach außen zu vertreten. So manch eine von uns führt ein aufregendes Leben. Aber vor die Wahl gestellt, ob sie lieber intelligent wäre oder schön, würde fast jede Frau sich für Schönheit entscheiden ... Sie auch?

Wir leben in einer Zeit, in der es für Frauen (und zunehmend auch für Männer) immer schwerer wird, allein durch Leistung oder Charakter zu überzeugen. Wer heute erfolgreich sein will, der muss gut aussehen. Gnadenlos, aber wahr ist: Das Durchschnittseinkommen unattraktiver Frauen liegt im Schnitt vier Prozent unter dem der schönen Kolleginnen. Wer von Natur aus nicht mit einem blendenden Äußeren gesegnet ist, den bestraft das Leben. Und wir alle strafen mit. Selten zuvor haben wir Frauen unser Selbstbewusstsein so stark von Schönheit abhängig gemacht.

Hätten Sie das vermutet? Je mehr Frauenzeitschriften eine Frau liest, desto unzufriedener ist sie mit ihrem Äußeren. Der Grund ist naheliegend: In den Journalen werden Frauen gezeigt, denen man im normalen Leben kaum begegnet. Barbies mit langen Beinen, perfekten Körperkonturen, glatter Haut und prallen Lippen. Dass der Schönheitswahn gerade unter den Schönen absurde Formen angenommen hat – wer macht sich darüber beim Blättern eines Modemagazins schon Gedanken? Die Wahrheit ist, dass die meisten Models Gesicht und Körper schon mit dem ersten verdienten Geld durch die

Schönheitsmaschinerie schleusen (müssen), um einmal auf Titelblättern zu landen. Und all die Silikonkissen in den Brüsten, die operierten Nasen, die filigraner geformten Kinne, aufgepolsterten Wangenknochen und aufgespritzten Lippen prägen fortan unser Bild von einer schönen Frau.

Die Gesetze unserer Welt gelten – ob wir wollen oder nicht. Über den herrschenden Zeitgeist können wir nun schimpfen, wir können ihn verurteilen oder bekämpfen. Klug wäre es, ihn einfach hinzunehmen, denn zu ändern ist er nun mal nicht. Unsere Aufgabe ist es, einen persönlichen Standpunkt zu finden und diesen immer wieder neu zu justieren. Wo also verlaufen die Grenzen zum Schönheitswahn – wie viel mache ich mit, und wann wird es ungesund?

Es ist verdammt verführerisch: High-Tech-Kosmetik, Anti-Aging-Forschung und verfeinerte, schonendere Operationsmethoden machen gutes Aussehen heute leichter denn je. Seit sich die Schönheitsindustrie zur Wachstumsbranche des neuen Jahrzehnts entwickelt, können wir uns Verschönerung erkaufen wie ein Auto oder einen Urlaub. Vor allem durch die rasanten Fortschritte in der ästhetisch-plastischen Chirurgie wird eine Entscheidung dafür oder dagegen schwer.

Eine Schönheitskorrektur vornehmen zu lassen, das erscheint uns immer normaler, parallel dazu werden die Eingriffe immer schonender, die Techniken feiner, die Materialien verträglicher – und schon gibt es die ersten Schnäppchen unter den Angeboten. Selbst die Befürchtung, dass die anderen es merken und abfällige Bemerkungen darüber machen könnten, ist nicht mehr berechtigt. Ein natürlicher Look ist heute bei den Zähnen ebenso wie beim Facelift im Trend. Als optimal gelungen gilt ein Eingriff, wenn die Kollegen und vielleicht sogar der Partner nach dem »Urlaub« anerkennend bestätigen, dass man »gut erholt« aussieht.

Vor allem jüngeren Frauen macht der Stress um das Aussehen zu schaffen. Eine Umfrage der Frauenzeitschrift Freundin hat ergeben, dass 30 Prozent der Frauen zwischen 20 und 29 unter dem hohen Anspruch der Gesellschaft an Schönheit leiden. Jede dritte Frau zwischen 20 und 40 würde sich sofort operieren lassen, wenn sie das Geld dazu hätte!

Das Fatale dabei: Je jünger ein Mädchen, desto unreflektierter »klebt« es an der Idee, seine Minderwertigkeitsgefühle durch eine Schönheitsoperation lösen zu können. Hinzu kommt, dass die vielen Fernsehberichte zum Thema solche Eingriffe inzwischen als »normal« erscheinen lassen. Wenn sich nicht nur Britney Spears die Brüste vergrößern lässt, sondern auch die Freundin der Freundin – was liegt da näher, als es selbst zu probieren? In den USA schenken viele Familien ihren heranwachsenden Töchtern zum Abschluss des College eine Operation. Andere junge Mädchen legen sich jahrelang Geld für die neue Nase, die schmaleren Hüften, das feinere Kinn auf die hohe Kante. Wen wundert es da noch, dass in Deutschland bereits ein Viertel aller Schönheitspatientinnen zwischen 15 und 25 Jahre alt sind – und die Tendenz hin zu immer jüngeren Patientinnen steigt! Verantwortungsvolle ästhetische Chirurgen warnen zwar davor, Korrekturen an Körpern vorzunehmen, die noch nicht ausgewachsen sind. Aber es gibt genügend schwarze Schafe unter den Ärzten, die keine Skrupel haben, auch 17-jährige zu operieren.

Niemals schön genug?

Doch die neue Machbarkeit ist auch für Frauen jenseits der 30 verführerisch. Wer sich einmal vom Arzt verschönern ließ und mit dem Ergebnis zufrieden war, gerät leicht in Versuchung, mehr zu wollen. Zwischen Mitte 30 und Mitte 40 beginnt es meist mit einem kleinen Eingriff, zum Beispiel dem Glätten der Stirn mit Botox. Doch wenn die Zornesfalten verschwunden sind, fallen die Schlupflider plötzlich umso deutlicher auf, und hätte man ohne diese Nasolabialfalte nicht einen insgesamt positiveren Gesichtsausdruck? Warum nicht schön altern, wenn es so leicht möglich ist? Mit Ende 40 investiert die urbane Karrierefrau statt in ein neues Auto lieber in ein strahlendes Lächeln, eine Kinnpartie ohne Hamsterbäckchen oder in die jugendlich gestraffte Bauchdecke. Doch keine Schönheitsoperation der Welt erspart uns die Auseinandersetzung mit dem Älterwerden.

Fragen Sie sich einmal, wer etwas davon hat, wenn Sie sich nicht schön finden. Die Liste ist lang, sehr lang. Sie wird immer länger, je tiefer Sie ins Thema einsteigen. Und am Schluss wird Ihnen klar, dass erschreckend viele Menschen Geld verdienen, weil Sie und all die anderen Milliarden Frauen auf dieser Erde mit ihrem Aussehen nicht zufrieden sind. Überlegen Sie einmal: Es sind ja nicht nur die Schönheitschirurgen, sondern auch die Reporter und Fernsehanstalten, die in Vorabendserien über neue Operationstechniken berichten, nicht nur die Haarstylisten, Kosmetiksalons, Parfümerien und Beautyfarmen, nicht allein die Kosmetikkonzerne und anderen Hersteller von Anti-Aging-Cremes, sondern auch ihre Promoter und die hoch bezahlten Werbetexter in den Agenturen. Sie lassen sich fortwährend neue Feuchtigkeitsformeln und Extraktgruppen einfallen, um noch mehr Schönheitsversprechen auf eine Cremedose packen zu können. Neben diesen offensichtlichen Profiteuren des Schönheitsmarktes verdient aber auch die Pharma-Industrie an Ihrem Problem: Mit Schönheitsvitaminen für Haut, Haar und Nägel, mit Anti-Aging-Hormonen, der Produktion von Silikon und Collagen und dem Nervengift Botox. Und dann ist noch eine weitere Gruppe von Menschen zu nennen: Es sind all die Kursleiter, Masseure und Körpertherapeuten, Psychologen und Gurus, die davon leben, dass wir Frauen unser Aussehen nicht mögen. Die Einzige, die nichts davon hat, sind Sie.

So ist es bei uns

Auch wir möchten natürlich appetitlich aussehen und machen uns gerne schön. Für uns selbst, für den Mann, für das Kind, für die Freundin und für unsere liebste Feindin. Wir blicken im Spiegel lieber in ein strahlendes und rosiges als in ein überarbeitetes Gesicht. Aber wir leben mit beidem. Wie oft hadern wir mit unseren Kummerfalten und ziehen die Wangenhaut leicht nach hinten zum Ohr, um zu schauen, was so ein kleines Lifting bringen würde. Am Telefon witzeln wir dann darüber, dass wir beim Geschäftstermin inzwischen die Rollkragenlösung favorisieren, weil die neue Biolifting-Creme für Hals und Decolleté ihre Wirkung schuldig geblieben ist. Aber wir nehmen es gelassen, weil wir wissen, dass jede Frau sich mal mehr, mal weniger schön findet, je nachdem, wie gut es ihr gerade geht. Weil wir wissen, dass keine unserer Beziehungen jemals wegen Krähenfüßen, Halsfalten oder Schlupflidern auseinander gegangen ist, weil wir wissen, dass wir keinen Liebhaber oder Ehemann zurückbekommen, indem wir uns einer Schönheitsoperation unterziehen, weil wir wissen, dass wir dem Schönheitswahn etwas entgegenzuhalten haben. Und weil unsere Männer uns genau dafür lieben.

Setzen Sie auf Ihr Körpergefühl!

Sie haben den Schönheitswahn satt? Dann sind Sie genau richtig bei unserem Gegenprogramm. Die folgenden Tipps, Übungen und Denkanstöße helfen Ihnen, ein neues Bewusstsein zu entwickeln.

Der Schlüssel dafür ist dieser Satz:

Lernen Sie, sich von innen zu spüren, statt sich von außen zu bewerten!

Wie er-leben Sie sich?

Wie oft passiert es uns, dass wir von Körperteilen, die wir an uns nicht mögen, reden, als gehörten sie nicht zu uns! Hören Sie sich einmal zu. Sagen Sie: »Wenn ich nur meine Speckröllchen am Bauch nicht hätte«? Nein! Sie reden von »diesen« Speckfalten, »diesen« Tränensäcken, »dieser« zu großen, zu kleinen oder hängenden Oberweite. Immer wieder fixieren wir uns auf unsere Problemzonen und spalten diese innerlich vom Rest des Körpers ab. Die abgelehnten Teile wären wir gerne los, würden sie gerne verändern, operieren oder austauschen lassen. Gleichzeitig schielen wir neidisch auf die anderen mit ihren vermeintlich schöneren Beinen, Busen, Haaren oder Händen. Das macht verdammt unzufrieden.

Schade!

Ebenso können Sie sich nämlich auch großartig fühlen. In diesem Augenblick – mit sämtlichen Bauchfalten, Augenringen und Pickeln, trotz kurzer Beine, dicker Taille und schmaler Lippen. Es geht – und dies hat nichts, rein gar nichts mit Ihrem Aussehen zu tun, sondern damit, wie Sie sich fühlen.

Wir finden, gesundes Körperempfinden ist die Kunst,
sich mit dem gut zu fühlen, was man hat,
seinen Körper lieb zu gewinnen,
auf seine Körpersignale zu achten,
sich lebendig zu fühlen,
sich besser wahrzunehmen,
dankbar zu sein für das, was man hat,
das Leben mit allen Sinnen zu erleben.

Wenn Sie gerade wieder einmal mit Ihrem Aussehen hadern, probieren Sie bitte die folgende kleine Übung. Sie ist ebenso einfach wie wirkungsvoll und gibt Ihnen eine Idee für das, was wesentlich ist:

Halten Sie kurz inne, atmen Sie ein paar Mal sanft ein und aus und sagen einfach: »Ich bin.« Und dann warten Sie so lange, bis Sie dieses Gefühl in Ihrem Körper spüren. Wenn Sie es richtig machen, fühlt es sich so an, als weite ein warmes Gefühl vom Herzen ausgehend die Brust. Lassen Sie zu, dass dieses Wärmegefühl sich langsam über Schultern und Bauch über den gesamten Körper ausbreitet. Machen Sie sich bewusst, dass Sie lebendig sind, und freuen Sie sich darüber. Diese kleine Bewusstseins-Übung lässt alle Sorgen um schlecht sitzende Haare oder Augenringe banal erscheinen.

Der Zustand der Entspannung ist der eigentliche, natürliche Zustand des Menschen. So sind wir vom »lieben Gott«gemeint, so fühlen wir uns wohl. Und wenn wir einmal genau überlegen, haben wir eigentlich nur das eine Ziel: immer wieder möglichst lange in diesem genüsslichen Zustand zu verweilen. Es ist so einfach wie wahr: Sobald wir entspannt sind, agieren unser Körper und unser Geist nur positiv und konstruktiv, alle Zellen unseres Wesens bewegen sich in Richtung Heilung. Ein entspannter Körper hat keine Probleme, ein relaxter Geist akzeptiert alles, wie es ist. Keine Kritik an sich oder an anderen. Probleme mit Selbstachtung oder abwertende Gedanken entstehen nur im angespannten Zustand.

Wäre so eine Haltung nicht klasse – als Dauerzustand? Aber statt gelassen durch das Leben zu gehen, sind wir auf Hochgeschwindigkeit programmiert und bewegen uns tagtäglich auf einem unnatürlichen Stressniveau. Das war eigentlich nur für Zeiten der Gefahr gedacht, wenn Instinkte und schnelle körperliche Reaktionen gefordert sind. Unser Körper ist nicht dafür geschaffen, jeden Tag so zu leben. Wenn wir es trotzdem tun, verlieren wir unser gesundes Körpergefühl. Deshalb also: Innehalten und entspannen, wenn Sie merken, dass Sie Ihren Körper nicht mehr spüren.

Spüren Sie Ihr »Sein«!

Das Geheimnis eines entspannten, bewussten Lebens besteht in der Kunst zu sein. Dieses »einfach sein« können wir lernen. Es gibt jeden Tag Gelegenheit dazu. Sagen Sie nicht, Sie hätten keine Zeit, denn das stimmt nicht. Überlegen Sie einmal, wie viele Augenblicke Sie täglich auf etwas warten.

- Wenn Sie beim Autofahren vor einer roten Ampel warten: Nutzen Sie die Zeit, um Ihre Muskeln bewusst zu entspannen. Schultern locker, Arme fallen lassen, das Kinn entspannen, die Anspannung in der Stirn loslassen.
- Gönnen Sie sich Minuten der Ruhe, wenn Sie in der Straßenbahn oder im Bus sitzen. Legen Sie die Hände in den Schoß, schließen Sie die Augen, denken Sie an nichts. Hören Sie nur die Geräusche und geben Sie sich den Schaukelbewegungen des Gefahrenwerdens hin.
- Beim Schlangestehen vor dem Geldautomaten, an der Kasse im Supermarkt, in der Bäckerei: Atmen Sie ein paar Mal bewusst tief ein und aus, stellen Sie sich gerade hin. Hinterkopf hoch, Kinn leicht nach unten und die Schultern locker fallen lassen. Für Fortgeschrittene: Stellen Sie sich vor, dass auf Ihrer Brust ein Scheinwerfer sitzt, der sein Licht waagrecht ausstrahlt. Ein zweiter Scheinwerfer sitzt auf Ihrem Steißbein und soll senkrecht nach unten scheinen, und die Scheinwerfer auf Ihren beiden Oberarmen sollen waagrecht nach außen strahlen. Alles klar?

Hören Sie auf Ihre Körpersignale: Nehmen Sie sich an einem Tag vor, ganz bewusst alle Signale zu beachten und zu befolgen, die Ihr Körper aussendet. Wenn Sie zum Beispiel Hunger oder Durst haben, dann essen oder trinken Sie etwas. Fühlen Sie sich müde, legen Sie sich ein wenig auf die Couch. Haben Sie Lust, vom Stuhl aufzustehen, tun Sie dies – strecken und dehnen Sie sich, wenn Ihnen danach ist. Gähnen Sie nach Leibeskräften, tanzen Sie ein wenig, wenn Sie eine schöne Musik hören, lachen Sie nach Leibeskräften über einen Witz. Husten Sie frei heraus, statt verlegen in die Hand zu hüsteln. Es klingt so simpel, aber wenn Sie einmal überlegen, wie wir alle tagtäglich unsere Körperbedürfnisse unterdrücken, wird Ihnen klar, worum es hier geht: den natürlichen »Draht« zu unserem Körper zurückzugewinnen. Wir haben ihn verloren, weil wir unsere Tagestiefs mit Kaffee bekämpfen, Hunger übergehen oder Sättigungsgefühle ignorieren und den Drang, auf die Toilette zu gehen, hinausschieben. Machen Sie es einfach einmal anders!

Essen Sie mit allen Sinnen: Eine zauberhafte Übung für alle Genießerinnen und die, die es werden wollen: Nehmen Sie einen schönen Korb und gehen Sie hungrig auf den Markt oder in ein gutes Lebensmittelgeschäft. Nun kaufen Sie alles ein, was Ihnen in die Nase sticht, Ihren Augen gefällt oder sich schön anfühlt. Zuhause angekommen, kochen Sie sich (und vielleicht auch einem lieben Menschen) daraus ein köstliches Mahl. Manches lassen Sie roh, anderes wird gekocht oder gedünstet, mit oder ohne Sauce. Und nun dekorieren Sie den Tisch mit Kerzen und Blumen und richten das Essen hübsch auf einem Teller an. Guten Appetit! Aber halt! Vorher bitte erst noch einmal den Anblick genießen. Erst dann lassen Sie sich jeden Bissen ganz genüsslich auf der Zunge zergehen. Kauen Sie langsam und gründlich. Auch Ihr Verdauungsapparat genießt übrigens, was Sie gerade tun. Durch bewusstes Essen vertragen Sie die Mahlzeit besser und werden sogar schneller satt.

Lächeln Sie wie ein Buddha: Sich ständig in einem Gemütszustand heiterer Gelassenheit zu befinden, ist das höchste Ziel eines Buddhisten. Das so genannte innere Lächeln zaubert einen sanften, harmonischen Ausdruck in unser Gesicht, der aus einer bestimmten inneren Haltung heraus entsteht. Diese Stimmung können Sie den ganzen Tag über beibehalten und immer wieder in sich erzeugen. Setzen Sie sich gerade hin, die Hände ruhen auf den Oberschenkeln. Schließen Sie die Augen. Spüren Sie in den Körper hinein und atmen Sie bewusst ein und aus. Nun lassen Sie um Mund und Augen ein leises Lächeln entstehen. Wenn Sie mögen, denken Sie dabei an einen Menschen, den Sie lieben, oder an ein amüsantes Erlebnis. Lassen Sie das Gefühl der Heiterkeit wachsen. Es darf sich über den ganzen Kopf bis hinunter in die Brust ausdehnen. Auch Ihr Herz soll in dieser wohltuenden Energie baden und sich weiten. Auf diese Weise lächeln Sie mit Mund, Augen und mit dem Herzen. Dieses Lächeln behalten Sie nun die ganze Zeit über bei. Wenn Sie es einmal verlieren, halten Sie kurz inne, konzentrieren sich und produzieren das Gefühl wieder neu. Sie werden staunen, wie diese Haltung Ihren gesamten Tag verändert. Und wundern Sie sich nicht, wenn die Menschen Ihnen heute anders begegnen …

Sehen Sie sich mit neuen Augen: Nein, das ist kein Selbstbetrug – es ist die neue Art, wie Sie sich und Ihren Körper von nun an betrachten sollen. Stellen Sie sich vor einen Spiegel und betrachten Sie sich mit den Augen eines Menschen, der Sie liebt. Sagen Sie zu Ihrem Spiegelbild, dass Sie sich mögen und dass Sie sich so akzeptieren, wie Sie sind. Dabei lächeln Sie sich aufmunternd zu. »Ja, das bin ich, so sehe ich aus.« Bedanken Sie sich bei Ihrem Körper für alles, was er schon geleistet hat in Ihrem Leben. Vielleicht hat er ein Kind ausgetragen, eine gefährliche Expedition durchgehalten, sich von einer schweren Krankheit erholt? Sicher waren Sie nicht immer gut zu ihm. Trotzdem ist er beweglich geblieben, gesund geworden. Ihr Körper trägt Sie durch das Leben. Ein Grund, ihn zu mögen, ohne Wenn und Aber.

Viele unserer Probleme entstehen, weil es uns an Selbstachtung fehlt oder weil wir die Liebe zu uns (und zu anderen) an Bedingungen knüpfen. Hier einige Möglichkeiten, es zu ändern:

- Hören Sie auf, sich selbst zu kritisieren.
- Hören Sie auf, zu grübeln und sich Sorgen zu machen.
- Seien Sie geduldig mit sich.
- Machen Sie Schluss mit Selbstbestrafung und Selbstvorwürfen.
- Loben Sie sich immer wieder, wenn Sie etwas gut gemacht haben.
- Lernen Sie, um Hilfe zu bitten und sich helfen zu lassen.
- Lieben Sie Ihre Schwächen als einen Teil von Ihnen.
- Betrachten Sie Ihren Körper wie ein wunderbares Haus.
- Sagen Sie sich immer wieder vor dem Spiegel, dass Sie sich mögen, fördern, vergeben.
- Lieben Sie sich jetzt! Warten Sie keinen Augenblick länger damit.

Lernen Sie, authentisch zu sein!

Keine Frage: Authentisch wollen wir alle sein. Dieser Begriff hat ein gutes Image. Moderne Persönlichkeitstrainer formulieren als Ziel ihrer Seminare, die Teilnehmer zu mehr Authentizität hinzuführen. Wörtlich übersetzt heißt authentisch »selbst«. Ein authentischer Mensch lebt also aus sich selbst heraus, die Impulse für seine Handlungen kommen von innen. Man kann sagen, authentische Menschen sind das Gegenteil von fremdgesteuerten Menschen. Weil sie den Blick nach innen richten, sind sie immer in Kontakt mit ihren Gefühlen und kennen ihre eigentlichen, wahren Bedürfnisse, die sie von äußerlich aufgesetzten Wünschen unterscheiden können. Man könnte sagen, dass solche Menschen in sich selbst hineinfühlen und ihre innere Natur spüren. Dieses Einfühlungsvermögen zeigt sich dann auch im Außen, also im Umgang mit anderen. Das wichtigste Merkmal eines authentischen Menschen jedoch ist wohl seine Fähigkeit, sich zu lieben und so zu akzeptieren, wie er ist. Ein sich selbst liebender Mensch empfindet seine Schwächen als Teil seines Wesens. Er hat es nicht nötig, seinen Schattenseiten auszuweichen, sie zu verstecken oder irgendwo ins Unbewusste zu verdrängen, wo sie weiter ihr Unwesen treiben. Stattdessen sagt er sich: »Ich bin fehlerhaft, wie jeder andere Mensch auch.«

Authentische Menschen legen Wert darauf, respektvoll behandelt zu werden – genauso wie sie selbst auch in der Lage sind, anderen Wertschätzung entgegenzubringen. Sie sind keine Egoisten, aber sie haben genau jene gesunde Portion Egoismus, die jeder als Selbstschutz braucht, um sich nicht von anderen ausnutzen zu lassen. Wenn solche Menschen an sich denken, haben sie keine Schuldgefühle, sondern sie verstehen diese Form des Egoismus als natürlichen Teil des menschlichen Selbsterhaltungstriebs. Allerdings wird ein sich selbst liebender Mensch zu seiner Verteidigung nicht blindlings um sich schlagen oder andere einfach zurückdrängen. Er wird sich in jedem Augenblick wieder fragen, welches Verhalten angemessen ist, und jedes Mal neu reagieren. Einmal wird er seine Bedürfnisse und Ziele durchsetzen, ein andermal freiwillig zurückstecken, weil ihm die Bedürfnisse des anderen wichtiger erscheinen.

Wenn Sie dies lesen, wird Ihnen vielleicht ganz klamm zumute: Es ist die Beschreibung des idealen Menschen, und die meisten von uns fühlen sich Lichtjahre davon entfernt. Macht nichts. Es tut einfach gut, sich eine Vorstellung von einem authentischen Menschen zu machen. Und wenn wir ehrlich sind: Einige der genannten Dinge praktizieren wir bereits.

Machen Sie sich unabhängig von der Meinung anderer!

»Was werden die Leute wohl von mir denken, wenn ich ...« – Sätze, die so anfangen, kennen wir zur Genüge. Mit ihnen machen Sie sich abhängig von der Anerkennung von außen und lassen es zu, dass andere über Sie bestimmen. Sie sind gezwungen, sich auf ganz bestimmte Art und Weise zu verhalten, um Anerkennung und Lob zu bekommen. Warum brauchen wir Anerkennung von anderen Menschen? Weil wir sie nicht in uns haben. Und alles, was wir nicht in unserem Inneren haben, müssen wir uns von außen holen. Wenn Sie keine innere Sicherheit haben, legen Sie besonderen Wert auf äußere Sicherheiten. Sind Sie in der Lage, sich selbst zu achten, dann sind Sie nicht auf die Achtung anderer angewiesen. Sie haben keine Angst, anzuecken oder zu missfallen.

Üben Sie also, sich selbst anzuerkennen, dann müssen Sie bei anderen Menschen nicht um Anerkennung buhlen. Sie können sich eine eigene Meinung bilden und diese vertreten, ohne zu fürchten, in der Achtung anderer zu sinken. Die Achtung geben Sie sich selbst. Selbstachtung und Selbstwertgefühl sind also der Schlüssel, um sich von der Meinung anderer unabhängig zu machen.

Sie können sich jederzeit entscheiden, sich selbst für hässlich, faul oder nicht liebenswert zu halten oder sich in Ihrer ganzen Erscheinung anzunehmen. Was fühlt sich besser an? Vielen Frauen fällt es nicht leicht, eine Meinung zu vertreten, mit der sie aus der Reihe tanzen. Wie weit Sie sich mit ungewöhnlichen Ansichten aus dem Fenster lehnen können, hängt sicher von der Toleranz der gesellschaftlichen Schicht ab, in der Sie verkehren. Es ist aber auch eine Frage Ihres persönlichen Mutes und der Art und Weise, wie Sie Ihre Meinung vertreten. Wenn Sie begriffen haben, dass Sie es niemals allen Recht machen können (und sollen), sind Sie innerlich freier.

Wenn Sie sich innerlich unabhängig machen wollen von der Meinung anderer, müssen Sie innerlich unabhängig sein, und das geht nur, wenn Sie bereit sind, den Preis dafür zu zahlen. Sie riskieren damit Spannung und Streit, Konflikte und Auseinandersetzungen. Man wird Sie vielleicht sogar ablehnen und sich von Ihnen zurückziehen, vielleicht kommt es zu Trennungen, und Sie müssen damit rechnen, alleine dazustehen. Keine Frage: Dieser Preis ist hoch. Um ihn bezahlen zu können, braucht man ein gehöriges Maß an Selbstwertgefühl.

Nur Frauen mit einem ausgeprägten Gespür für sich selbst sind nicht auf die Zustimmung der anderen angewiesen. Solche Frauen holen sich ihr Selbstvertrauen von innen. Sie vertrauen zum Beispiel ihrer inneren Führung. Lassen auch Sie Ihre innere Stimme Ihr ständiger Begleiter werden, hören Sie auf den Rat Ihres höheren Selbst – jener Institution also, die am besten weiß, was für Sie richtig ist. Dann brauchen Sie keine Beratung von Gurus, Heilern oder Astrologen. Dann sind Sie unabhängig von den gut gemeinten Tipps der Eltern, anderer Mütter, der besten Freundin oder der Nachbarn. Sobald Sie mit Ihrer inneren Führung direkt verbunden sind, brauchen Sie keine andere Meinung mehr. Ihre Entscheidungen treffen Sie aus dem inneren Wissen heraus, was richtig ist. Bald werden die anderen Sie um Ihre Geradlinigkeit beneiden.

Nehmen Sie Kontakt mit Ihrer inneren Stimme auf!

Ihre innere Stimme ist die Stimme der Selbstliebe. Diese Stimme ermutigt Sie, Ihre Wünsche und Bedürfnisse ernst zu nehmen, sie bestätigt Sie in dem Glauben an sich als einmaliges Wesen mit einer ganz besonderen Lebensaufgabe auf dieser Welt. Eine Möglichkeit, Kontakt mit der inneren Stimme aufzunehmen, ist die folgende Imaginationsübung:

Was würden Sie gerne von Ihrer inneren Instanz erfahren? Notieren Sie Ihre Frage auf einem Zettel.

Lesen Sie nun bitte die Beschreibung der folgenden Fantasiereise mehrmals gut durch und prägen Sie sich die einzelnen Schritte ein. Sie müssen sie nachher aus dem Gedächtnis nachvollziehen. Wenn Ihnen das zu schwierig erscheint, können Sie die Reise auch auf Kassette aufnehmen. Sprechen Sie bitte sehr langsam und lassen Sie sich zwischendurch immer lange Zeit, damit die Bilder sich vor Ihrem inneren Auge richtig entwickeln können.

Beginnen Sie nun mit der Vorbereitungsphase: Stellen Sie das Telefon ab und tun Sie alles, um in der nächsten halben Stunde nicht gestört zu werden. Legen Sie sich jetzt bitte hin oder setzen Sie sich auf einen bequemen Stuhl, machen Sie die Augen zu. Atmen Sie einige Minuten lang tief durch und konzentrieren Sie sich darauf, wie der Atem Ihre Bauchdecke hebt und senkt. Nichts anderes ist jetzt wichtiger als dies. Stellen Sie sich vor, dass der Scheitelpunkt Ihres Kopfes einen Haken hat, an dem ein Faden befestigt ist. Dieser Faden führt hinauf in den Himmel, er verbindet Sie mit dem Göttlichen über Ihnen. Als nächstes lassen Sie unter Ihren Füßen Wurzeln wachsen, die Sie fest mit der Erde verbinden und in ihr verankern. Spüren Sie dem Gefühl nach, gleichzeitig mit dem Göttlichen verbunden und geerdet zu sein. Dieser Zustand ist die Basis für die nun folgende Bilderreise:

Suchen Sie sich in Gedanken einen Platz in der Natur aus, an dem Sie sich glücklich und geborgen fühlen. Vielleicht haben Sie diesen Platz in Ihrem letzten Urlaub kennen gelernt, vielleicht gestalten Sie ihn sich selbst in Ihrer Fantasie. Ganz gleich, ob es sich um eine Blumenwiese, eine Sandbucht am Meer oder einen Waldsee handelt – direkt vor Ihnen sollte sich ein majestätischer Berg erheben. Verweilen Sie eine Weile an diesem Ort und nehmen Sie die Umgebung mit all Ihren Sinnen auf. Spüren Sie den Sand, das Gras oder die Erde unter Ihren Füßen, las-

sen Sie den Wind mit Ihrem Haar spielen, hören Sie das
Gezwitscher der Vögel oder das Rauschen der Wellen, atmen Sie die würzige Luft dieses Ortes tief ein, nehmen
Sie die Wärme der Sonne am Himmel auf, schauen Sie
sich um, entdecken Sie die Blumen am Boden oder schil-
lernde Käfer, die ihres Weges gehen. Vielleicht ertönt in
der Ferne Musik oder Sie riechen etwas.

Wenn Sie die Umgebung um Sie herum ausgiebig genossen haben, stehen Sie auf und machen Sie sich auf
den Weg zu dem Berg, der vor Ihnen liegt. Ein Pfad führt
Sie geradewegs hinauf zu Ihrem Ziel. Während Sie ber-
gauf gehen, zählen Sie bis zehn. Bleiben Sie stehen und
schauen sich um: Sie sind auf einem Plateau gelandet,
vor Ihnen steht eine Bank. Hier ist der Platz, an dem Sie
alles, was Sie an Ballast mit sich getragen haben, liegen
lassen können. Vielleicht Ihre Uhr, Ihre Sonnenbrille, einen Rucksack mit Proviant, einige Kleidungsstücke, die
Sie nicht mehr brauchen. Vielleicht ist Ihnen auch ein
Hund gefolgt oder eine Person. All diese Wesen und
Dinge lassen Sie mit Liebe an der Bank zurück. Auf dem
Rückweg werden Sie hier wieder vorbeikommen. Dann
können Sie die Dinge, die Ihnen am Herzen liegen, wieder mit nach Hause nehmen.

Nun geht Ihre Reise weiter, ganz ohne Ballast, nach
oben. Zählen Sie wieder bis zehn. Sie sind jetzt oben auf
dem Berg angelangt und sehen vor sich einen wunder-
schönen Tempel. Es ist der Platz, an dem Sie Ihrem höheren Selbst begegnen werden – Ihr heiliges Gotteshaus,
das genauso aussieht wie das Haus, von dem Sie immer
geträumt haben. Nähern Sie sich nun dem Portal Ihres
Tempels. Sie erkennen einen Wächter, der Sie mit einer
wohlwollenden Geste einlädt, das Innere zu betreten. Sie
befinden sich in einer großen Eingangshalle mit einem
Wasserbecken in der Mitte – dem Becken der Reinigung.
Ziehen Sie Ihre Kleider aus und tauchen Sie in das Wasser ein. Spüren Sie, wie das Wasser alles, was Sie belastet

und was Sie sich nicht verzeihen können, von Ihnen abspült. Alle Fehler, Schuldgefühle und Ängste schwimmen aus Ihrem Körper heraus. Sie tauchen ganz unter, und nun spüren Sie, wie eine Woge von Vergebung und Liebe Sie umhüllt. Baden Sie eine Weile in diesem wunderbar befreienden Gefühl und genießen Sie es, so gereinigt und geklärt zu sein. Nach einer Weile steigen Sie aus dem Becken heraus und schlingen ein großes, weiches weißes Handtuch um Ihren Körper. Damit gehen Sie ein paar Schritte und stehen vor einer hohen, kostbar dekorierten Tür. Diese Tür wartet darauf, von Ihnen geöffnet zu werden, was Sie alsbald tun. Nun öffnet sich vor Ihnen ein in goldenes Licht getauchter Raum. Sie stehen wie geblendet davor und wissen: Dies ist Ihr innerer Raum, Ihr persönliches Heiligtum, in dem Sie sich befinden. Es hat genau die Einrichtung Ihres Geschmacks – alles ist genau so, wie Sie es lieben. Schauen Sie sich um und freuen Sie sich an den Details, vielleicht finden Sie einige Ihrer Lieblingsstücke wieder: eine Pfauenfeder aus dem letzten Indienurlaub, ein kostbarer Seidenteppich, eine Vase mit duftenden Rosen. Machen Sie es sich nun auf einem Sitzplatz gemütlich und beginnen Sie tief und entspannt zu atmen. Wenn Sie in einem Zustand absoluter Ruhe sind, ist es an der Zeit, mit Ihrem inneren Meister Kontakt aufzunehmen. Bitten Sie Ihren Führer, sich zu zeigen. Bleiben Sie offen für alles, was nun kommt. Es kann eine Person sein, ein Engelwesen oder eine Fee, aber auch eine Figur. Was immer kommt, es ist ein Symbol für das Göttliche in Ihnen. Taucht nun ein solches Lichtwesen vor Ihnen auf, begrüßen Sie es dankbar und voller Respekt. Nun können Sie Ihre Frage stellen, die Sie anfangs notiert haben. Wenn Sie keine besondere Frage haben, können Sie auch ein Anliegen äußern oder darum bitten, in Ihrem Leben mehr innere Führung zu erhalten. Wenn Sie Ihre Frage oder Ihr Anliegen formuliert haben, warten Sie ab. Lassen Sie das Wesen zu Ihnen sprechen. Es kann sein, dass die Antwort Sie nicht in Form von Worten oder Sätzen erreicht, sondern als Bilder oder symbolhafte Szenen. Auch blitzartige Erkenntnisse sind möglich, in denen Sie plötzlich etwas mit großer Bestimmtheit wissen. Es kann auch sein, dass nichts geschieht oder dass Sie wirre Bilder empfangen, mit denen Sie zunächst nichts anfangen können. Dann entspannen Sie sich und konzentrieren sich wieder auf Ihren Atem. Versuchen Sie nichts zu erzwingen, sonst blockieren Sie, dass Botschaften Sie erreichen. Was immer geschieht, ist richtig. Nehmen Sie es an. Verweilen Sie an diesem Platz, solange Sie es wünschen. Sie können auch ein Gespräch führen oder sich Segen und Schutz für eine bestimmte Situation erbitten. Wenn Sie Ihre Begegnung beenden wollen, bedanken Sie sich bei Ihrem Meisterwesen. Nun treten Sie den Rückweg an, genauso, wie Sie gekommen sind. Erst durch die Tür des heiligen Raumes, dann durch die Eingangshalle. Legen Sie Ihr weißes Handtuch dort ab und bemerken Sie, dass Sie die gleichen Kleider tragen wie beim Betreten des Tempels. Verabschieden und bedanken Sie sich und gehen Sie nun den Pfad hinab. Zählen Sie dabei von zehn bis eins rückwärts, bis Sie zur Bank auf dem kleinen Plateau kommen, wo Sie Ihren Ballast deponiert haben. Nun können Sie entscheiden, was Sie wieder mitnehmen und was Sie da lassen wollen. Beim weiteren Abstieg wiederholen Sie Ihr Zahlenspiel von zehn bis eins, um dann an dem schönen Platz der Sicherheit und Geborgenheit anzukommen, an dem Ihre Reise begonnen hat. Setzen Sie sich wieder hin und erlauben Sie sich, in Ihren Körper zurückzukommen. Spüren Sie Ihre Füße, wackeln Sie mit den Zehen, fühlen Sie Ihre Hände, Ihren Kopf, das Bett oder den Stuhl, auf dem Sie liegen oder sitzen. Strecken Sie sich aus und kommen Sie zurück ins Hier und Jetzt.

Die 10 Clear-Your-Life-Regeln für eine klare Ausstrahlung

1.
Hören Sie auf, sich zu vergleichen!
Mag sein, dass manche schlanker sind, aber es gibt auch Menschen, die dicker sind als Sie. Vergleichen heisst bewerten, und das setzt Sie ständig unter Druck. Überlegen Sie: Mit wem würden Sie Ihr Leben wirklich komplett tauschen wollen?

2.
Setzen Sie dem Schönheitswahn Ihre Persönlichkeit entgegen!
Schöne Menschen sind erfolgreicher, beliebter, verdienen mehr Geld als weniger attraktive. Aber Schönheit ist nicht alles. Je mehr Sie innere Werte wie Sinnlichkeit, Lebenslust oder Selbstachtung verkörpern, desto stärker »strahlt« Ihre Persönlichkeit.

3.
Aktivieren Sie Ihre Sinneswahrnehmung!
Genießen Sie ein Essen ganz bewusst, halten Sie Ihr Gesicht in den Regen. Zufrieden machen uns die vielen kleinen, bewusst wahrgenommenen Erfahrungen, die wir im Körper fühlen und mit den Sinnen wahrnehmen.

4.
Achten Sie auf die Signale Ihres Körpers!
Um in Ihrem Körper zu Hause zu sein, müssen Sie seine leisen Signale wahrnehmen und befolgen. Essen Sie, wenn Sie Hunger haben, bewegen Sie sich, wenn Ihnen danach ist usw.

5.
Lernen Sie, sich zu lieben!

Der erste Teil der Selbstliebe beginnt damit, sich so anzuerkennen, wie man ist, mit allen Schwächen und Stärken, ohne Wenn und Aber. Der zweite Teil besteht darin, sich zu verzeihen und mit der ewigen Selbstkritik aufzuhören.

6.
Üben Sie, nur zu sein!

Unser natürlicher Zustand ist ein entspannter Zustand. Ihn sollten wir immer wieder anstreben, denn so sind wir »gemeint«. Nur in einer gelassenen Haltung bewegen wir uns in eine positive, heilsame Richtung, was immer wir tun. Ein gutes Beispiel ist die Übung des Buddha-Lächelns.

7.
Machen Sie sich unabhängig von der Meinung der anderen!

Je mehr Sie sich achten und anerkennen, desto weniger brauchen Sie die Achtung und Anerkennung von außen. Sie werden frei und innerlich unabhängig.

8.
Versuchen Sie, authentisch zu sein!

Nicht ganz einfach, aber ein lohnendes Ziel. Authentische Menschen haben die Fähigkeit, in jeder Situation ganz sie selbst zu sein. Mal schwach und hilflos, mal stark und mal emotional.

9.
Machen Sie täglich eine Spiegelübung!

Schauen Sie sich jedes Mal, wenn Sie an einem Spiegel vorbeikommen, freundlich an und lächeln Sie sich zu. Machen Sie sich Komplimente, loben Sie sich oder sagen Sie sich einfach, dass Sie sich mögen.

10.
Nehmen Sie Kontakt auf mit Ihrer inneren Stimme!

Auf Fantasiereisen können Sie die Instanz kennen lernen, die man auch höheres Selbst, innerer Meister oder weise Frau nennt. Diese Figur oder Stimme gibt Ihnen Antworten auf alle Fragen und zeigt Ihnen den Weg Ihrer Seele.

4. Weg

Überfrachtete Rollen loslassen!

Clear-Your-Life-Test:
Wie sehr leben Sie sich selbst?

- ☐ Hat man Ihnen schon einmal gesagt, dass Sie eine überbehütende Mutter sind?
- ☐ Fühlen Sie sich oft in der Opferrolle?
- ☐ Meditieren oder entspannen Sie kaum oder gar nicht?
- ☐ Haben Sie Probleme zu zeigen, wenn Sie sich verletzt oder übergangen fühlen?
- ☐ Fällt es Ihnen schwer, jemandem zu sagen, dass Sie ihn lieben?
- ☐ Haben Sie das Gefühl, dass Ihr Leben zu einseitig ist?
- ☐ Spielen Sie den anderen oft etwas vor, um nicht zu zeigen, wie Sie sich wirklich fühlen?
- ☐ Haben Sie hin und wieder Probleme, aus einer Rolle auszusteigen?
- ☐ Übernehmen Sie häufig Aufgaben, die Sie nicht mögen, ohne sich dagegen wehren zu können?
- ☐ Spielen Sie für Ihren Partner eine Rolle, die Sie innerlich ablehnen?
- ☐ Sind Sie emotional von Ihrem Partner abhängig?
- ☐ Kommen Sie manchmal gereizt von der Arbeit nach Hause und ärgern sich sofort über den Partner oder die Kinder?
- ☐ Überkommt Sie hin und wieder das Gefühl, ein Leben zu leben, das nicht das Ihre ist?

Wie oft haben Sie bei dieser Checkliste mit »Ja« geantwortet? Die Zahl Ihrer Zustimmungen zeigt Ihnen, wie stark Sie sich mit Ihren Rollen identifizieren.

Wie viele Rollen müssen Sie erfüllen?

Während der verschiedenen Zyklen und Phasen unseres Lebens schlüpfen wir zwar immer wieder in andere, neue Rollen, aber viele davon spielen wir gleichzeitig. Der vielzitierte Begriff von der Doppel- oder Dreifachrolle, in der sich viele Frauen befinden, macht es deutlich. Die wenigsten von uns sind ausschließlich Mutter oder ausschließlich auf ihren Beruf fixiert. Zu bestimmten Zeiten fällt beides zusammen, und das ist noch lange nicht alles. Oft gibt es da noch ein Hobby, eine Sportart, nicht selten einen Nebenjob als Gemeinderätin oder Elternbeiratsvorsitzende. Und ganz nebenbei wäre dann noch die Rolle der Lebenspartnerin beziehungsweise Ehefrau – und manchmal auch die der Geliebten eines anderen Mannes. Im Durchschnitt erfüllt eine Frau, die heute mitten im Leben steht, zwischen drei und sieben Rollen – gleichzeitig!

Interessanterweise fällt es den Frauen aber nicht einmal sonderlich schwer, mehrere Rollen zu spielen. Die meisten genießen es sogar. Schließlich bedeutet es, sich von vielen Seiten zeigen zu können, einige ganz unterschiedliche Qualitäten unter Beweis zu stellen und sich immer wieder neu auszuprobieren. Das Leben fühlt sich lebendig an und ist voller Herausforderungen, wenn wir ständig neue Facetten unserer Persönlichkeit ausprobieren. Und je vielseitiger ein Mensch, desto schillernder und faszinierender ist er für Außenstehende.

Trotzdem leiden die meisten Frauen unter ihrer Mehrfachrolle. Weil sie zu viel Verantwortung tragen, viele der Rollen unfreiwillig auf sich nehmen, ihnen oft die Anerkennung für ihr Tun verweigert wird und somit nur der unangenehme Teil ihrer Rolle übrig bleibt. Als Hausfrau und Mutter die Kinder ständig aufzufordern, ihr Spielzeug wegzuräumen, ist ebenso wenig angenehm, wie einem Mann gegenüber die Köchin zu sein, wenn man bereits im Voraus weiß, dass er das Essen bemängeln wird. Eine Frau hingegen, die sich aus freien Stücken dazu entschieden hat, in eine fremde Stadt zu ziehen, um dort eine neue berufliche Rolle zu spielen, wird die Herausforderung voller Zuversicht annehmen.

Das eigentliche Problem beim täglichen Rollenspiel ist

der Übergang von der einen zur anderen Rolle, der häufig ganz schnell vollzogen werden muss. Nicht selten sind wir gezwungen, von einer Sekunde auf die andere umzuschalten und dabei eine Art »Wertewandel« zu vollziehen. Eigenschaften wie Sachlichkeit, Unverbindlichkeit und kopfgesteuerte Intellektualität, die im Büro eben noch gefragt waren, sind eine Stunde nach Feierabend beim Candlelight-Dinner mit dem Liebsten eher ein Abtörner. Und die Lust am Draufhauen, die wir beim Kickbox-Training im Fitness-Studio ausleben, entpuppt sich schnell als Fehlschlag, wenn wir in der Küche ein Schnitzel für die Pfanne zurechtklopfen. Beim Vorlesen der Gute-Nacht-Geschichte für die Kinder ist eine andere Stimmlage erforderlich als in der Marketingkonferenz oder bei einem Vortrag.

So ist es bei uns

Endlich Büroschluss, der Sohn hat schon zweimal angerufen und gefragt, wann Mama endlich kommt. Aber der Artikel, an dem man gerade arbeitet, hat Tücken. Sollte man den Einstieg doch noch einmal ändern – und passt das Motto wirklich zur Bildunterschrift? Muss man warten, bis die Chefredaktion ein Feedback gibt? Die ganze Heimfahrt über hängt man in Gedanken der Geschichte nach. An der Ampel fällt einem plötzlich ein, dass man ja gleich ein Abendessen auf den Tisch zaubern muss. Stopp, und schnell noch rechts ab zum Supermarkt. Während man den Einkaufswagen durch die Gänge schiebt, ist das Gehirn wie blockiert. Vor dem Tiefkühlregal fällt einem ein viel besserer Titel für die Geschichte ein: »Ja, das ist es, das passt!« Aber was soll man um Himmels willen kochen? Schon wieder Spaghetti mit roter Sauce? Das hatten wir erst gestern. Teilnahmslos und leer streifen die Augen an Gemüse, Konservendosen, Fischstäbchen vorbei. Was geht schnell und schmeckt gut? Die Verkäuferin an der Fleischtheke lächelt mitleidig. »Probieren Sie mal die fertig gebra-

tenen Hähnchenschenkel. Müssen Sie nur warm machen.
Dazu den frischen Kartoffelsalat hier – und fertig ist Ihr
Abendessen.« »Gute Idee!« Plötzlich ist man wieder ganz
im Hier und Jetzt. Das war der unterstützende Energie-
schub. Dankbar schiebt man den Wagen zur Kasse, zahlt
und ist für den Rest des Abends mit Leib und Seele Mutter
– wohl wissend, dass man ernährungstechnisch mal wieder
nicht die beste Variante gewählt hat.

Legen Sie bewusst eine Pause ein!

Manchmal braucht es nur einige Sekunden des Innehal-
tens, ein paar tiefe Atemzüge und ein kurzes Sammeln –
und schon sind wir in der Lage, ganz bewusst aus der einen Rolle aus- und in die andere Rolle einzusteigen.
Üben Sie diese kleine Pause immer wieder. Die fünf Minuten, die Sie dazu brauchen, haben Sie immer! Nur ein
Beispiel: Sie kommen von der Arbeit nach Hause und
wissen genau: Sobald Sie den Schlüssel in die Haustür stecken, kommen Ihre Kinder/Ihr Mann/Ihre Mitbewohner
Ihnen entgegen und werden Sie mit ihren Themen »über-
fallen«.

Deshalb: Vorher lieber noch einen kurzen Verschnau-
fer vor der Haustür, ein paar Schritte ins Grüne oder was
immer Ihnen hilft, Abstand zu gewinnen. Es kostet nicht
viel Zeit, sondern einen Moment des Bewusstwerdens,
um den inneren Schalter umzulegen. Manchmal reicht
schon die bewusst erlebte Heimfahrt im Auto dazu aus,
ein andermal kommt ein kleiner »Blue-Hour-Drink« in
einer Bar hinzu.

Frauen, die sich ihrer Familie gegenüber gut abgrenzen
können, sollten sich ihre Abschalt-Pause ruhig zu Hause
»nehmen«. Eine Viertelstunde Zeit – nur für sich ganz alleine, vielleicht ein Duftbad oder einige Minuten auf dem
Sofa bei einem Drink. Wie schön, anschließend ganz frei
und offen in der neuen Rolle zu brillieren. Nun kann es

ruhig turbulent weitergehen. Sie sind aus der vorherigen Rolle wirklich ausgeschlüpft.

Oft genug gelingen all die guten Vorsätze über einen geschmeidigen Rollenwechsel nicht, weil das Leben eine andere Sprache spricht. Vielleicht ist dem Kind etwas zugestoßen und es braucht sofort die volle Aufmerksamkeit, oder der Chef wollte kurz vor Feierabend noch eine Aufgabe erledigt haben, wo doch eigentlich schon der Auflauf für die erwarteten Gäste im Ofen sein sollte. Im Stress und unter Zeitdruck reagieren wir nicht mehr adäquat. Wir werden nervös und unausgeglichen und empfinden die neue Aufgabe als pure Belastung. Oder wir übernehmen den Ärger, den Ton oder die Verhaltensweisen aus der vorherigen Rolle in die nächste und stiften dadurch Verwirrung und Streit. Wenn Sie also merken, dass Sie innerlich noch nicht ganz »da« sind, hilft immer wieder die kleine Übung von vorhin: Innehalten, tief durchatmen, ganz bewusst aus der Rolle aussteigen. Sie können sich vorstellen, dass Sie sie ablegen wie Kleider. Dabei werden Sie einfach ruhig und denken an nichts anderes. Wenn Sie dies jedes Mal bewusst tun, vermeiden Sie auch, dass Sie die Aggression von der Auseinandersetzung mit dem Kollegen am Partner oder an den Kindern ablassen. Und: Seien Sie nachsichtig, wenn es Ihnen nicht auf Anhieb gelingt. Sie wollten ja noch ein wenig üben …

Leben Sie ein Leben, das nicht Ihr eigenes ist?

Oft nehmen wir nahestehenden Menschen gegenüber Rollen ein, die uns nicht zustehen. Das ist für uns selbst und für die andere Person nicht nur unpassend und entwürdigend, es hindert uns auch daran, unser eigenes Leben zu leben.

Typische Merkmale für solche »fremdgesteuerten« Rollen: Wir tun Dinge, die wir eigentlich gar nicht wollen,

96

oder sagen Sätze, die wir nicht meinen, verhalten uns in einer Art und Weise, die wir im Nachhinein gar nicht verstehen.

Wenn Sie solche Verhaltensweisen an sich feststellen, sollten Sie sich überlegen, ob Sie Ihr Problem nicht einmal in einer Familientherapie klären möchten. Manchmal reichen nur wenige Sitzungen oder ein Wochenendseminar – und Ihnen wird klar, dass Sie aus einer unbewussten, emotionalen Verstrickung heraus wie eine Marionette »funktionieren«. Oftmals übernehmen wir als Kinder von Mitgliedern unserer Herkunftsfamilie bestimmte Rollen oder Aufträge, die die anderen Personen selbst nicht bewältigen konnten. Solche Fremdaufträge oder -rollen endlich loslassen zu können, wirkt sich auf das eigene Leben aus, als hätte man Fesseln abgestreift.

Bei Paaren, die zusammen alt geworden sind, erkennt man starre Rollenmuster oft auf den ersten Blick. Da gibt es Frauen, die Ihrem Mann gegenüber die Mutter spielen und keine Gelegenheit auslassen, ihn vor den Augen anderer niederzumachen wie ein kleines Kind. Oder Männer, die ihre Frau jahrzehntelang nur in der Rolle der Köchin, Putzfrau und Haushälterin gesehen haben. Ganz sicher gehören zu solchen Konstellationen immer zwei. Trotzdem soll auch dieses Thema hier erwähnt werden. Erstarrte Rollenspiele zwischen zwei Menschen sind immer ein Hinweis darauf, dass die Beteiligten in ihren Rollen festgefahren sind und sich völlig mit ihnen identifiziert haben. Aus eigener Kraft da herauszukommen ist immer sehr schwer, denn der Partner wird sich vehement gegen Veränderungen zur Wehr setzen, die ja immer auch seine Position in Frage stellen – beziehungsweise »ins Rollen bringen«. Oft helfen wirklich nur eine Scheidung oder Trennung vom Partner, um aus dieser unglücklichen Verquickung auszusteigen.

Und dann gibt es diese Menschen, die tatsächlich ausbrechen. Von ihnen und ihrer Geschichte leben nicht nur viele Romane und Filme, sondern auch die gesamte bunte Illustriertenlandschaft. Wir anderen alle, die nicht so mutig und vielleicht auch nicht so verzweifelt – oder oberflächlich – sind, um radikal mit überkommenen Rollen zu brechen, beobachten den Werdegang dieser Personen mit großem Interesse. Teils, weil wir sie bewundern, teils weil wir wissen wollen, ob es ihnen tatsächlich gelingt hinterher ein »besseres« Leben zu führen. Immer jedoch haben Ausbrüche einen hohen Aufmerksamkeitswert und berühren uns tief, weil sie uns vor Augen halten, dass es immer und überall möglich ist, Altes abzustreifen.

Die sanftere Variante dieses Ausbrechens leben uns all die Menschen vor, die bestimmte Rollen in einem späteren Alter nachholen. Sie werden manchmal bewundert teils nachsichtig belächelt – wie der brave Familienvater der sich zum 50. Geburtstag eine Harley Davidson kauft oder die zweifache Mutter, die mit 50 zur Kräuterhexe und Kartenlegerin mutiert.

Entschlacken Sie Ihre Mutterrolle!

Es gibt Rollen, die wir gezwungen sind, ein Leben lang zu spielen – zum Beispiel, die Tochter unserer Eltern zu sein. Eine unserer schwierigsten Rollen, weil wir uns die Eltern erstens nicht aussuchen können, und weil wir ihre Erziehungsmuster verinnerlicht haben, ob wir wollen oder nicht.

Machen Sie sich den Erziehungsstil Ihrer Eltern bewusst. Eine Regel besagt, dass wir uns unseren Kindern gegenüber nur so verhalten können, wie wir es uns von den Eltern abgeschaut haben. Erinnern Sie sich, wie bei Ihnen immer wieder eigene Erfahrungen und Gefühle auftauchten, wenn Ihre Kinder die gleichen Entwicklungsschritte gemacht haben? Das war nicht nur angenehm. Manchmal erinnern wir uns an Situationen, die wir in die hinterste Ecke unseres Bewusstseins verdrängt haben:

Wie wir uns schämten, als die Mutter uns vor den Augen der besten Freundin geohrfeigt hat. Wie wir uns fühlten, als die Onkel und Tanten über uns lachten, weil wir uns beim Versuch, Schokoladenkuchen zu essen, das ganze Gesicht verschmierten. Wie die Mutter uns zur Strafe für eine Unfolgsamkeit einen ganzen Tag lang ignorierte und unser Weinen »übersah«. Aus solchen gefühlsbesetzten Erfahrungen haben sich die Überzeugungen und Lebenseinstellungen gebildet, die heute unsere Kindererziehung beeinflussen.

Schauen Sie sich rückblickend bitte einmal an, welche Beziehung Sie zu Ihren Eltern, zu den Geschwistern, Großeltern, Onkeln und Tanten haben. Beachten Sie bitte, wie Ihre Verwandten miteinander umgehen:

- Fällt es den Mitgliedern Ihrer Familie schwer, Gefühle auszudrücken?
- Umarmt man sich in Ihrer Herkunftsfamilie hin und wieder?
- Worauf wird in Ihrer Familie viel Wert gelegt: auf Ordnung und Sauberkeit oder darauf, dass alle sich wohl fühlen?
- Was zählt mehr: materieller Wohlstand und Erfolg oder persönliche Zufriedenheit und Erfüllung?
- Wie ist der Umgangston: offen und vertrauensvoll oder kritisch und negativ?
- Wertet man einander ab, damit einer nicht zu eingebildet wird, oder freut man sich, wenn einer Erfolg hat?

All diese Verhaltensweisen basieren auf Überzeugungen und Glaubensmustern. Sie haben diese von Ihren Eltern übernommen und geben sie an Ihre Kinder weiter.

Weg mit den alten Glaubenssätzen: Sie können sich aber auch entscheiden, diese Muster zu hinterfragen und ganz bewusst einen Schlussstrich unter die Übertragungskette der negativen Überzeugungen zu setzen. Sie haben es in der Hand!

Sie brauchen sich keinen Augenblick länger von den ausgedienten Glaubensmustern Ihrer Kindheit dominieren zu lassen. Sie können sich sofort von ihnen trennen und sie durch neue, positive Überzeugungen ersetzen, die Ihrem jetzigen Leben angemessen sind.

Das Entlassen alter Glaubenssätze dauert nicht länger als das Ausschalten eines Lichts. Es geht ganz einfach:

Sobald Sie bemerken, dass bei Ihnen unangenehme Gefühle oder Erinnerungen aus der Kindheit hochkommen: Halten Sie inne, spüren Sie den Schmerz noch einmal, erleben Sie ihn im Licht Ihres vollen, erwachsenen Bewusstseins und warten Sie dann, bis er sich von alleine auflöst.

Wenn Sie den Prozess hinter sich haben, ersetzen Sie Ihren negativen Glaubenssatz durch einen neuen, positiven. Mehr zum Thema Glaubenssätze lesen Sie bitte im ersten Kapitel nach.

Versuchen Sie nicht, es besser zu machen als Ihre Mutter: Dieser Satz klingt provozierend, denn als Mutter wollen Sie nichts dringender, als Ihr Kind oder Ihre Kinder besser zu erziehen, als Ihre Eltern es mit Ihnen taten. Doch genau dieser Vorsatz ist es, der sehr viel Verwirrung stiftet und häufig genug die Ursache für elterliches Fehlverhalten ist.

Das Problem: Wir versuchen unseren Kindern all das zu geben, was unsere Mutter uns verwehrt hat. Haben wir unter der ständigen Abwesenheit unserer Mutter gelitten, wollen wir immer für unsere Kinder da sein. Fühlten wir uns von der Mutter zu stark kontrolliert, lassen wir den eigenen Kindern mehr Freiraum. Doch genau in diesem Bemühen, nicht wie die eigene Mutter zu sein, verhindern wir, dass wir uns den Kindern gegenüber natürlich verhalten und zum Beispiel klar erkennen, was ihre Bedürfnisse sind.

Lösen Sie sich aus der Symbiose mit Ihrem Kind: Stellen Sie sich einmal vor, Sie wären mit Händen und Füßen an Ihr Kind gefesselt. Eine Zeit lang genießen Sie das Gefühl inniger Nähe und Verschmelzung. Doch irgendwann spüren Sie, dass Ihr Kind schwach wird. Seine Beine geben nach, es sackt kraftlos zu Boden. Sie würden ihm gerne helfen, es auffangen oder stützen. Aber Sie können nicht, weil Sie an das Kind gefesselt sind. So fallen Sie beide hilflos zu Boden.

Dieses Bild veranschaulicht die Situation einer Mutter, die zu ihrem Kind ein symbiotisches Verhältnis hat, aus dem sie sich nicht zur rechten Zeit lösen kann. Sie fühlt alles, was dem Kind widerfährt, mit einer solchen Intensität, als würde es ihr selbst passieren. Jede Freude, jeder Schmerz, jede Enttäuschung wird total miterlebt. Dieses Verschmelzen löscht die Eigenständigkeit beider Personen aus. Die Mutter kann ihrem Kind nicht helfen, weil ihr die Distanz fehlt. Obwohl die körperliche Trennung bei der Geburt vollzogen wurde, verhält sie sich immer noch so, als sei ihr Kind kein eigenständiges, von ihr getrenntes Wesen.

Um ein eigenes Leben entwickeln zu können, müssen Kinder eigene Erfahrungen machen. Dazu brauchen sie Abstand zur Mutter. Und auch die Mutter braucht diesen Abstand, um ein Eigenleben zu entwickeln.

Frauen, die ihr Kind zu ihrem einzigen Lebensinhalt machen, neigen oft dazu, zu viel des Guten zu tun. Sie lieben ihr Kind zu sehr, um ihm eine wirklich gute Mutter zu sein. Statt ihre Kinder zum Beispiel zu guten Leistungen zu ermutigen und bei schlechten Leistungen zu trösten, machen sie ihr Selbstwertgefühl von den Erfolgen und Misserfolgen ihrer Kinder abhängig. Bringt das Kind gute Noten nach Hause, ist der Tag gerettet, bei schlechten Noten fühlen sie sich deprimiert.

Machen Sie den Test! Wenn Sie folgende Kriterien an Ihrem Kind feststellen, sind Sie eine überbehütende Mutter:

- Ihr Kind ist abhängig und nicht selbstständig. Es kann sich im Notfall nicht alleine versorgen.
- Ihr Kind benimmt sich Ihnen und anderen gegenüber achtlos, unhöflich und rücksichtslos. Es hält es für sein gutes Recht, bedient zu werden, weil es nichts anderes kennt.
- Ihr Kind hält Sie für einen Menschen zweiter Klasse und behandelt Sie mit einer Mischung aus Geringschätzigkeit und Ungeduld – als seien Sie zu dumm und zu langsam, um es zu begreifen.

Den Ausweg aus der Rolle der überbehütenden Mutter beschreibt die New Yorker Sozialpsychologin und Journalistin Carin Rubenstein in ihrem Buch »Wenn Mütter zu sehr lieben«: »Eine selbstinteressierte Mutter kann sich sowohl ihren Kindern als auch sich selbst widmen; sie respektiert die Wünsche der Kinder und ihre eigenen gleichermaßen. Sie kann zuerst an die Kinder denken, ohne ausschließlich an sie zu denken. Sie kann ihre Kinder leidenschaftlich und aus ganzem Herzen lieben, sie umsorgen, wenn sie krank sind, ihnen bei den Schulaufgaben helfen und Geld sparen, um ihnen Turnschuhe und Videospiele zu kaufen. Doch als selbstinteressierte Frau weiß sie, dass sie ebenfalls Rechte darauf hat, glücklich zu sein. Deshalb achtet sie auf sich selbst, indem sie sich verhätschelt, wenn sie krank ist, sich Zeit nimmt für die Bücher und Zeitschriften, die sie gerne liest, und Geld spart, um zum Friseur zu gehen oder sich mit Freunden im Café zu treffen. Sie weiß, dass man als gute Gefährtin, als Mutter und als Mensch, seine Batterien fast täglich neu aufladen muss.«

Befreien Sie Ihre Rolle als Partnerin von jedem Zuviel!

Wer das Glück hat, mit einem unterstützenden und liebevollen Partner zusammenzuleben, kann diesen Abschnitt getrost überlesen. Das Gefühl, vom Partner bedingungslos geliebt, anerkannt und geschätzt zu werden, hat enorme Heilkraft. Es verleiht uns so viel Sicherheit und persönliche Stärke, dass Unsicherheiten, Ängste und Probleme wie Butter dahinschmelzen. Doch wir alle wissen nur zu gut, dass solche »heilsamen« Beziehungen die Ausnahme sind.

Erkennen Sie Ihre Nebenrollen: In der Regel ist unsere Rolle als Partnerin mit einer ganzen Reihe von Nebenfunktionen befrachtet. Diese »Nebenrollen« nagen an der Beziehung, weil sie die Hauptrolle sozusagen unterhöhlen und ein ungesundes Ungleichgewicht zwischen den Partnern erzeugen. Das größte Problem ist, dass all diese Verschiebungen unmerklich und unbewusst geschehen. Wir selbst merken lange Jahre nicht, was zwischen uns und dem Partner vor sich geht. Oder wir sind selbst emotional so in die Beziehung verstrickt, dass wir es aus eigener Kraft nicht schaffen, uns daraus zu lösen.

Als Ehefrau oder Lebensgefährtin eines Mannes ist es Ihre Rolle, Ihrem Mann eine Frau zu sein. Wenn gemeinsame Kinder da sind, sollten Sie sich bemühen, ihnen eine gute Mutter zu sein. Das ist ein weites Aufgabenfeld, und es reicht vollkommen, um Sie auszufüllen und zu beschäftigen. Falls Sie zusätzlich einem Beruf nachgehen, ist das mehr als genug. Auf keinen Fall ist es angebracht, Ihrem Mann darüber hinaus

- eine Mutter zu sein,
- eine Lehrerin zu sein,
- eine Pflegerin zu sein,
- eine Therapeutin zu sein,
- geschweige denn eine Putzfrau,

- eine Haushälterin oder
- eine Frau, die ihren Mann finanziell mit durchzieht.

Das heißt natürlich nicht, dass Sie Ihren Partner nicht mehr bekochen, bemuttern, pflegen oder heilen dürfen. Sie dürfen ihm auf jeden Fall weiterhin die Socken waschen und die Zahnpasta-Reste aus dem Waschbecken spülen. Sie können ihm Rat und Unterstützung geben, wenn er in einer Krise steckt, Sie können ihm auch Geld leihen oder schenken. Aber Sie sollten aufpassen, dass diese Nebenrollen nicht überhand nehmen. Sobald Ihre »Sonderaufgaben« nämlich Ihre Partnerschaft dominieren, wird Ihre Beziehung überschattet und problematisch.

Machen Sie Ihr Licht an – auch wenn es zunächst etwas ungemütlich wird!

Bitte verstehen Sie uns richtig: Wir legen Ihnen hier nicht nahe, eine Beziehung zu beenden, wenn Sie für Ihren Mann die Rolle einer Mutter oder einer Therapeutin eingenommen haben. Wir machen allerdings auf emotionale Fallstricke in Partnerbeziehungen aufmerksam, die sich oft wie ein Nebel über unser gesamtes Leben legen und uns daran hindern, die Rolle zu spielen, die wir uns wirklich wünschen. Wer den Mut hat, aus einer unpassenden Rolle auszusteigen, bekommt eine große Chance, nämlich der Mensch zu werden, der er immer sein wollte.

Lernen Sie Ihren Kern kennen: In Krisen, Veränderungsphasen und Zeiten des Umbruchs fragen wir uns oft, wer wir eigentlich sind. Was bleibt übrig, wenn die Fassaden abfallen? Die Rollen, die wir für die anderen spielen, haben eine Schutzfunktion. Sie sind die äußere Schale, die wir aufbauen, um uns vor Verletzungen zu schützen. Aber was, wenn die Verkleidungen aufplatzen wie ein zu eng gewordener Rock? Gibt es dahinter überhaupt noch etwas? Psychologen behaupten, dass in jedem psychisch gesunden Menschen eine Art Kern steckt – die so genannte Kern-Identität. Was das genau ist, können wir oft nur erahnen. Teilen unseres »wahren Ichs« begegnen wir, wenn wir alleine sind und unser wirkliches Gesicht zeigen können – oder in extremen Situationen, bei Grenzerfahrungen, in großer Not, wenn wir etwas verloren haben oder plötzlich viel Geld gewinnen.

Wie stark ist Ihre Schutzmauer? In solchen Augenblicken, in denen wir uns selbst sehr nahe sind, erkennen wir oft mit Erschrecken, wie sehr wir uns von unseren Rollen haben vereinnahmen lassen, das heißt wie sehr wir Mutter, Geliebte, Chefin, Repräsentationsfigur oder alles zusammen geworden sind – und wie weit wir uns von unserem wahren Selbst entfernt haben. Vielleicht haben wir uns so stark hinter den Schutzmauern versteckt, dass selbst die Menschen, mit denen wir zusammen leben, unsere innere Natur nie kennen gelernt haben. Schade, denn sie ist oftmals viel interessanter, bunter und schillernder als die schützende Rolle.

Je weniger wir uns mit unseren Rollen identifizieren, desto klarer kommt der Kern zum Vorschein, der sich dahinter verbirgt. Dieser Kern steht für das, was unsere Einzigartigkeit ausmacht. Für alles, was wir tief im Inneren sind, mit all den heimlichen Wünschen, Zielen und Träumen, die den Flug unserer Seele aufzeigen.

Wenn Sie wissen wollen, wer Sie sind, dann forschen Sie nach Ihren Träumen und Visionen. Sie sind ein wichtiger Teil Ihres eigenen Ichs, der Schlüssel für Ihre Selbstachtung und Selbstliebe. Ihre Träume weisen Ihnen den Weg zu Ihrer persönlichen Freiheit, weil sie Ihnen helfen, sich von den Erwartungen anderer freizumachen. Ihre Träume sind die Alternative zu allem, was von außen an Sie herangetragen wird. Mit Ihren eigenen Ideen und Vorstellungen setzen Sie der Außenwelt etwas entgegen. Deswegen: Lassen Sie Ihren Traum niemals fallen, wenn Sie in eine neue Rolle schlüpfen!

Rollen sind verführerisch. Sie eignen sich hervorragend als Ersatz für einen eigenen Lebensentwurf. Klingt es nicht beneidenswert, wenn eine Frau im Brustton der Überzeugung von sich behauptet, ihr einziger Lebensinhalt sei es, Mutter (oder Ehefrau oder Malerin oder was auch immer) zu sein? Bei genauerem Nachhaken stellt sich dann schnell heraus, dass viele Frauen sich mit dieser Einstellung vor der Pflicht sich selbst gegenüber drücken

Visionen geben Ihrem Leben einen Sinn

Jede Frau sollte sich also etwas suchen, mit dem sie sich identifizieren kann, das nur ihr alleine gehört. Ein eigener Traum bietet einen von allen Rollen unabhängigen Raum, der unsere Aufmerksamkeit beansprucht, damit wir uns nicht ganz verlieren. Träume – man kann sie auch Visionen nennen – verleihen dem Leben einen Sinn, der über sämtliche Rollen hinausgeht. Sie bieten ein Ziel, etwas, nach dem man sich sehnen und nach dem man streben kann. Was also ist Ihr persönlicher, Ihr seit langem gehegter leidenschaftlicher Traum?

Wenn Sie ihn nicht schon wissen, dann kramen Sie in Ihrer Erinnerung nach: Was hat Sie schon immer fasziniert? Wie wollten Sie als Teenager sein, wovon träumten Sie als junge Frau, bevor Sie den Vater Ihres Kindes oder Ihrer Kinder kennenlernten? Wie war das damals, als Sie jung und unbeschwert waren? Hatten Sie bestimmte Ideale, wollten Sie einen ungewöhnlichen Beruf ergreifen? Träumten Sie davon, ein Jahr um die Welt zu reisen oder als Au-Pair-Mädchen in Amerika zu arbeiten? Erinnern Sie sich an diese Zeit: Wer waren Sie, was wollten Sie in Ihrem Leben erreichen?

Untersuchungen haben ergeben, dass Frauen, die Ihre Vision pflegen, seelisch und körperlich weitaus stabiler sind als solche, die mit dem ersten Kind ihre Träume fallen lassen wie eine Windel in den Mülleimer. Frauen ohne eigenes Ziel neigen dazu, sich zurückzunehmen und zu resignieren. Sie geben sich mit dem zufrieden, was sie haben, statt nach dem zu streben, was sie haben könnten. Sie leben nicht intensiv und ohne richtige Aufgabe, es fehlt ihnen an Leidenschaft, und ihr Kern verkümmert. Also noch einmal: Wie sieht er aus – Ihr persönlicher Traum?

Sie glauben nicht, dass Sie frei über die Rollen entscheiden können, die Sie im Leben spielen? Nach dieser Übung werden Sie anders darüber denken!

Nehmen Sie bitte ein Stück Papier und Bleistift zur Hand und schreiben Sie nun zwei Fragen auf:

- Was hindert mich daran zu glauben, dass ich für mein Leben verantwortlich bin?
- Was hindert mich daran zu glauben, dass ich ein erfülltes und glückliches Leben führen kann?

Überlegen Sie nicht lange, sondern schreiben Sie einfach alles auf, was Ihnen dazu einfällt. Auch unmögliche, völlig unlogische Antworten sind erlaubt. Lassen Sie ruhig alles in Ihnen hochkommen, fassen Sie auch Ihre Wut und Enttäuschung in Worte. Wenn Sie sich mit diesem Thema noch nicht auseinandergesetzt haben, müssen Sie wahrscheinlich länger überlegen. Aber ganz bestimmt werden Sie in Ihrem Inneren einige der Fallgruben und Hindernisse entdecken, die Sie sich im Laufe des Lebens selbst aufgestellt haben.

Bevor Sie loslegen, hier noch eine Regel für das Aufschreiben: Streichen Sie bitte alle Formulierungen, die ein »sollte« oder ein »müsste« enthalten und nicht wirklich Ihrem Denken entsprechen. Auf diese Weise wird es Ihnen möglich, sich selbst einmal mit ganz anderen Augen zu sehen. Sie beginnen zu unterscheiden zwischen zwei Bereichen in Ihnen: Dem Teil, der Ihr eigenes, authentisches Ich ausmacht, und den Rollen, die Sie sich im Laufe des Lebens zugelegt haben.

Die 10 Clear-Your-Life-Regeln für eine klare Identität

1.
Machen Sie sich Ihre gegenwärtige Rolle klar!
Was spielen Sie gerade? Werden Sie sich bewusst, dass es »nur« eine Rolle ist.

2.
Verabschieden Sie sich von der einen Rolle, bevor Sie in eine andere schlüpfen!
Mit kleinen Atempausen und bewusst gestalteten Übergängen verhindern Sie, dass Sie Ihre Rollen zu sehr vermischen.

3.
Identifizieren Sie sich nie mit Ihrer Rolle!
Denn diese ist nur der äußere Teil Ihrer Persönlichkeit. Rollen sollten wie Gäste in unserem Leben sein: Sie kommen und gehen!

4.
Übernehmen Sie möglichst keine »Aufträge«!
Viele von uns übernehmen unbewusst Rollen, die ihnen von Familienmitgliedern »aufgebrummt« wurden. Solche Rollen hindern uns daran, unser eigenes Leben zu leben.

5.
Machen Sie sich den Erziehungsstil Ihrer Eltern klar!
Weil sie ihn, ohne es zu wollen, auf Ihre eigenen Kinder übertragen.

6.
Entschlacken Sie Ihre Mutterrolle!

Zu symbiotisch mit dem Kind? Wenn Sie begriffen haben, dass Sie sich und Ihrem Kind damit schaden, können Sie aus der Rolle der überbehütenden Mutter aussteigen.

7.
Verschlanken Sie Ihre Rolle als Partnerin!

Ein guter Mann wird es Ihnen danken, wenn Sie nicht mehr und nicht weniger sind als seine Frau. Sie müssen nicht gleichzeitig noch seine Mutter, Lehrerin oder Therapeutin werden.

8.
Nehmen Sie möglichst keine unfreiwilligen Rollen an!

Damit tun Sie weder sich noch anderen einen Gefallen und laufen Gefahr, sich emotional zu verstricken.

9.
Entdecken Sie Ihren wahren Kern!

Er ist es, der Ihre Einzigartigkeit ausmacht. Seinen Kern zu kennen, bedeutet zu wissen, wer man ist.

10.
Pflegen Sie einen Traum!

Unsere Träume und Visionen sind ein wichtiger Teil unseres inneren Selbst. Sie helfen uns dabei, die eigene Identität zu erhalten.

5. Weg

Aus für schädliche Beziehungen!

Clear-Your-Life-Test:
Wie klar sind Ihre Beziehungen zu anderen Menschen?

Wenn etwas mit anderen nicht so läuft, wie Sie es sich vorstellen, dann

☐ a) flippen Sie aus.
☐ b) suchen Sie jemanden, der vermitteln kann.
☐ c) ziehen Sie sich komplett zurück.

Bei einem Familienfest fängt Ihre Schwiegermutter (in spe) plötzlich an, über Ihr häusliches Chaos herzuziehen, und vermittelt den anderen Familienmitgliedern, dass Sie eine ganz miese Hausfrau sind. Was tun Sie?

☐ a) Sie tun so, als ob Sie nichts gehört hätten. Bloß keinen Streit vor anderen.
☐ b) Sie erklären Ihrer Schwiegermutter unter vier Augen, dass Sie so nicht miteinander umgehen können.
☐ c) Sie nehmen den Fehde-Handschuh auf und erzählen den anderen, was für eine Xanthippe Ihre Schwiegermutter ist.

Ein Kollege glänzt in einer Konferenz mit einer Idee, die eigentlich Sie entwickelt haben und auch selbst vortragen wollten. Dabei ist es nicht das erste Mal, dass er sich mit fremden Federn schmückt. Wie reagieren Sie?

☐ a) Sie rufen Ihren Mann/Partner an und beschweren sich bei ihm.
☐ b) In der Pause knöpfen Sie sich den Kollegen vor und sagen ihm, dass Sie das künftig nicht mehr dulden werden.
☐ c) Sie verlangen noch in der Konferenz und vor Ihrem Chef, dass die Angelegenheit klargestellt wird.

Ihre beste Freundin sagt für Sie beide eine Partyeinladung am Wochenende zu, ohne Sie zu fragen, sodass Sie sich auch nicht mit Ihrem Mann/Partner absprechen können, den Ihre Freundin obendrein auch nicht besonders mag.

☐ a) Sie schlucken Ihren Ärger herunter und riskieren eher, dass Ihr Mann sauer ist als Ihre Freundin.

☐ b) Sie bitten sie, das nächste Mal doch vorher zu fragen und auch zu akzeptieren, dass das Wochenende Ihnen gehört und Sie mit Ihrem Mann etwas unternehmen möchten.

☐ c) Ihnen kocht das Blut und Sie erklären ihr, sie möge hingehen, wo der Pfeffer wächst.

Auf der Betriebsfeier ist Ihre vertraute Kollegin unter dem Einfluss von Alkohol etwas redselig und erzählt anderen Ihre Geheimnisse – etwa von Ihrer letzten Affäre oder einer kleinen Unregelmäßigkeit im Job.

☐ a) Sie stellen die Kollegin am nächsten Tag zur Rede und bitten sie, mit Vertraulichem gefälligst auch vertraulich umzugehen.

☐ b) Sie lassen sich nichts anmerken, tun so, als sei das ein guter Witz.

☐ c) Sie sind stocksauer und putzen sie postwendend vor allen anderen herunter. Sie kündigen ihr öffentlich die Freundschaft.

Sie haben für Ihren Mann und sich zum Hochzeitstag ein wunderbares Festessen gezaubert, den Tisch feierlich gedeckt und hoffen auf einen trauten Abend mit vielleicht erotischem »Ausgang«. Er findet es jedoch wichtiger, dass er nebenbei noch die Bundesliga-Übertragung im Radio hören oder eine wichtige Politiksendung sehen kann.

☐ a) Sie stellen das Essen warm und hocken sich mit ihm hin, bis die Sendung vorbei ist.

☐ b) Sie erklären ihm, dass Sie dafür nicht stundenlang in der Küche gestanden haben, und gehen davon aus, dass er sich einsichtig zeigt.

☐ c) Sie verlassen wutentbrannt das Haus und weinen sich bei Ihrer besten Freundin aus.

Bevor Sie Kleidung in die Reinigung bringen, schauen Sie wie üblich noch einmal alle Taschen durch. In der Hemdtasche Ihres Freundes finden Sie ein Zettelchen mit einer Ihnen unbekannten Telefonnummer und einem Herzchen drauf.

☐ a) Sie wissen, dass seine Kollegin immer und überall Herzchen malt, und machen sich keinerlei Gedanken.

☐ b) Sie warten eine passende Gelegenheit ab und bitten ihn dann zu erklären, was es mit der Telefonnummer auf sich hat.

☐ c) Sie stellen ihn sofort zur Rede.

Sie sind mit Ihrer Kollegin zum Mittagessen in der Kantine verabredet. Diese kommt mal wieder nicht pünktlich, und Sie hocken über eine halbe Stunde vor aller Augen allein am Tisch.

☐ a) Sie wissen aus Erfahrung, dass sie Sie immer warten lässt, sie hat einfach keine Zeitplanung. Sie setzen sich zu anderen Kollegen dazu.

☐ b) Sie warten geduldig, bis sie kommt, und drohen ihr an, dass sie Sie demnächst zum Essen einladen muss.

☐ c) Sie essen und gehen, wenn Sie fertig sind. Sie kündigen Ihrer Kollegin gleich danach an, dass das Ihre letzte Essens-Verabredung war.

Sie fahren mit Ihrem Mann in den Urlaub. Sie sitzen am Steuer und verfahren sich am Zielort mehrmals. Er murmelt etwas von »Frauen am Steuer« und gibt Ihnen zu verstehen, dass er selbstverständlich alles besser machen würde.

☐ a) Sie lachen freundlich und geben zu, dass Sie wirklich nur eine leidliche Fahrerin sind und Ihr Orientierungssinn zu wünschen übrig lässt.

☐ b) Sie erinnern ihn daran, dass er der Lotse ist und die Karte in der Hand hält. Er möge nun seines Amtes etwas besser walten.

☐ c) Sie halten das Auto an, machen ihm eine Szene, steigen aus und lassen ihn weiterfahren.

In einem Sterne-Restaurant wollen Sie Ihren Hochzeitstag oder Ihren runden Geburtstag feiern. Das wird nicht ganz billig. Sie werden von einer mürrischen Kellnerin an einem Katzentisch platziert und müssen obendrein ewig auf die einzelnen Gänge warten.

☐ a) Sie können die Wichtigtuer nicht leiden, die sich im Lokal immer in peinlicher Art und Weise aufspielen, und nehmen die schlechte Behandlung daher hin.

☐ b) Sie berücksichtigen, dass das Restaurant brechend voll ist, Personal und Küche völlig überfordert sind. Sie bitten die Bedienung, in der Küche nachzufragen, was los ist.

☐ c) Sie verlangen den Geschäftsführer und erklären ihm, dass Sie binnen Minuten das Lokal verlassen werden, wenn nicht sofort etwas geschieht.

Zählen Sie nun ab, wie oft Sie a, b oder c angekreuzt haben. Der am häufigsten angekreuzte Buchstabe markiert Ihren Typ.

Sind alle Buchstaben fast gleich oft vertreten, haben Sie von jedem Typ etwas in sich und sollten alle Ergebnisse lesen:

Typ A

Sie suchen immer und überall Übereinstimmung. Sie haben es gern harmonisch und stehen nicht besonders auf Auseinandersetzungen. Selbst wenn Sie im Recht sind, machen Sie einen Bogen um ein Streitgespräch, denn das stresst Sie unsäglich. Doch ein Gewitter reinigt ja bekanntlich auch die Luft. Wer immer alles hinunterschluckt, steht ebenfalls über kurz oder lang unter Stress und läuft Gefahr, krank zu werden. Wenn Sie sich nicht ab und an wehren, werden Sie von anderen gnadenlos ausgenützt. Im Beruf sagt man Ihnen vielleicht nach, Sie seien ein Weichei oder eine Mitläuferin. Es fällt Ihnen sehr schwer, nein zu sagen. Und was auch immer andere behaupten: Es ist keinesfalls leicht, das zu lernen, manchmal ist es sogar unmöglich. Dennoch müssen Sie irgendwie schauen, dass Sie Ihren eigenen Standpunkt vertreten lernen und zu Menschen, die Ihnen schädlich sind, Distanz schaffen.

Typ B

Sie haben ein ziemlich ausgeglichenes Temperament und lassen sich nicht so schnell aus der Ruhe bringen. Sie versuchen, stets gelassen und sachlich zu bleiben. Meinungsverschiedenheiten sprechen Sie meist offen an, denn es ist Ihnen klar, dass solche Unstimmigkeiten irgendwie bewältigt werden müssen. Streben Sie auch weiterhin so besonnen und konstruktiv Lösungen an und schauen Sie darauf, dass diese nicht nur von kurzer Dauer, sondern langfristig angelegt sind.

Typ C

Sie explodieren sofort, wenn Ihnen etwas nicht passt. Sie können regelrecht ausflippen. Sie lassen sich keineswegs von anderen vereinnahmen. Die Gefahr, dass Sie ein willfähriges Opfer einer anderen Person werden, besteht nicht. Sie schüchtern diese eher ein. Ihre Wutausbrüche sind gefürchtet. Allerdings sind sie auch nicht immer passend und hilfreich. Nicht selten stehen sie auch einer Klärung der Situation im Weg. Zudem lösen Sie damit oft unnötig Aggressionen bei anderen aus. Deshalb sollten Sie sich bemühen, mit etwas weniger Gas zu fahren. Das ist auch für Ihre eigene Gesundheit besser.

Lassen Sie sich nicht mehr ausnutzen!

Manche Menschen machen uns das Leben schwer. Sie nerven uns, sie stehlen uns Zeit, sie mobben uns, kränken uns, sie saugen uns aus, kosten uns Kraft, bedrängen uns, drängen sich uns auf, verwickeln uns in Intrigen, sorgen dafür, dass wir uns schlecht fühlen und Schuldgefühle entwickeln. Solche Zeitgenossen vergiften und machen uns krank. Egal, ob es sich um die Schwiegermutter, eine Freundin, Kollegin, einen Nachbarn oder Handwerker handelt, um Verwandte, Bekannte oder Karrierebegleiter – wir müssen uns vor solchen Giftspritzen, Stuhlsägern, Angebern, Angstbeißern, Nörgelfritzen und Energieräubern schützen. Das gilt auch für Menschen, die einfach nicht zu uns passen und mit denen wir praktisch nur unsere Zeit totschlagen.

Manchmal wissen wir auf den ersten Blick, dass uns jemand nicht bekömmlich ist. Oft genug verlieren wir das dann aber wieder aus den Augen – auch weil wir unseren ersten Impulsen meist nicht trauen. Manchmal dauert es lange, bis wir dahinter kommen, dass jemand uns die Energie raubt, uns einschüchtert oder Schuldgefühle verpasst. Nicht selten suchen wir sogar erst einmal die Schuld dafür, dass wir uns schlecht fühlen, bei uns selbst. Wir müssen herausfinden, wann wir uns mit wem und warum nicht gut fühlen und wie wir uns davor schützen können. Was genau passiert, wenn wir uns immer wieder in Gegenwart eines bestimmten Menschen nervös, angespannt, traurig oder »runtergeputzt« fühlen, wenn uns jemand wieder und wieder als Abfalleimer missbraucht, wenn uns jemand dazu bringt, dass wir uns hässlich, alt und dick, dumm, tölpelhaft oder plump finden, wenn wir uns dabei ertappen, Notlügen zu erfinden oder nicht ans Telefon zu gehen, nur weil wir nicht mit dem oder derjenigen sprechen wollen, wenn wir das Gefühl haben, der andere steckt uns permanent mit seinen negativen geistigen Ausdünstungen an? Oft glauben wir, dass wir uns aus familiären, beruflichen, freundschaftlichen oder mitmenschlichen Gründen nicht aus solchen Beziehungen befreien dürfen. Das versperrt uns nicht selten auch den Blick für das Wesen von Beziehungen.

Durchleuchten Sie Ihre Beziehungswünsche!

Psychologen haben ausgemacht, dass die meisten dieser Nervensägen und Energieräuber versuchen, andere zu manipulieren und abzuwerten, um sich selbst besser zu fühlen. Oft verfügen sie über ein überaus labiles Selbstwertgefühl und sind zerfressen von Neid und Missgunst. Hinter ihrem miesen Verhalten steckt nichts anderes als nackte Angst, dass ihre eigenen Schwächen offenbar werden könnten. Manchmal sind sie aber auch schlicht faul und egoistisch. Das ist für uns meist schwer vorstellbar, weil sie doch so eine Macht über uns ausüben und wir uns selbst so schwach dabei fühlen. Sie pfropfen sich mit ihren Schwächen auf geniale Weise auf unsere eigenen Selbstzweifel und sozialen Bedürfnisse auf.

Der wichtigste Ausgangspunkt für den Selbstschutz ist es, dass wir uns mit den eigenen Bedürfnissen und Wünschen befassen. Setzen Sie sich ehrlich damit auseinander, wovon Sie träumen, was Sie sich wünschen und was Ihre heimlichen Fantasien sind. Wir tun etwas für andere und erwarten dafür Gegenleistungen – Geld, Dankbarkeit, Zuwendung, Hilfe und/oder das Gefühl, ein guter oder besonders kluger Mensch zu sein. Was erwarten Sie? Nur, wenn Sie sich das eingestehen, können Sie es deutlich machen. Es nützt nämlich auch nichts, wenn Sie sich immer wieder schmollend zurückziehen, weil Sie nicht das bekommen, was Sie sich erhoffen. Alle Beziehungen beruhen auf dem Prinzip des Gebens und Nehmens. Ist die Bilanz unausgeglichen, kann die Beziehung nicht wirklich funktionieren.

Daraus folgt die schonungslose Analyse der jeweiligen Beziehung. Natürlich können wir uns nicht alle Leute aussuchen, mit denen wir zu tun haben. Wir können sie uns weder zurechtbacken noch zurechtkneten. Mit vielen Menschen müssen wir aus den unterschiedlichsten Gründen einfach auskommen. Aber wir können versuchen, sie so zu sehen, wie sie sind, und die Rolle zu erkennen, die uns in diesem Beziehungsspiel zugedacht ist. Dann sind wir schon ein wenig mehr vor ihren Übergriffen geschützt. Versuchen Sie eine Strategie zu entwickeln, mit der Sie möglichst selten in die Lage geraten, dass die oder der andere Sie überrollt. Sie sollten dahin gelangen, dass Sie den aktiven Part übernehmen. Stellen Sie sich die Frage, was Sie von demjenigen haben und wozu Sie selbst ihn brauchen. Können Sie den Spieß umdrehen und die Beziehung nach Ihren Vorstellungen prägen?

Ein Beispiel: Sie haben eine Schwägerin, die Ihnen die Zuneigung Ihres Bruders streitig macht und Ihnen gegenüber immer auf Krawall gebürstet ist. Bei sich zu Hause ist sie besonders unangenehm und gibt Ihnen das Gefühl, Sie seien ein Trampeltier, das keinesfalls auf die helle Sitzgarnitur darf. Treffen Sie sie einfach nicht mehr zu Hause. Verabreden Sie sich irgendwo anders, nehmen Sie noch andere Leute dazu, dann reißt sie sich vielleicht am Riemen. Ebenso können Sie es mit der Schwiegermutter halten, wenn die immer an Ihrem Essen rumnörgelt. Gehen Sie einfach essen. Lassen Sie sie doch über die Kochkunst des Griechen oder Italieners um die Ecke maulen. Ändern Sie die Bedingungen und hören Sie auf, es ihr recht machen zu wollen. Sie will vielleicht gar nicht, dass Sie eine gute Köchin sind, denn dann könnte Ihr Mann Ihre Kochkunst ja besser finden als die von Mama. Schieben Sie die Nervensägen im Geist ein ganzes Stück von sich weg, heraus aus dem Schutzkreis um Sie herum, in den nur verträgliche Menschen gehören.

Ein anderes Beispiel: Sie haben Freunde, die sich gerne auch im Urlaub bei Ihnen häuslich niederlassen, essen, trinken, die nie ein Ende finden und Ihnen damit auch den Schlaf rauben. Sie hingegen werden selten bei ihnen eingeladen, und wenn, dann ist Schmalhans Küchenmeister. Machen Sie für die nächsten Male ab, dass Sie sich beim Griechen oder Italiener treffen und die Rechnung teilen oder sich ein ums andere Mal abwechseln. Sie können dann auch nach Hause gehen, wann Sie wollen. Eine Alternative für den Sommer: Verabreden Sie sich zum Picknick, zu dem jeder seinen Teil beizutragen hat. Wenn die Freunde sich da herausmogeln, sollten Sie sie »abfreunden«, denn dann sind es nicht Ihre Freunde.

So ist es bei uns

Jede von uns besitzt seit einigen Jahren »ein Häuschen im Grünen«, hart erarbeitet, mühsam Cent für Cent zusammengetragen, noch längst nicht bezahlt – aber »für Mädels in unserem Alter« der ganze Stolz. Denn als wir ins Leben aufbrachen, war es kaum denkbar, so ein Traumhaus (dabei haben wir ganz unterschiedliche Träume verwirklicht) einmal richtig und ganz allein – als Frau!!! – unser Eigen nennen zu können. Nun liegen diese beiden Häuser in Ferienregionen und haben eine ganz merkwürdige Eigenschaft mit in die Beziehung gebracht: Sie bescheren uns eine Menge neuer Freunde, die gerne Ferien und Wochenenden hier verbringen und an unseren Erholungswochenenden auch schon mal unangemeldet vor der Tür stehen, wenn wir in fröhlicher Erwartung eines spannungs- und frem-

denfreien Tages ungekämmt und »schlumpelig« mit der Familie unsere Zeit genießen wollen.

Wir sind uns beide darüber einig, dass wir diese Art von Nutznießern in unseren Refugien nicht mehr dulden wollen. Das erweist sich aber als ganz besonders schwierig, denn von Notlügen lassen sie sich nicht abschrecken, sie kommen einfach trotzdem. Das große neue verschlossene Gartentor wird durch ein Loch im Zaun umgangen (Motto: Die sind ja da, also müssen wir uns irgendwie bemerkbar machen). Wenn auf Klingeln nicht aufgemacht wird, »bollern« sie an die Scheiben, bis wir mürbe sind. Wenn wir sagen, wir müssen arbeiten, antworten sie: »Macht nichts, wir stören doch auch gar nicht!«

Wenn wir den Urlaub verlegen, damit wir nicht mit ihnen in der gleichen Zeit Ferien haben, verlegen sie ihren auch, denn sie haben ja nichts Besseres vor. Außerdem: »Eine Woche Urlaub auf Mauritius? Kommt ja nicht in Frage, bei … können wir für das Geld mehrere Wochen Urlaub machen!« Überdies wissen sie nichts mit sich allein anzufangen, sie brauchen uns als Entertainer. Einige von ihnen können nicht mal kochen, nicht einkaufen, nicht abwaschen, nicht aufräumen, nicht den Tisch decken, manche haben geradezu zugeklebte Geldbörsen.

Kurz und schlecht: Solche »Freunde« sind wie Kaugummi, weil ihnen auch nichts peinlich ist. Einzig mögliche Gegenmaßnahme: Ein entschlossenes »Nein!« – »Wir können nicht, wir wollen nicht, wir wollen allein sein, wir wollen unsere Ruhe haben. Und wenn ihr uns nun unmöglich findet, soll uns das recht sein. Sicher findet ihr auch neue Freunde.« Leider leichter gesagt als getan. Doch neulich gelang es einer von uns: Es gab für die ungebetenen Gäste eine Tasse Kaffee und dann wurden sie freundlich wieder hinauskomplimentiert. Sie waren nicht einmal beleidigt, wurden aber bislang nicht wiedergesehen. Das macht uns Mut für das nächste Mal.

Manchmal hilft Ihnen nur der Kehraus

Ist die Möglichkeit gegeben, sollten Sie sich von Menschen trennen, die Sie nur ausnutzen. Schließen Sie sie einfach innerlich und/oder äußerlich aus Ihrem Leben aus. Sie müssen sich deswegen nicht mit ihnen streiten. Sie können gern so bleiben, wie sie sind. (Menschen ändern sich ja in der Regel nicht.) Sie sollten sich nur aus Ihrem »Dunstkreis« entfernen. Brechen Sie den Kontakt ab, verschleppen Sie Termine, ignorieren oder vergessen Sie sie. Lassen Sie die intrigante Kollegin links liegen, dem pampigen Gemüsehändler kaufen Sie einfach nichts mehr ab, das Lokal mit der unfreundlichen Bedienung meiden Sie künftig, Ihre Schulfreundin soll sich woanders ausheulen und mit der Tante, die ewig meckert, treffen Sie einfach keine Verabredung mehr. Wir sagen so oft »keine Zeit, keine Zeit!« – hier dürfen wir dies mit Fug und Recht behaupten. Und vor allem sollten Sie eines lernen: Das Wörtchen »Nein«! Nein, ich kann nicht kommen. Nein, ich habe keine Zeit. Nein, ich habe keine Lust. Nein, ich kann dir nicht helfen. Nein, ich bin für dich nicht da. NEIN!

Doch woran erkennen wir eigentlich, ob jemand zu uns passt oder nicht? Nach diesen Kriterien können Sie Ihre Beziehungen überprüfen:

- Akzeptiert und respektiert die jeweilige Person Sie?
- Fühlen Sie sich in deren Gegenwart wohl und angenommen, so wie Sie sind?
- Versucht sie nicht, Sie zu ändern und Ihnen Dinge vorzuschreiben, die Sie gar nicht wollen?
- Kehren Sie auch im Zusammensein Ihre besten Seiten heraus – einfach weil Sie sich sicher fühlen?
- Ist die Person wirklich an Ihnen interessiert?
- Redet die andere immer nur von sich selbst?
- Besteht ein echter Dialog zwischen Ihnen beiden?
- Wollen Sie beide voneinander wissen, was Sie interes-

siert, was Sie von bestimmten Dingen halten, welche Einstellungen und Standpunkte Sie haben?

- Kann die andere Ihnen aufmerksam zuhören?
- Haben Sie das Gefühl, dass Sie die Person wirklich ins Vertrauen ziehen können, ohne dass sie sich gleich mit anderen austauscht?
- Können Sie sich in Notfällen auf ihre Hilfsbereitschaft verlassen?
- Haben Sie das Gefühl, sie müssten alles, was sie von ihr bekommen, auch irgendwie bezahlen?
- Kann die Person Sie und andere Menschen spontan loben und anerkennen?
- Wie sehr ist sie an Klatsch und Tratsch interessiert?
- Käme es ihr in den Sinn, mit anderen über Sie zu sprechen?
- Trägt sie negative Gerüchte über einen Menschen gleich weiter?
- Spricht sie mit dem Betroffenen oder mit anderen darüber?
- Kann sie andere Meinungen und andere Lebensweisen gelten lassen?
- Ist die Person Ihnen gegenüber aufmerksam, kennt sie Ihre Vorlieben und Abneigungen?
- Hält sie, was sie verspricht?
- Sind ihr doppelte Botschaften fremd?
- Hält sie Verabredungen ein?
- Hat sie Humor und kann über sich selbst lachen?
- Spricht die Person auch offen über eigene Schwächen und Niederlagen?
- Kann sie anstehende Probleme lösen?
- Spürt sie auch ohne Worte, ob es Ihnen gut oder schlecht geht?
- Merkt sie, wenn Sie Hilfe brauchen?
- Kann sie Gefühle zeigen? Etwa, wenn sie traurig ist?
- Ist die Person niemand, der sein Fähnchen nach dem Wind hängt und heute die Freundin hat, morgen jene?

- Würde sie Sie gegen Anfeindungen von anderen verteidigen?
- Ist die Person verantwortungsbewusst und gibt nicht gleich anderen die Schuld, wenn etwas schief läuft?

Wenn Sie sich über Ihre Beziehungen zu anderen Menschen Klarheit verschaffen wollen, nehmen Sie sich ein Stück Papier und malen Sie sich in die Mitte. Darum verteilen Sie nun in Kreisen Ihre Freunde, Familie, Bekannten und Kollegen. Wer Ihnen am nächsten steht, gehört in den inneren Kreis. Da befinden sich meist bei näherem Besehen nicht besonders viele Menschen. Markieren Sie nun mit einer anderen Farbe, wer sich liebevoll um Sie kümmert und auf wen Sie sich verlassen können. Um wen kümmern Sie sich ganz besonders gern? Überprüfen Sie alle, die Sie aufgeschrieben haben, nach den oben aufgeführten Kriterien. Um ehrlich mit sich selbst zu sein, sollten Sie sich anhand der Liste einmal auf Ihre eigene Beziehungsfähigkeit überprüfen.

Wenn sich eine zuvor angenehme Arbeitsbeziehung oder Freundschaft zum Unangenehmen oder Störenden wandelt, haben sich in aller Regel drei wesentliche Dinge verändert:

- Beide fühlen sich nicht mehr gleichwertig – einer fühlt sich über-, einer unterlegen, einer fühlt sich besser, der andere fühlt sich schlechter.
- Das Verhältnis von Geben und Nehmen ist unausgewogen. Frauen haben oft das Gefühl, dass sie mehr geben als bekommen.
- Das Verhältnis von Distanz und Nähe ist unharmonisch. Es ist ein ständiges Wechselbad der Gefühle.

Warum wir immer wieder in dieselbe Falle tappen

Warum geraten wir immer wieder – auch sehenden Auges – in Situationen, in denen unsere Zuvorkommenheit missbraucht wird? Warum fällt es uns so schwer, Grenzen zu setzen und uns auch selbst an diese zu halten? Warum sind wir so oft netter zu Menschen, als wir es eigentlich sein wollen? Wieso lassen wir zu, dass wir von anderen aus- und über den Tisch gezogen werden? Die heute erwachsenen Frauen tun sich immer noch schwer damit, anderen ein klares »Nein« entgegen zu halten. Die Gründe dafür sind natürlich, wie so vieles, in den Tiefen unserer Kindheit zu suchen.

Psychologen sagen, dass vor allem unsere eigenen Defizite uns anfällig dafür machen, die eigenen Überzeugungen, Werte und Interessen zu Gunsten eines anderen sausen zu lassen: Defizite an Liebe, Sex, Romantik, Abenteuer, Macht, Geld, Selbstwertgefühl – das Gefühl für die eigene Einmaligkeit. Viele Frauen zweifeln an sich selbst und glauben, Gutes von vornherein nicht verdient zu haben. Sie spüren ihre Einmaligkeit nicht und glauben, dass sich kaum jemand für sie ernsthaft interessiert. Kleine Mädchen, die leicht übersehen werden, werden auch später häufig das Gefühl nicht los, unwichtig zu sein. Sie stecken dann als Erwachsene noch immer zurück, um andere in ihrer Wichtigkeit zu bestärken, um von ihnen Zuwendung zu erkaufen. Sie sind bei Machtspielen meist unterlegen, weil sie sich einfach nichts zutrauen.

Manche Zeitgenossen nutzen das ganz bewusst aus. Das uns allen bekannteste Beispiel: Er will Sex, sie sucht Liebe und Zuwendung. Er säuselt ihr romantische Dinge ins Ohr, bekommt seinen Sex und sie keine Liebe. Der Mangel an Selbstwertgefühl lockt die unterschiedlichsten Übeltäter an – mobbende Kollegen, giftige Schwiegermütter, larmoyante Mütter, missgünstige Bekannte, ungelegene Besucher, Heiratsschwindler oder Seelenverkäufer, wie sie sich in Sekten finden. Sie alle verschaffen sich Vorteile, indem sie uns ausnutzen und von unserem Weg abbringen. Nicht selten gehören leider auch unsere eigenen Mütter dazu – insbesondere dann, wenn sie älter und starrsinniger werden. Auf der sanften Mitleidswelle – »Denk immer daran, was du mir alles zu verdanken hast, jetzt musst du es mir zurückzahlen!« – reiten sie durch unser Leben und marmorieren es hübsch mit Schuldgefühlen. Also richten wir uns nach Mutters unausgesprochenem Kommando, auch wenn wir selbst und unsere Familie dabei zu kurz kommen, denn als Mädchen haben wir ja noch gelernt, dass wir »lieb« sein sollen, artig und eher angepasst, dass es nicht gern gesehen ist, wenn wir uns zur Wehr setzen, stark und fordernd sind. Jungen – wie unsere Brüder etwa – durften all dies sein, dafür aber eben nicht lieb und artig.

Wenn man damals Ihre Gefühle nicht ernst nahm, Ihnen vermittelte, unwichtig zu sein, oder Ihren Willen durch eine strenge Erziehung unterdrückte, dann haben Sie kaum gelernt, wie man sich selbstsicher für die eigenen Wünsche einsetzt. Konflikte sind Ihnen unbehaglich. Das ist ein Verhaltensmuster, das die meisten Frauen beeinflusst. Für Frauen ist es wichtig, geliebt zu werden und beliebt zu sein. Männer wollen Macht und Dominanz. Das liegt an dem, was wir mit auf die Welt bringen und was dann von der Erziehung noch einmal verstärkt wird.

Das hat sich übrigens bis heute kaum geändert – selbst bei aufgeschlossenen Eltern nicht. Die alten Unterschiede in der Behandlung von Mädchen und Jungen lassen sich trotz bester Absichten immer noch feststellen, nur sind sie besser getarnt und schwerer erkennbar als früher. Kleine Mädchen lernen, auf andere zu achten und dafür zu sorgen, dass diese sich wohl fühlen. Sie entwickeln Antennen für Atmosphären und reagieren sensibel auf Stimmungen. Sie drücken sich vorsichtiger aus, damit sie bloß nicht egoistisch wirken und sich niemand von ihnen bedroht fühlt. Jungen sagen eher unumwunden, was sie wollen, und bleiben damit ein gutes Stück unverbindlicher. Das Ende vom Lied: In Konflikten oder Abgrenzungsprozessen haben wir Frauen die schlechteren Karten.

Seien Sie ruhig mal böse!

Diese Muster sitzen fest in unserem Verhaltensprogramm. Sie bemerken vielleicht, dass Sie sich selbst mit diesem Muster immer wieder ein Bein stellen. Weil Sie zu nachgiebig sind, immer wieder an derselben Stelle ausgenutzt werden, weil sie Menschen zu dicht an sich herankommen lassen, zu schnell die Geduld verlieren oder einen falschen Eindruck hinterlassen. Wenn Sie diesem Verhaltensmuster auf die Schliche kommen wollen, sollten sie sich das in mehreren Schritten vornehmen:

1. Das eigene Muster erkennen: Überlegen Sie sich in aller Ruhe, wie Sie im Normalfall bei Konflikten oder in Situationen, die Ihnen unangenehm sind, reagieren. Was stört Sie an Ihrem Verhalten? Wo ist – vielleicht – der Punkt, an dem sich das Blatt zu Ihren Ungunsten wendet? Was glauben Sie, worauf Ihr ungeliebtes Verhalten zurückzuführen ist? Haben Sie eine Idee, wie sich dieses Verhalten ändern könnte?

2. Bevor es zum Ernstfall kommt, machen Sie sich noch einmal Ihr störendes Verhalten klar: Gleich werde ich wahrscheinlich wieder drauf und dran sein, zu lieb zu sein, dem Streit aus dem Weg zu gehen, klein beizugeben, zu schnell zu allem Ja und Amen zu sagen.

3. Versuchen Sie, diesen automatischen Ablauf zu unterbrechen. Nehmen Sie sich vor, zuvor einen Puffer einzubauen, indem Sie den Raum kurz verlassen, einmal tief

durchatmen, sich mit einem bestimmten Satz mental stoppen.

4. Errichten Sie sich einen Schutzschild. Wenn Sie sich gegen bösartige Menschen zur Wehr setzen müssen, ist es nicht nur wichtig, ihnen klar entgegenzutreten, sondern sich auch emotional gegen sie zu wappnen. Versuchen Sie es einfach mal so: Schließen Sie die Augen und stellen Sie sich vor, dass um Sie herum mehrere Kreise gezogen sind, die unüberwindbar sind. Sie können aus den unterschiedlichsten Materialien, Farben und Formen sein. Auf alle Fälle halten sie Ihre Widersacher davon ab, Ihnen zu nahe zu kommen. Wenn Sie in einer unangenehmen Situation sind, stellen Sie sich Ihren Schutzschild innerlich vor, und wie Ihr »Bösmichel« daran abprallt. Wenn Sie das wirklich trainieren, wird Ihr Unterbewusstsein Sie emotional stärken.

5. Wenn Ihnen danach ist, werden Sie ruhig auch böse. Schlucken Sie bloß Ihre Wut nicht immer herunter und werden Sie getrost auch mal laut. Am Anfang wird Ihnen dabei sicher noch heiß und kalt werden, womöglich werden Sie auch Angst vor den Reaktionen der anderen haben oder vielleicht sogar vor der Wucht Ihrer eigenen Gefühle. Wenn Sie in einer Auseinandersetzung heftiger als sonst reagieren, werden Sie womöglich anfangs nicht besonders treffsicher in der Wahl Ihrer Worte sein oder auch etwas schriller reden als sonst. Sehen Sie sich das nach, das gibt sich mit wachsender Übung. Die ersten Hürden wollen übersprungen sein. Souveränität kann sich erst entwickeln, wenn alle Gefühle gleichermaßen zum Zug kommen können und wir nicht mehr das Gefühl haben, etwas mühsam in uns hineinfressen zu müssen.

So ist es bei uns

Wir haben wiederholt die Erfahrung gemacht, dass sich gewisse Geschäftsverhältnisse zu anderen Menschen auf ein und dieselbe Art entwickeln: Wir lernen den Menschen kennen – sagen wir mal eine Kollegin, eine Geschäftspartnerin, einen Handwerker oder einen Vermieter –, finden sie oder ihn nett, patent und angenehm, beschließen, mit ihr oder ihm ins Geschäft zu kommen. Es geht um Absprachen und letztlich um Geld. Weil wir denjenigen nett finden, sind wir selbst auch offen und in jeder Hinsicht zuvorkommend. Irgendwann duzt man sich vielleicht, verzichtet auf eine schriftliche Fixierung, eine ordentliche Absprache über die Arbeitsteilung, einen Kostenvoranschlag und lässt im Holterdipolter beziehungsweise im Überschwang der freundlichen Gefühle einige Dinge schleifen. Da wir selbst nichts Übles im Schilde führen, glauben wir: »Das wird schon alles prima klappen.« Wie Sie sich jetzt denken können, kommt dann oft das dicke Ende und wir haben das Nachsehen. Deshalb unsere Verabredung mit uns selbst: Kein Geschäft mehr ohne schriftliche Fixierung, keine Verbrüderung mit Kollegen, Geschäftspartnern oder ähnlichen Personen, kein Du mehr für Menschen, die keine Freunde sind, ein klares »Nein« für alle Dinge, die wir nicht wollen, kein harmoniesüchtiges »Wir sind alle gleich« mehr. Wenn es ums Bezahlen geht, sind wir es nämlich nicht mehr. Mit etwas mehr Distanz können wir besser für uns sorgen. Zugegeben: Das klappt noch nicht immer, denn es handelt sich ja stets um neue Menschen, aber wir ziehen schneller die Notbremse als früher.

Nehmen Sie Menschen vorher unter die Lupe!

Wer immer hilfsbereit und nett ist, bekommt oft obendrein noch einen Tritt in den Hintern, sagt man. »Wie konnte ich mich bloß so irren?«, fragen wir uns hinterher.

129

»Die blöde Ziege habe ich aber gewaltig unterschätzt!«, oder: »Ich muss blind gewesen sein, ein Kotelett, von beiden Seiten bekloppt!«, granteln wir mit uns selbst. Immer wieder kommt es vor, dass wir Menschen falsch einschätzen, ihren Charakter und ihre Absichten nicht richtig beurteilen. Oft lassen wir uns von unserem Wunschbild oder unserem Harmoniestreben leiten, nicht selten sind andere Menschen aber auch blendende Schauspieler und gaukeln uns einfach Bilder vor, die nicht der Wirklichkeit entsprechen. Viele Menschen lügen auch wie gedruckt, ohne dass uns das gleich bewusst wird.

Nun müssen wir uns aber auch, im Gegensatz zu den Generationen vor uns, mit wesentlich mehr Menschen auseinandersetzen. Wir lernen mehr Menschen kennen und müssen mit mehr Menschen zurecht kommen. Folglich ist unser Gehirn auch wesentlich mehr damit beschäftigt, die Guten ins Töpfchen und die Schlechten ins Kröpfchen zu tun. Damit sind wir aber zunehmend überfordert. Interessanterweise – das stellen auch Psychologen fest – haben die neuen Kommunikationsmöglichkeiten dazu geführt, dass uns die Sensibilität für die menschlichen Signale verloren geht. Dazu gehören die Einschätzung von Gesichtsausdruck, Aussehen, Haltung, Motorik, Geruch, Händedruck, Stimmlage, Kleidung und vieles mehr. Negative Gefühle sind dabei bei anderen erfahrungsgemäß schwerer zu entziffern als positive, denn letzteren gibt man mehr oder weniger spontan Ausdruck, negative Gefühle werden dagegen eher verborgen.

Wenn Sie sich entlasten und vor bösen Überraschungen schützen wollen, können Sie Ihre Menschenkenntnis wieder trainieren. Dazu müssen Sie sich zunächst einmal überlegen:

● Was suche ich eigentlich bei dem jeweiligen Menschen?
● Was erwarte ich von ihm?

- Wie objektiv bin ich selbst bei der Beurteilung?
- Werde ich womöglich von Vorurteilen geleitet?
- Gelingt es mir, das Richtige zu sehen, oder lasse ich mich von einem Zerrbild täuschen?
- Auf welchem Terrain befindet sich die oder der Beobachtete?
- Ist es ein Heim- oder ein Auswärtsspiel?
- Ist er gestresst oder eher gelassen?
- Hat er oder sie irgendeine Verhaltensweise oder ein Attribut, eine ungewöhnliche Auffälligkeit?
- Verhält er oder sie sich angemessen oder fällt er oder sie irgendwie aus dem Rahmen?
- Ist ein Hang zur Eitelkeit festzustellen?
- Möchte er oder sie unbedingt im Mittelpunkt stehen?
- Welche unveränderlichen (schüchtern, unsicher, stolz, kämpferisch) und welche veränderlichen (Haarfarbe, Kleidung, Dinge, mit denen etwas kompensiert werden soll) Merkmale weist derjenige auf?
- Wieviel Zeit mag er oder sie aufwenden, um einen bestimmten Eindruck zu erwecken?

Verhindern Sie Ihren Aderlass!

Wenn manche Leute unablässig bei Ihnen ihren seelischen Sondermüll abladen oder ausschließlich und allein im Mittelpunkt stehen wollen, sollten Sie die Notbremse ziehen. Schuldgefühle und schlechtes Gewissen sind – wie gesagt – eine weibliche Spezialität, denn wir werden dazu erzogen, uns für andere verantwortlich zu fühlen, zu sorgen, zu trösten und eine Art Energie-Tankstelle für den Rest der Welt zu sein. Das hat dazu geführt, dass wir uns nie sicher und stark fühlen. Wir befürchten, dass die anderen uns nicht mehr mögen oder liebhaben, wenn wir uns zur Wehr setzen. Viele Menschen haben es nicht gelernt, sich aus ihren eigenen Energiequellen zu versorgen. So werden sie zu Vampiren, die anderen ihre Kraft aus den Adern saugen. Sie missbrauchen sie, um ihre eigenen Defizite auszugleichen, um sich mächtig, stark und kraftvoll zu fühlen.

Daran bemerken Sie, ob Sie gerade akut zur Ader gelassen werden:

- Spüren Sie einen gewissen Druck in der Magengegend?
- Merken Sie, wie Ihnen »die Galle hochkommt«?
- Stellt sich ein gewisser Druck im Kopf ein?
- Bemerken Sie den Drang, zu gähnen oder auf die Toilette zu gehen, obwohl Sie gar nicht wirklich müssen?
- Schweifen Ihre Gedanken ab und beschäftigen Sie sich eher mit dem Einkaufszettel für den nächsten Tag?
- Schlucken Sie Ihre Meinung oder ungeduldige Bemerkungen herunter?
- Haben Sie keine Lust mehr, Ihrem Gegenüber in die Augen zu schauen?
- Beginnen Sie allmählich, sich wie ausgelaugt und wie ein ausgewrungener Lappen zu fühlen?
- Haben Sie das Gefühl, dieses Verhältnis nährt Sie nicht, sondern zehrt Sie aus?

Ihr Trainingsprogramm gegen Energieräuber:

- Vielleicht legen Sie sich ein Tagebuch an, um festzustellen, wieviel Energie, Kreativität und Zeit Sie für solche Menschen aufwenden. Notieren Sie sich nach jedem Telefonat oder Treffen, wer von wem was gehabt hat. In welcher Hinsicht haben Sie profitiert?
- Wenn Sie solchen Energievampiren das Handwerk legen oder sie aus Ihrem Leben entfernen wollen, brauchen Sie eine gehörige Portion Egoismus und Durchsetzungskraft. Sie müssen der Versuchung widerstehen, die Kluft zwischen Ihnen und dem Energieräuber durch Höflichkeit und selbstschädigende Anpassung überbrücken zu wollen.
- Üben Sie, sich gegen Zumutungen zu wehren. Fangen

Sie dabei ruhig klein an. Das macht Mut, sich auch gegen größere Zumutungen zu wehren und den Ärger nicht länger aus Angst vor einem Konflikt zu unterdrücken.

- Gewöhnen Sie es sich an, Ihren Willen zu äußern, ohne sich dafür gleich zu entschuldigen, zu rechtfertigen oder ihn abzuschwächen.

- Riskieren Sie ruhig öfter eine »dicke Lippe«. Fangen Sie auch hier klein bei eher unwichtigen Anlässen an.

- Widersprechen Sie ruhig auch dann, wenn es Ihnen gar nicht so wichtig erscheint. Stellen Sie sich darauf ein, dass Sie sich anfangs nicht besonders wohl dabei fühlen werden. Versuchen Sie, dieses unangenehme Gefühl nicht gleich wieder durch einen faulen Kompromiss aus der Welt zu schaffen.

- Falls Sie dazu neigen: Spielen Sie nicht das kleine Mädchen. Das ist Ihrer unwürdig. Stellen Sie sich nicht dümmer und hilfloser, als Sie sind – nicht einmal aus taktischen Gründen.

- Lernen Sie, zu sich »Ja« zu sagen und zu anderen »Nein«. Nur wenn Sie sich selbst wichtig nehmen, wird Ihnen das deutliche »Nein!« gelingen, wenn Bedürfnisse und Ansprüche von anderen Sie schwächen. Sie werden auf Dauer Ihre Stärke verlieren, wenn Sie von Freunden, Verwandten, Bekannten und Kollegen als Seelentrösterin und Mülleimer für deren Probleme ausgenutzt werden. Unterstreichen Sie Ihr »Nein!« mit einer klaren Körperhaltung. Frauen neigen beispielsweise dazu, den Kopf leicht schräg zu halten, wenn sie zuhören oder eine Bitte äußern. Diese Geste besagt: Ich bin ganz klein und lieb, von mir ist keine Bedrohung zu erwarten. Sie lächeln, auch wenn die Situation ernst ist, um ihr Gegenüber zu besänftigen. Sie schlagen die Augen nieder oder lassen den Blick umherschwirren.

- Trennen Sie sich beherzt von ewigen Schmarotzern.

Die 10 Clear-Your-Life-Regeln für eine klare Beziehungsstruktur

1.
Sie brauchen keine Menschen, die ihnen übel wollen.

Dulden Sie in Ihrem Umfeld niemanden, der Sie ausnutzt und Ihnen schlechte Gefühle bereitet. Dazu hat niemand das Recht. Sie müssen aber auch lernen, nicht zuzulassen, dass jemand Sie zum Energieabzapfen missbraucht. Bei denjenigen, die Sie nicht loswerden können, sollten Sie die aktive Steuerung der Beziehung übernehmen. Dann können Sie versuchen, sie so zu gestalten, dass die Beziehungsvampire so wenig Boden wie möglich unter die Füße bekommen.

2.
Durch Ihre Fehler lernen Sie Ihre Stärke kennen.

Aller Anfang ist schwer. Wenn Sie gerade lernen, sich mehr durchzusetzen, brauchen Sie mentale Unterstützung, die Sie sich selbst geben sollten, denn Sie werden sich anfangs noch recht häufig unwohl mit Ihren ersten Selbstbehauptungsversuchen fühlen. Sagen Sie sich immer wieder den Satz: Wer etwas macht, macht Fehler. Wer nichts macht, macht keine Fehler.

3.
Glauben Sie fest an Ihre Fähigkeit, Konflikte zu überstehen.

Wenn Sie an Ihre Fähigkeit glauben, auch schwierige Situationen überstehen und Probleme meistern zu können, signalisieren Sie Energieräubern und Beziehungsvampiren, dass mit Ihnen nicht zu spaßen ist. Wann immer Sie sich dabei ertappen, dass Sie sich gedanklich selbst herabsetzen und wieder klein beigeben wollen, rufen Sie sich immer wieder ein »Stop« zu. Halten Sie inne, verlassen Sie die Situation, um sich selbst zu schützen.

4.
Machen Sie Luft aus Ihren Feinden und wandeln Sie Kränkungen um.

Kränkungen treffen fast immer auf alte Wunden. Wenn wir diese alten Verletzungen ausmachen können, gelingt es uns zu erkennen, warum uns bestimmte Dinge immer wieder im gleichen Maß kränken und uns daran hindern, sie mit einem gewissen Abstand zu betrachten. So schaffen wir es möglicherweise, diesen Mechanismus unschädlich zu machen. Versuchen Sie, Menschen, die Ihnen nicht wohl gesonnen sind, möglichst nicht wahrzunehmen. Tun Sie ihnen – wann immer es Ihnen möglich ist – nicht den Gefallen, sich ärgern und demütigen zu lassen.

5.
Lassen Sie nicht zu, dass Sie gemobbt werden!

Wenn Sie merken, dass sich hinter Ihrem Rücken etwas zusammenbraut, machen Sie gleich mobil. Ziehen Sie sich nicht in Ihr Schneckenhaus zurück. Signalisieren Sie Ihren Widersachern, dass Sie sich wehren werden. Suchen Sie sich Verbündete, die Ihnen den Rücken stärken. Päppeln Sie Ihr Selbstwertgefühl auf.

6.
Bleiben Sie selbst integer!

Natürlich sollten Sie trotz des Versuchs, sich von menschlichen Energieräubern zu befreien, mit anderen Menschen auch achtsam umgehen. Gute Beziehungen sind etwas sehr Kostbares, das wir schützen und pflegen müssen, etwas, das uns Freude und Wärme schenkt. Versuchen Sie, auch Ihren Feinden nicht übel hinterher zu reden.

Halten Sie sich an den Spruch: »Was du nicht willst, das man dir tu, das füg auch keinem anderen zu.« Mobben Sie nicht und beteiligen Sie sich auch nicht daran. Unterstützen Sie Menschen, denen übel mitgespielt wird.

7.
Domptieren Sie Ihre Schuldgefühle!

Schuldgefühle zu haben ist eine weibliche Unart. Jeder Mensch macht mal etwas falsch oder benimmt sich daneben. In irgendeiner Weise haben wir alle Schuld. Doch wenn wir uns permanent in schlechtem Gewissen wälzen, machen wir nichts besser, nichts anders und vor allem nichts ungeschehen. Wo auch immer dieser Hang zu Schuldgefühlen herkommt, er schwächt uns. Versuchen Sie deshalb, diese unter Kontrolle zu bekommen, damit sie nicht Ihr Leben vergiften und Ihr Handeln überlagern.

8.
Lernen Sie die Kraft des Nein kennen!

Nur wer nein sagen kann, kann auch wirklich ja sagen. Frauen haben oft nicht gelernt, ihre Interessen im guten Sinne durchzusetzen. Meist haben sie Angst, die Anerkennung der anderen zu verlieren, die sie aber wahrscheinlich ohnehin gar nicht haben. Daraus resultiert manchmal auch ein schizophrenes Verhalten: Entweder wir protestieren lauthals in leicht hysterischer Trotzhaltung oder wir ducken uns lächelnd weg und lassen es zu, dass andere unsere Grenzen überschreiten. Wenn das Nein in unserem Inneren keinen Platz hat, werden uns von außen Verhaltensweisen und Dinge aufgedrückt, die schädlich für uns sind. Ein klares Nein schadet anderen nicht. Im Gegenteil: Sie wissen damit besser, woran sie sind.

9.
Üben Sie einen anderen Kommunikationsstil ein!

Frauen neigen dazu, sich bereits in ihrer Art, zu reden und den Körper dabei einzusetzen, kleiner zu machen, als sie sind. Viele machen sich das Leben schwer, weil sie anderen das kleine, harmlose Mädchen vorspielen, von dem keine Bedrohung ausgeht. Sie tun dies, um andere und sich selbst zu schonen. Lassen Sie Ihr Gegenüber nicht im Unklaren über Ihre Meinung. Klare Aussagen ohne Wenn und Aber verhindern, dass andere ihre eigenen Interessen auf Ihre Kosten widerstandslos durchsetzen.

10.
Schenken Sie Ihre Zeit vor allem Menschen, die Sie mögen!

Misten Sie Ihren Freundes- und Bekanntenkreis rigoros aus. Wenn Sie sich mit vielen Leuten halbherzig treffen und nur oberflächlich austauschen, haben Sie nicht die Zeit, sich um Ihre wirklichen Freunde zu kümmern. Seien Sie beim Ausmisten aber auch konsequent: keine halbherzigen Anrufe oder Kontaktaufnahmen mehr. Schluss ist Schluss.

6. Weg

Die Umgebung von Ballast befreien!

Clear-Your-Life-Test:
Wie klar ist Ihr Verhältnis zu
Ordnung und Gerümpel?

☐ Haben Sie Ecken im Keller, in denen Sie mehrere
Jahre lang nicht nach dem Rechten geschaut haben?

☐ Ist es länger als ein Jahr her, dass Sie auf dem Dachboden waren?

☐ Gibt es Kleidungsstücke, die sie mehr als ein Jahr
nicht getragen haben?

☐ Liegt die Bettwäsche Ihrer Mutter/Großmutter noch
im Schrank, obwohl Sie selbst neuere haben?

☐ Beherbergt Ihr Wäscheschrank Berge von Tischwä-
sche, obwohl Sie schon lange keine Tischtücher mehr
benutzen?

☐ Sammeln Sie Bücher, die Sie nicht lesen?

☐ Heben Sie fast alle Bücher auf, die Sie gelesen haben?

☐ Haben Sie Regale, die voll verstaubter Bücher sind?

☐ Hat Ihre Plattensammlung keine Chance mehr, gehört
zu werden, weil Sie gar keinen Plattenspieler mehr
haben?

☐ Stehen bei Ihnen Möbel herum, die Sie nie benutzen –
Sofas, Stühle, Sessel, auf denen Sie nie sitzen?

☐ Gibt es viele Erinnerungsstücke, die Ihnen eigentlich
nichts sagen?

☐ Ist Ihre Speisekammer voll mit Vorräten, deren Halt-
barkeit schon abgelaufen ist?

☐ Sehen Sie vor lauter Papierstapeln Ihren Schreibtisch
nicht mehr?

☐ Sammeln Sie Zeitschriften oder Zeitschriftenausrisse
über Jahre, weil Sie denken, Sie könnten sie irgendwann einmal gebrauchen?

☐ Herrscht in Ihrer Besteckschublade ein einziges
Chaos?

☐ Gleicht das Kinderzimmer einer Warenausstellung?

❑ Sammeln Sie Gegenstände, die Sie nie benutzen?
❑ Können Sie das Handschuhfach Ihres Autos nicht mehr aufmachen, ohne dass etwas herausfällt?
❑ Gehören Sie auch zu den Frauen, die viel Zeit damit verbringen, in ihrer Handtasche etwas zu suchen?
❑ Müsste der Kofferraum Ihres Autos mal wieder ausgemistet werden, weil Sie Ihre Einkäufe kaum noch unterbringen?
❑ Stehen in Ihrer Wohnung Vitrinen mit Nippes herum?
❑ Ist Ihnen die Unordnung in Ihrer Wohnung manchmal sogar peinlich?

Je öfter Sie diese Fragen mit Ja beantwortet haben, desto mehr behindern Sie sich offenbar selbst mit Gerümpel und Altlasten. Wenn Sie sich in Ihrem Leben Klarheit verschaffen wollen, sollten Sie beim Aufräumen Ihres Umfelds beginnen. Das mag Sie zwar auf den ersten Blick verwundern, weil es zunächst nicht logisch erscheint, was das eine mit dem anderen zu tun haben soll. Doch Sie werden relativ rasch zwei Dinge bemerken: Zum einen haben Sie beim Entrümpeln, Wegwerfen und Saubermachen schnell Erfolgserlebnisse, denn man sieht ja, was man geschafft hat. Die Zahl der Müll- und Kleidersäcke kann uns schon einiges an Befriedigung verschaffen. Auch wenn schon lange störende Müllecken entlastet in neuem Glanz erstrahlen, macht uns das froh. Zum anderen – und das ist viel wichtiger – machen wir gleichzeitig auch in unserem Inneren klar Schiff. Wir fühlen uns befreit, wenn Garten, Garage, Keller, Dachboden und alle anderen Zimmer übersichtlich und sauber sind. Danach fühlen wir uns nicht müde, sondern taufrisch. Das setzt Energien frei, die wir brauchen, um andere Dinge in Angriff zu nehmen.

Die Last des Überflüssigen

Glück und Zufriedenheit können wir uns nicht kaufen. Materielle Güter verschaffen uns keine nachhaltige Erfüllung, keine tiefe Befriedigung. Diese Erkenntnis ist banal und auch nicht neu. Dennoch drohen wir im Konsummüll zu ersticken. Unsere Wohlstandsgesellschaft (und noch sind wir ja eine) platzt aus allen Nähten, und doch erliegen wir der Versuchung, uns ständig neue Dinge anzuschaffen und unser Umfeld damit vollzustopfen. Zu oft erhoffen wir uns von einem gekauften Gegenstand immaterielle Werte wie Zuwendung, Entspannung oder Sicherheit. Die meisten Sachen aber machen uns nur ärmer, beileibe nicht reicher.

Allein ein Blick in unsere Schränke, Schubladen, Keller, Speicher, Garagen und Handtaschen belegt unser Lebensmotto: Hauptsache viel! Auch wenn der Kleiderschrank schon voll ist, kaufen wir weiter, bis die Türen nicht mehr schließen. Und anstatt dann aufzuräumen quetschen wir lieber noch einen neuen Schrank ins ohnehin kleine Schlafzimmer. Von den Kleidungsstücken benutzen wir im Endeffekt allerhöchstens ein Fünftel. Der Rest sind Fehlkäufe oder Altlasten. Manch ein Kleidungsstück haben wir zu klein gekauft, in der Hoffnung irgendwann, irgendwie, auf jeden Fall durch ein Wunder wieder in unsere alte Konfektionsgröße hinein geschrumpft zu sein. Und wenn wir irgendwo eingeladen sind, kaufen wir uns lieber etwas Neues, als etwas Älteres wieder schön herzurichten. Dasselbe gilt letztlich für Kostümchen, Kleider, T-Shirts, Hosen und vielleicht auch Abendgarderobe. Zählen Sie spaßeshalber bei sich selbst einmal nach, wie viele Kleidungsstücke Sie haben. Sie werden sich wundern, was da zusammenkommt.

Nicht nur die Kleiderschränke bersten, oft liegt auch überall etwas herum. Die Ablagen werden höher und höher. Die Stapel wachsen und vermehren sich wie die

Karnickel. Der Keller quillt über, Regale und Schrank-
bretter ächzen. Der Schuhschrank geht nicht mehr zu.
Wir können nur ein paar Schuhe auf einmal tragen, aber
wir haben 40 Paar im Schrank stehen. Davon sind die
Hälfte Stilettos, die wir sowieso nie anziehen, weil sie gar
nicht (zu uns) passen und uns obendrein auch die Gele-
genheiten für einen Auftritt mit ihnen fehlen.

Überprüfen Sie sich selbst: Haben Sie auch in jedem Zimmer ein Fernsehgerät? Wozu brauchen Sie im
Schlafzimmer einen Fernseher? Muss wirklich jedes ihrer Kinder einen eigenen haben? Was machen Sie mit 100
ungehörten CDs, vielleicht sogar noch unausgepackten
Schallplatten? Mit nicht gesehenen Videos, ungelesenen
Büchern? Müssen Sie wirklich alle abonnierten Zeitschriften sammeln? Überlegen Sie: Wann haben Sie das
letzte Mal die Crêpe-Pfanne benutzt, wann das Fondue
oder das Raclette-Geschirr? Wozu brauchen Sie eigentlich die Mikrowelle, die widerspricht dem Clear-Your-
Life-Prinzip genauso sehr wie die völlig kontraproduktive
Brotbackmaschine. Wann brauchen Sie die Eis-Maschine,
die elektrische Küchenraspel, den elektrischen Dosenöff-
ner, den Eierkocher, die Waffelpfanne, die Saftpresse, die
Joghurt-Maschine wirklich? Manche der teuren Küchen-
erfindungen der letzten Jahre sind so überflüssig wie ein
Kropf. Zudem sind sie oft nicht für den echten Gebrauch
geeignet. Wie oft haben wir nicht schon geflucht und ge-
wünscht, der jeweilige Designer möge bis ans Lebensende
dazu verdammt sein, selbst mit seinen Erfindungen zu arbeiten.

Unnötigen Ballast sollten wir nicht nur beseitigen, weil
wir ihn nicht brauchen und er unsere Wohnung verstopft.
Es kostet uns obendrein wertvolle Zeit und Energie, dieses überflüssige Zeug zu entstauben und zu pflegen. Gerümpel verursacht Stress und macht uns krank. Vor allem
verhindert es Ordnung. Und Ordnung vermindert unseren Stress, denn sie lässt uns klarer denken.

Wer anfängt, über den Schrott in seinem Umfeld nachzudenken, verändert auf lange Sicht fast zwangsläufig auch sein gesamtes Verhalten. Sie werden nach einer Weile merken, dass Sie beginnen, schon vor dem Kaufen darüber nachzudenken: »Brauche ich das wirklich? Oder ist es nur etwas, das wieder im Schrank landet?« Sie werden Ihren Blick für Überflüssiges schulen und sich Stück für Stück von blindem Konsum entfernen. Das ist gerade in wirtschaftlich schlechten Zeiten eine besondere Entlastung. Je mehr Zeit zwischen Idee und Kaufmöglichkeit entsteht, desto weniger müllen Sie sich zu. Und wenn Sie etwas wirklich brauchen, kommt Ihnen inzwischen vielleicht eine alternative Idee. Wir brauchen uns nur ein wenig an unseren Eltern und Großeltern zu orientieren, die diesen Staat nach dem Krieg mit begrenzten Mitteln und großem Erfindungsreichtum wieder aufgebaut haben.

Wenn Sie bewusst einkaufen, werden Sie nicht unbedingt weniger Geld ausgeben, doch sie werden sich bessere Sachen kaufen, weil die einfach langlebiger und »nachhaltiger« – wie es im modernen Ökologendeutsch heißt – sind. Vor allem schnell gekaufte Billigware verstopft unser Umfeld, denn sie enttäuscht meist doch, zumindest auf den zweiten Blick. Sie müssen also letztlich nicht auf den Luxus verzichten – auf die teuren und edlen Einzelstücke, auf die wir vielleicht länger »hinsparen« müssen –, sondern auf den ganzen Billigkram, der schnell kaputt geht, nicht mehr gut funktioniert oder rasch hässlich aussieht. Zum Wohlbefinden brauchen wir im Endeffekt nur ganz wenige Dinge, der Rest belastet nur. Beim Kaufen sollten wir unser Augenmerk mehr darauf legen, welche Dienstleistung uns eine Anschaffung abnimmt. Das Habenwollen sollte nur in Ausnahmefällen (»Davon hab ich immer geträumt«) zum Kauf führen.

Sammeln – eine uralte Leidenschaft

Es gibt Menschen, für die Sammeln eine große Leidenschaft ist und die sich von nichts trennen können. Sie sammeln alles, was nicht niet- und nagelfest ist. Die wenigsten Sammler sammeln, um dadurch materiell reich zu werden. Die Sammelleidenschaft bricht ohnehin in einem Alter aus, in dem sie noch nicht daran denken, ihr Vermögen zu vermehren – in der Kindheit nämlich. Fast alle Kinder sammeln in einem bestimmten Alter etwas. Waren es früher Kronkorken, Bierdeckel, Wünsche oder Papierservietten, so sind es heute Diddl, Tamagotchis, Pokémons oder Felix-Devotionalien. Mädchen sammeln Mädchensachen, Jungen Jungensachen. Die Sammelleidenschaft ist ansteckend und artet meist in wilde Tauscherei und Feilscherei aus. Manche Freundschaft geht dabei zu Bruch. Bei den meisten verschwindet die Sammelsucht so schnell, wie sie aufgetaucht ist. Bei einigen bleibt sie Bestandteil des Lebens. Sie sammeln Kitsch und Kunst, wertvolle und nutzlose Dinge.

Tiere sammeln nichts außer Nahrungsvorräten. Selbst unsere nächsten Verwandten, die Menschenaffen, frönen dieser Leidenschaft nicht und haben viel mehr Zeit als wir. Evolutionsbiologen gehen davon aus, dass das Sammeln eine Jahrmillionen lange Anpassung an die menschlichen Lebensumstände war. Zum einen sammelte der Mensch damit Nahrung und legte sich in weiser Vorausschau Vorräte an. Damit wurde er vom Jäger auch zum Sammler. Zum anderen ermöglichte ihm das Sammeln von Gegenständen, Beobachtungen und Erkenntnissen – Daten, wie wir heute sagen würden –, wichtige Rückschlüsse auf seine Umgebung zu ziehen. Ohne die Fähigkeit und Bereitschaft, Daten zu sammeln, aufzubereiten, auszuwerten und zu bewahren, wären alle Kenntnisse und Errungenschaften der Menschheit nur zufällig entstanden und rasch wieder verloren gegangen, sagt der Evolutionsbiologe Professor Josef Reichholf. Wir stünden nicht da, wo wir heute sind.

Unser Gehirn entwickelt und strukturiert sich auch über das Sammeln von Daten. Wie ein Schwamm saugt es alles auf, was die Sinne ihm vermitteln. Diesen Datenstrom ordnet es und zieht daraus Erkenntnisse. Das Brauchbare und Überlebenswichtige wird vom Schrott getrennt. Da ist unser Gehirn normalerweise gnadenlos, denn von allem Überflüssigen fühlt es sich bedroht. So lernen wir schon in der Kindheit über den Sammeltrieb eine gewisse Systematik und entwickeln die Fähigkeit, auszuwählen und zu beurteilen. Reichholf: Das Gehirn ordnet die Vielfalt, stellt Unterschiede und Übereinstimmungen fest, bildet Hierarchien und Klassen. Die Sammlung ist kein Tohuwabohu, sondern Ordnung, die wächst und gedeiht. Sie trainiert die Speicherkapazitäten des Gehirns, schafft spezielle Kenntnisse und Erinnerungen. Von diesen können unter Umständen auch viele andere Menschen profitieren. Denn der Sammelleidenschaft mancher erwachsener Zeitgenossen haben wir großartige Dinge zu verdanken, das beweisen jedes Museum und jede Kunstausstellung. Sammeln ist auch ein Medium der Bildung. Für diese Menschen bedeutet Sammeln Glück und Zufriedenheit, dem oft ein großer Einsatz an Zeit und Geld gegenüber steht.

Die Züricher Psychologie-Professorin Brigitte Boothe sieht bei Lustsammlern auch einen Zugewinn:

1. Wer sammelt, wird auf einfache Weise reich, denn er kann etwas sein Eigen nennen. Das kann durchaus Befriedigung verschaffen.
2. Wer den richtigen Riecher hat und etwas sammelt, was vielleicht plötzlich auch allgemein als wertvoll angesehen wird, erwirbt sich Ansehen und eine Art Berühmtheit.
3. Mit dem Sammeln erwerben sich die meisten Sammler

auch profunde Kenntnisse über das Objekt ihrer Begierde. Man fragt sie um Rat und bittet sie um ihre Expertisen. Das gibt ihnen ein Gefühl von Wichtigkeit und Macht.

Aus Sammeln kann sich jedoch auch eine psychische Zwangsstörung entwickeln. Das unkontrollierte Ansammeln von beliebigen Gegenständen hat in den USA schon einen Namen – es wird »Hoarding«, zu Deutsch »Horten«, genannt. Horten bedeutet im psychotherapeutischen Sinn die zwanghafte Haltung, sich von nichts trennen zu können. Das gipfelt in der Krankheit der »Messies«, die gar nichts wegwerfen können und sich auch mit Abfall und Exkrementen zumüllen.

Das betrifft sicher die wenigsten von uns. Dennoch haben die meisten von uns irgendeine mehr oder weniger geheime Sammlung. Seien es die alten Steiff-Tiere, Liebesbriefe oder alte Puppen. Nicht wenige haben da ihr kleines Kitsch-Geheimnis. Manch eine wird dennoch Opfer ihrer Sammlungen, zu denen sich meist noch eine Vielzahl von wohlgemeinten Geschenken gesellt. Nicht selten werden wir auch von Freunden in so eine Sammlung »hineingeschenkt«. Da wir den Schenkern nicht weh tun wollen, heben wir halt alles auf, etwa Katzen, Eulen, Elefanten, Krokodile in allen Varianten, und lösen damit weitere Schenkungslawinen aus. Sammlungen brauchen Platz, manche verschlingen Geld, alle wollen gepflegt werden und stehlen Zeit. Das Problem liegt meist einfach darin, dass wir uns nicht entscheiden können, was wir mit den Dingen machen sollen, welche wir behalten wollen und welche fort müssen. Und wie wir das den edlen Spendern beibringen wollen. Da hilft nur eines: ein offenes Wort.

Schaffen Sie sich Platz für etwas Neues und lassen Sie sich nicht begrenzen, etwa in dem Sie ein schlechtes Gewissen entwickeln. Sagen Sie den anderen einfach, dass Ihre Sammlerzeit nun zu Ende ist und Sie mehr Raum und Klarheit um sich brauchen. Und es hält Sie auch niemand davon ab, einige besonders schöne Stücke aus Ihrer Sammlung zu behalten und den Rest der Mülltonne zu überantworten. Vielleicht finden Sie ja auch jemanden, dem Sie mit Ihren Stücken eine Freude machen können.

Müll behindert Sie auch geistig

Unser Zuhause ist der äußere Ausdruck dessen, was in unserem Inneren vorgeht. Wer äußerlich im Chaos lebt, ist auch innerlich nicht geordnet. Dabei geht viel Lebensenergie verloren. Viele Frauen sagen, dass ihnen die Zeit zum Aufräumen fehlt. Das mag angesichts der vielfältigen Anforderungen sogar stimmen. Doch wenn Sie sich einmal dazu durchringen, auch in Ihrem Umfeld Ordnung zu machen, wird Ihnen rasch klar werden, wieviel Zeit und Nerverei Sie dadurch sparen, denn Gerümpel erhöht Ihren Putzaufwand und setzt Sie damit unnötig unter Druck. Das kann zu einer endlosen Spirale werden, an deren Ende Sie vielleicht niemanden mehr in Ihre Wohnung lassen möchten, einfach weil Sie es nicht schaffen, sich zu befreien, und weil der Müll immer mehr zustaubt. Zudem sorgt Unordnung dafür, dass Sie ständig etwas suchen, was Ihnen wiederum die Zeit stiehlt. Nimmt das Gerümpel – insbesondere im Keller und auf dem Dachboden – ein gewisses Ausmaß an, kann es feucht werden und schimmeln oder durch seine leichte Entzündbarkeit zur Brandgefahr werden. Am Ende können Luft und Energie nicht mehr frei zirkulieren.

Wenn der Platz, der Ihnen zum Leben zur Verfügung steht, mit allem Möglichen vollgestopft ist, fehlt Ihnen überdies auch der Raum zum Denken. Ihre Gedanken kreisen ständig um das Vergangene und finden keinen Ausgang für Neues. Das gilt besonders für Zeitschriftenstapel und Bücherberge. Bei manchen Zeitgenossen fungiert »das kreative Chaos« auch als Statussymbol, um das

Ausmaß des Wissens und der Intellektualität zu doku-
mentieren. Oft handelt es sich dabei um Wissen, das im
Augenblick nicht gebraucht wird oder nicht mehr weiter
hilft. Eigentlich hat man es auch im Kopf abgespeichert,
doch man traut dem Wissen nicht und hebt die Krücken
auf, in denen man im Bedarfsfall (vielleicht in hundertfünfzig Jahren) »schnell noch mal nachschlagen« kann.
Das behindert neue Ideen.

Um in einen neuen Denkraum aufzubrechen, müssen
wir erst einmal mit dem Vergangenen abschließen. Wenn
Sie beginnen auszumisten, werden Sie wahrscheinlich erstaunt feststellen, dass Sie das beflügelt und Sie nun Lust
haben, Dinge in Angriff zu nehmen, die Sie schon lange
vor sich hergeschoben haben.

Wenn etwas neu in Ihr Leben tritt, sollten Sie in der
Lage sein, das Alte loszulassen, um das Neue genießen zu
können. Viele Menschen halten am Alten fest, weil sie
Angst vor dem Loslassen haben. Sie haben Angst, einen
Fehler zu machen, Angst, etwas Weggeworfenes zu ver-
missen, Angst, etwas von sich preiszugeben. Alles, was Sie
umgibt, beschäftigt Sie in irgendeiner Weise. Die britische
Feng Shui-Beraterin Karen Kingston bringt es auf diesen
Nenner:»Liebe und Angst können nicht im selben Raum
existieren, als halte alles, woran wir aus Angst festhalten,
uns davon ab, in unserem Leben mehr zu leben.«

In den Generationen vor uns frönten »gute Hausfrau-
en« noch der Angewohnheit des alljährlichen Frühjahrs-
putzes. Sie schrubbten die Wohnung/das Haus vom Keller
bis zum Speicher, reinigten sämtliche Ecken, zerrten die
Matratzen an die frische Luft und wendeten sie, ließen die
Bettdecken im Wind flattern, räumten die Schränke auf
und ölten sogar die Fußböden. Diese Kraftanstrengung
dauerte ungefähr eine Woche. Hinterher erstrahlte alles in
neuem Glanz und es zog ein frischer Frühlingsduft durch
die Wohnung. Da wir heute so viele hilfreiche Hausgeräte
haben, die uns schneller mal den »kleinen Putz« ermögli-

chen, haben wir dieses große Reinemachen, dieses ent-
rümpelte und blitzblanke In-den-Frühling-Starten aus
den Augen verloren. Wollen wir uns nicht wieder darauf
besinnen? Dafür lohnt es sich sogar, Urlaub zu nehmen,
denn letztlich gewinnen wir damit Zeit und Lebensqualität. Und dieses Gefühl nach den »Großkampftagen« ist
unvergleichlich.

Wählen Sie die Taktik der kleinen Schritte!

Wenn Sie entschlossen sind, Ihr Umfeld klarer zu gestalten, so sollten Sie sich vor allem nicht alles auf einmal
vornehmen – es sei denn, Sie haben Lust auf einen richtigen Frühjahrsputz. Machen Sie sich ein Liste der Dinge,
die Sie aufräumen wollen, und unterteilen Sie sie in kleine
Häppchen. Setzen Sie sich einen großzügigen zeitlichen
Rahmen, denn hier geht es ja nicht um eine Zwangsar-
beit, sondern um etwas, was Sie mit Freude für sich selbst
tun. Wenn Ihnen vielleicht auch der Anfang schwer fällt,
es geht mit der Zeit immer schneller, denn nichts ist so
motivierend wie das Gefühl, etwas geschafft zu haben.

Wovon Sie sich befreien sollten, sind die Dinge,

- die Ihnen nicht gut tun,
- die Sie nicht schön finden,
- die Sie nicht lieben,
- die eine schlechte Ausstrahlung haben,
- die von Menschen sind, die Ihnen nicht wohl gesonnen
  sind,
- die Sie nicht brauchen,
- die sich nicht organisieren lassen,
- von denen Sie zuviel haben,
- die nicht mehr funktionieren,
- die Sie schon lange nicht zu Ende gebracht haben,
- die sinnlose Geschenke waren.

Folgende Überlegungen können Ihre Entscheidung beschleunigen:

- Was benutze ich regelmäßig?
- Welche Dinge sind wirklich nützlich und notwendig?
- Was ist überflüssiger Schrott?
- Was benutze ich nur selten, was überhaupt nicht?
- Welche Dinge besitzen für mich einen unersetzbaren Erinnerungswert – etwa weil sie von meinen Großeltern oder Eltern stammen oder weil sie von (immateriell) unersetzbarem Wert sind?

So finden Sie einen Einstieg ins Entrümpeln:

- Fangen Sie mit kleinen Schritten an.
- Die wichtigste Regel lautet: Bei allem, was Sie tun, sollten Sie sich wohl fühlen. Nur dann können Sie positive Energien freisetzen.
- Sie sollten die Intention spüren, wirklich etwas verändern zu wollen.
- Schaffen Sie sich drei Ordnungskategorien: 1. Das fliegt sofort raus. Ab in den Müllsack. 2. Da bin ich mir noch nicht ganz sicher – das kommt in einen Pappkarton mit der Aufschrift »Zwischenlager«. 3. Das möchte ich behalten. Diese Dinge sollten Sie reinigen und ihnen dann eine schlüssige Ordnung angedeihen lassen. Das Endergebnis darf ruhig hübsch anzusehen sein.
- Beginnen Sie nicht mit allen Räumen gleichzeitig, sondern nur mit einem. Je nachdem, was an Zeit und Raum Ihnen zur Verfügung steht, können Sie auch nur mit einem Schrankfach oder einer Schublade anfangen. Die sollten Sie jedoch als Erstes komplett leer machen.
- Beginnen Sie unbedingt mit Saubermachen. Das ist Grundlage für effektives Entrümpeln. Damit schenken Sie den Dingen, die Sie wegwerfen wollen, ein letztes Adieu, den Dingen, die Sie behalten wollen, hauchen Sie damit Leben ein.

- Experimentieren Sie, was Ihnen gefällt. Lassen Sie die Dinge auf sich wirken.
- Haben Sie Geduld zu schauen, wie sich die Dinge und Ihre Gefühle entwickeln.
- Vertrauen Sie auf Ihre Intuition.
- Lassen Sie sich von anderen kein Gerümpel andrehen.
- Wenn ein Lebensabschnitt zu Ende geht, trennen Sie sich auch von den Dingen, die zu ihm gehörten.
- Prüfen Sie einzeln nach, ob Sie wirklich alles noch brauchen. Fangen Sie dabei lieber klein an und trennen Sie sich von einzelnen Sachen, sonst geben Sie schnell überwältigt auf.
- Wenn Sie Probleme mit dem Wegwerfen haben, nehmen Sie sich vor, sich jeden Tag von etwas zu trennen.
- Bleiben Sie hartnäckig: Bewerten Sie jeden Gegenstand, jedes Kleidungsstück nach dem Wert, den es für Sie noch besitzt. Wenn es wertlos ist und Sie es nicht mehr benutzen, entsorgen Sie es. Wenn Sie sich noch nicht entscheiden können, richten Sie – wie gesagt – eine Art Zwischenlager ein. Hier lassen Sie die Sachen einige Zeit liegen. Dann überprüfen Sie noch einmal, ob Sie die Dinge vermisst haben. Wenn nicht: Weg damit!
- Lassen Sie sich nicht ablenken: Lesen Sie nicht jede Zeitung, nicht jeden Brief, schon gar nicht jedes Buch vor dem Wegwerfen. Ganz gefährlich, weil unter Umständen depressionserzeugend: Probieren Sie um Himmels willen keine alten Kleidungsstücke an – nicht nur, weil Sie sonst mit dem Aufräumen nie fertig werden, Sie könnten auch nicht mehr hineinpassen!
- Wenn Sie in einer Zeitschrift etwas interessiert, schneiden Sie es heraus oder kopieren Sie es, anstatt die ganze Zeitschrift zu archivieren.
- Werfen Sie alles, was Sie länger als ein Jahr nicht gebraucht oder angesehen haben, weg.
- Füllen Sie den frei gewordenen Platz nicht gleich wieder auf.

- Ihr übergeordnetes Prinzip sollte werden, für jedes neu angeschaffte Teil ein altes wegzuwerfen. So halten Sie wenigstens den Bestand konstant.
- Eine eherne Regel sollten Sie beherzigen: In keinem Ihrer Zimmer sollte etwas auf dem Fußboden herumliegen. Und: Kein Gerümpel in Nischen und auf Fensterbänken.

Ungünstige Energieströme bringen Ihre Harmonie durcheinander

Auch ungünstige Energieströme können Ihr Umfeld stören. Davon geht jedenfalls die alte chinesische Harmonielehre des Feng Shui aus. Mit ihren Methoden können Sie den freien Fluss Ihrer Lebensenergie »Chi« auch in Ihrer Wohnung, Ihrem Haus, Ihrem Büro und Ihrem Garten fördern. Das Grundprinzip dieser Weisheit: Alles, was uns umgibt, ist zwei einander entgegenwirkenden Naturkräften unterworfen. Yin steht für weiblich, kühl und das Wasser, Yang für männlich, warm und das Feuer. Wo alles in Ordnung ist, sind diese Kräfte ausgewogen miteinander verwoben. Sie befinden sich in ständiger Veränderung, ergänzen sich, fließen miteinander, zyklisch und harmonisch in uns selbst, unseren Partnerschaften, unseren Familien, unseren Behausungen und unserem beruflichen Umfeld. Wo diese Harmonie gestört ist, drohen Unwohlsein, Krankheit und ungute Gefühle.

Im Prinzip ist uns das Feng Shui gar nicht so fremd. In allen Kulturen – bei den alten Griechen, den Ägyptern, den Römern, den Kelten und den Indianern etwa – gab es ähnliche Erkenntnisse. Der griechische Arzt Hippokrates, auf den sich auch unsere heutige Medizin begründet, empfahl bereits um 400 vor Christus den Bau von Wohnhäusern an Osthängen, damit die Bewohner am milden Morgenlicht genesen könnten. Die Römer glaubten an den harmonischen Fluss der Körpersäfte.

Die meisten Menschen glauben heute nicht mehr an die Existenz von Energieströmen zwischen Körper und Umfeld, beziehungsweise viele haben noch nie darüber nachgedacht. Dabei spüren wir sie eigentlich täglich, ohne uns dessen bewusst zu sein. Denken Sie nur einmal daran, wie es ist, wenn Sie einen unbekannten Raum betreten. Sie spüren doch meist sofort, ob Ihnen die Atmosphäre angenehm oder unangenehm ist. Und wie oft haben Sie schon gesagt: »Da habe ich mich nicht wohl gefühlt – auch wenn ich nicht erklären kann, warum!« Oder haben Sie schon einmal in einer Wohnung gelebt, aus der Sie nach kurzer Zeit wieder ausgezogen sind, weil Ihnen so »komisch«, so »unheimlich« war? Umgekehrt ist es Ihnen doch sicher auch schon passiert, dass Sie an einen Ort kamen, an dem Sie einfach spontan glücklich waren, ohne dass es erklärbare Gründe dafür gab. Das hat ganz sicher etwas mit positiven und negativen Energien zu tun.

Die Chinesen verfügen über einige Techniken, um das Chi zum Fließen und Yin und Yang in Einklang zu bringen. Etliche davon sind Ihnen bereits geläufig: In der Medizin sollen Akupunktur und Akupressur die Blockaden auf den Meridianen beseitigen und den Energiefluss anregen. Tai Chi oder Qi Gong fördern Gesundheit und geistiges Wachstum, indem sie Atmung und Bewegungsabläufe synchronisieren. Feng Shui bringt über das Äußere auch Ihr Inneres wieder in Harmonie: Wenn Sie äußerlich etwas ändern, wirken die Kräfte auch nach innen und umgekehrt. Die neue Balance werden Sie nicht sofort merken, sondern nur ganz allmählich und auch nur, wenn Sie dafür offen sind. Feng Shui will Sie vor allem inspirieren, Ihre eigene Kreativität anzuregen, um sie für die Harmonisierung Ihres Umfeldes und Ihres Lebens zu nutzen.

Nur ein Beispiel: Für eine ausgeglichene Partnerschaft ist vor allem die sinnliche Gestaltung des Schlafzimmers von großer Bedeutung. Negative Energien im Zimmer können die Liebe und natürlich auch den gesunden Nachtschlaf stören. Mit wenigen Maßnahmen stellen Sie hier wieder ein spannungsfreies Klima her:

- Ihr Schlafzimmer sollte möglichst zur ruhigen Hausseite hin liegen.
- Am schönsten sind Schlafplätze in oberen Geschossen, weil Sie hier das Gefühl von Abgehobenheit erlangen können.
- Wenn Sie Platz genug haben, verbannen Sie Schränke aus Ihrem Schlafzimmer. Sie sind meist sehr dominant und wirken im Gegensatz zum Bett bedrohlich. Wenn sie im Raum bleiben müssen, stellen Sie erst das Bett an die schönste Stelle, dann die Schränke. Vielleicht können Sie sie mit hellen Pastellfarben oder schönen Stoffen etwas harmonischer einpassen. Auf keinen Fall sollten die Schränke bestimmen, wo das Bett zu stehen kommt.
- Das Bett steht am besten mit dem Rücken an einer Wand ohne Tür und Fenster. Im Sinn des Feng Shui ist es ungünstig, wenn das Bett zwischen einem Fenster und der Tür steht.
- Schreibtisch oder Computer sind eigentlich Tabu im Schlafzimmer. Wenn es aus Platzgründen nicht anders geht, schirmen Sie den Arbeitsplatz in irgendeiner Weise ab – etwa mit einem Paravent.
- Auf alle Fälle gilt: Kein Fernsehgerät im Schlafzimmer!
- Sorgen Sie auch dafür, dass sich auf den Schränken, in den Bettschubladen und Kommoden kein Müll mehr befindet.
- Grelle Lichtquellen sollten Sie entfernen, keinesfalls sollte eine Lampe über dem Bett hängen. Das Licht sollte dezent und warm sein, die Nachttischlampen sollten direkt das beleuchten, was Sie lesen wollen.
- »Erlaubt« sind Kerzen, Windlichter, schöne Düfte und leise Musik.

So lässt sich der Energiefluss in Ihrer Wohnung
in harmonische Bahnen bringen:

● Aufräumen: Entfernen Sie überflüssige Dinge aus Ihrer Wohnung, entrümpeln Sie überfüllte Regale, lange abgelagerte Zeitschriftenstapel, vollgestopfte Kleiderschränke. Sie alle behindern den Energiefluss und versperren den Weg für Neues. Sorgen Sie für Klarheit und Ordnung, das wird sich auch auf Ihr Leben übertragen.
● Putzen: Auch wenn Sie eine Putzfrau haben, sollten Sie jetzt selbst Hand anlegen und Ihre Wohnung vom Keller bis zum Speicher reinigen. Damit starten Sie einen Bewusstseinsprozess, der auch Ihr persönliches Profil klarer werden lässt, und reinigen zudem Ihr Inneres.
● Schlechte Energie entfernen: Das Feng Shui geht davon aus, dass alles, was in unseren Räumen an Negativem passiert, dort in Möbeln, Gegenständen und Zimmerwänden gespeichert wird und uns stört oder gar krank macht. Diese unsichtbaren Energien lassen Räume müde wirken, insgesamt verschlechtert sich die Stimmung. Spezielle Räucherungen, Räucherkerzen, Düfte von Aromaölen und Visualisierungen befreien von den anhaftenden Energien. Dazu eignet sich beispielsweise eine Räucherung mit getrocknetem Salbei. Sie können beim Putzen auch etwas Rosenwasser in das letzte Reinigungswasser hineinmischen. Damit wischen Sie Böden, Bilder, Möbel und vielleicht auch die Wände ab, um die negativen Energien zu entfernen.

So ist es bei uns
Wir haben versucht, unsere Räume konsequent zu entmüllen. Nicht in allen ist uns das gleich gut gelungen. Begonnen haben wir mit den Wohnzimmern. Das war vergleichsweise einfach. In den Schlafzimmern gab es auch nicht viel zu tun. Da wurden nur die Betten so gestellt, dass uns morgens die Sonne anlacht und dass nachts keine Straßen-

aterne darauf scheint. Außerdem haben wir versucht zu erspüren, an welcher Stelle der positivste Energiefluss zu vermerken war. Dahin gehört das Bett.

Im Bad wurde auch »tabula rasa« gemacht: Alte Handtücher wurden weggeworfen, überflüssige Kosmetika in den Müll entsorgt. Wir brauchen nicht 20 Lippenstifte und zehn Jahrgänge Sonnenmilch, Pröbchen haben jetzt Hausverbot und im Badezimmer kann man endlich das Fenster wieder öffnen, weil die Fensterbank ganz leer ist.

Schwieriger wurde es dann schon mit den Kleiderschränken. Wenn Sie beispielsweise besonders lange nicht ausgemüllt haben, müssen Sie sich vielleicht auch von der Frau verabschieden, die Sie einmal waren. Wahrscheinlich passen manche Kleidungstücke nicht mehr in diese Welt, manchmal aber nicht mehr zur neuen Figur, die selten schlanker ist als die alte. Manche sind mit besonderen Erinnerungen verbunden. Eine Idee, die Ihnen vielleicht helfen kann: Machen Sie von all Ihren alten Lieblingssachen ein schönes Foto, bevor Sie sie wegwerfen. Feiern Sie mit ihnen noch ein Wochenende, an dem Sie sich von den Kleidungsstücken noch einmal ihre Geschichte erzählen lassen (die ja auch die Ihre ist). Vielleicht schreiben Sie sie auf und basteln aus Fotos und Geschichten eine Erinnerungs-Collage.

Ein Problem war der Schreibtisch beziehungsweise das Arbeitszimmer. Da wir in einem Beruf arbeiten, der mit viel Lesen und dem Sammeln von Informationen zu tun hat, ist die Gefahr groß, in Papierbergen zu versinken und zum Schluchtengrummler zu werden, der in einer kleinen freigeschlagenen Schneise seine Arbeiten verrichtet. Unsere große Befürchtung: Alles, was wir heute wegwerfen, könnte morgen zum Thema werden. Nachdem wir uns klar gemacht hatten, dass Informationen rasch veralten und sich die wichtigsten auch wieder beschaffen lassen, haben wir beherzt nach dem Motto »Weg mit den Alpen, freie Sicht auf das Mittelmeer« die Zimmer durchpflügt.

Die 10 Clear-Your-Life-Regeln für ein klares Umfeld

1.
Lernen Sie sich zu trennen!

Das ganze Leben besteht aus Werden und Vergehen. Wir können nichts festhalten. Das gilt auch für den Umgang mit unseren materiellen Dingen. Besser lernen wir rechtzeitig, Trennungen in unser Leben zu integrieren. Ob Sie es glauben oder nicht: Das macht uns am Ende sogar reicher!

2.
Auch ohne Sammlerstücke sind Sie wer!

Manch eine Frau glaubt, dass eine Marotte, wie die Sammlung kitschiger Puppen, ihren Wert steigert und sie für andere interessanter macht. Das stimmt nicht. Den anderen ist das meist nur lästig oder sie amüsieren sich darüber. Weg mit den Staubfängern. Seien Sie sie selbst! Das ist schon toll genug.

3.
Was brauchen Sie zum Glücklichsein?

Wenn wir uns in unseren Häusern umschauen, sieht es so aus, als bräuchten wir ganz viel, um uns wohl zu fühlen. Bei genauerem Besehen sind es jedoch ganz wenige Dinge, die uns wirklich glücklich machen. Ziehen Sie einmal schonungslos Bilanz.

4.
Werfen Sie weg, was Sie nicht mehr brauchen!

Wenn Sie sich mit Ihren wirklichen Wünschen und Bedürfnissen auseinander gesetzt haben, sollten Sie sich beherzt von allem trennen, was nicht dazu passt. Überflüssiges hemmt Ihren Energiefluss und hält Sie vom klaren Blick in die Zukunft ab.

5.
Ihr Wissen steckt in Ihrem Kopf!

Für Bücherratten, Lesemäuse und Studierte ist es besonders wichtig zu verstehen, dass man Gelesenes und Gelerntes nicht unbedingt aufheben muss. Alles, was wir begriffen haben, steckt in unserem Kopf – auch wenn es uns nicht bewusst ist und das Wissen nicht immer sofort abrufbar ist. Doch wir haben gelernt zu lernen. Deshalb brauchen wir nicht alles, was wir gelesen haben. Weg damit: Gelesenes ist Gewesenes.

6
Entrümpeln Sie das Haus vom Keller bis zum Speicher!

Wenn Sie Ihr Leben aufräumen wollen, unterziehen Sie Ihr gesamtes Umfeld einer eingehenden Prüfung und werfen Sie weg, was Sie nicht brauchen. Machen Sie sich dabei klar, dass es sich nur um materielle Dinge handelt. Abschiednehmen ist in Ordnung, Traurigsein nicht.

7.
Ausmisten gehört zu jedem Neuanfang!

All das, was unser Umfeld verstopft, hindert uns daran, neue Ideen zu entwickeln und etwas Neues anzufangen. Gerümpel sendet negative Energien aus und fesselt unser Hirn. Wer nicht ausmistet, kann nicht klar denken.

8.
Gönnen Sie »Haus und Hof« öfter einen Frühjahrsputz!

Nehmen Sie die alte Sitte wieder auf, einmal im Jahr alles gründlich sauber zu machen und aufzuräumen. Dabei entrümpeln Sie nicht nur automatisch, Sie reinigen auch das Haus von Staub und Energiemüll und pflegen gleichzeitig die Dinge liebevoll, die Sie brauchen und behalten wollen. So haben Sie länger Freude daran.

9.
Putzen Sie (ab und an) selbst mit Hingabe!

Viele von uns berufstätigen Frauen lassen sich von anderen Frauen beim Putzen helfen – sofern das finanziell machbar ist. Ab und zu sollten sie dennoch selber putzen. Wenn Sie das mit Liebe und Hingabe machen, werden Sie merken, dass es keine Strafe ist, sondern auch ein innerer Reinigungsprozess, bei dem Sie sich intensiv mit Ihrem Umfeld auseinandersetzen.

10.
Finden Sie einen richtigen Platz für alles.

Wenn Sie Ihre Umgebung entrümpelt haben, geben Sie den verbliebenen Sachen schöne Plätze und neue Ordnungen. Am Ende soll alles nicht nur aufgeräumt sein, sondern auch schön aussehen. Sie können Ihre Schätze dann auch richtig feiern und sie genießen. Sie werden merken, dass Sie am Ende beispielsweise manchmal mehrmals am Tag in einen frisch aufgeräumten Schrank schauen, einfach, weil es so schön aussieht.

7. Weg

Die eigene Quelle der Zeit finden!

Clear-Your-Life-Test:
Wie klar ist Ihr Verhältnis zur Zeit?

☐ Sie haben Ihre Armbanduhr vergessen: Macht Sie das nervös?

☐ Kommen Sie auch gut mal ohne Uhr über die Runden?

☐ Sehen Sie tagsüber häufig auf die Uhr, um sich zu orientieren?

☐ Gelingt es Ihnen manchmal, die Zeit zu vergessen?

☐ Passiert es Ihnen häufiger, dass Sie gar nicht wissen, wie spät es ist, oder erstaunt darüber sind, wie spät es bereits ist?

☐ Neigen Sie dazu, schnell zu sprechen?

☐ Werden Sie schnell ungeduldig, wenn jemand etwas mehr ausholt, wenn er Ihnen etwas erzählt oder furchtbar langsam redet?

☐ Sprechen Sie selbst eher gemächlich und lassen sich dabei auch Zeit zum Nachdenken?

☐ Essen Sie gelegentlich oder öfter im Stehen? Neigen Sie dazu, das Essen herunterzuschlingen? Wenn Sie mit anderen essen, sind Sie dann meist als Erste fertig?

☐ Sind Sie eine Anhängerin der Slow-Food-Bewegung und genießen jeden Bissen, den Sie essen, richtig?

☐ Kochen Sie gern selbst und frisch?

☐ Muss es auch in der Küche bei Ihnen schnell gehen?

☐ Gehen Sie schnell und manchmal hastig? Können andere Ihnen manchmal gar nicht so schnell folgen?

☐ Wenn Sie spazieren gehen, nehmen Sie dann lieber die Abkürzungen, damit Sie schnell wieder zu Hause sind?

☐ Wie fahren Sie Auto? Verlieren Sie auch im größten Straßentrubel nicht die Nerven? Fahren Sie lieber nicht so schnell, dafür aber sicher?

☐ Neigen Sie dazu, Ihren Tagesplan bis ins Letzte durchzuplanen?

☐ Machen Sie oft viele Dinge gleichzeitig?

☐ Sind Sie eher zappelig? Macht es Sie ganz »hibbelig«, wenn Sie irgendwo warten müssen?

☐ Kommen Sie mit Wartezeiten gut klar?

☐ Wenn Sie irgendwo warten müssen, nutzen Sie die Zeit für irgendetwas anderes – zum Beispiel, um vor sich hin zu träumen?

Wenn Sie bei der Beantwortung dieser Fragen gemerkt haben, dass Sie ein eher schneller, eher zappeliger Typ sind, der stets »tausend Sachen« auf einmal macht, stehen Sie sehr wahrscheinlich unter Zeitdruck. Das bedeutet aber nicht zwangsläufig, dass Sie darunter leiden müssen. Wenn Ihr persönliches Temperament mit dem Tempo der Umwelt übereinstimmt, ist das höchstwahrscheinlich ganz in Ordnung für Sie. Erst wenn inneres und äußeres Tempo zu weit auseinander klaffen, müssen Sie einen anderen Rhythmus für sich finden. Das gilt allerdings für viele Frauen, denn ihr äußeres Tempo ist ja nicht selbst gewählt, sondern wird ihnen mehr oder weniger durch die Umstände aufgedrängt. Aus dieser Diskrepanz entsteht das Gefühl von Stress. Und das macht auf Dauer krank.

Keine Zeit zu leben

Zeit – oft wünschen wir uns, der Tag hätte 48 Stunden, damit wir all unsere Verpflichtungen erledigen können. Viele von uns rotieren von früh bis spät. Aus dem Tagesplan vieler Frauen lassen sich in aller Regel drei machen. Wir sind gestresst und träumen von mehr Zeit.

Was ist Zeit? Warum reden wir ständig davon? Und: Warum haben wir immer weniger davon? Jede zweite Bundesbürgerin klagt darüber, nicht genügend Zeit für sich zum Leben zu haben. Dennoch hatten wir noch nie so viel Freizeit wie heute. Diese Fragen beschäftigen inzwischen sogar die Wissenschaft. Ihre überraschende Erkenntnis: Uns fehlt nicht die Zeit, sondern das Gefühl dafür. Uns ist das Zeitgefühl abhanden gekommen.

Wir haben Instant-Drinks, Sekundenkleber, Fastfood, Kurzzeitprogamme in Waschmaschine und Geschirrspüler, Schnelldurchlauf beim Video, Handys, Superexpresszüge, Überschallflüge, Internet und computerisierte Arbeitsabläufe. Möglichst viel in möglichst kurzer Zeit erreichen, das ist die Devise unserer modernen Informationsgesellschaft. Doch durch den Verdichtungsprozess müssen wir immer mehr Entscheidungen in immer kürzerer Zeit treffen. Keine Spur von Muße und Besinnung mehr in dieser Beschleunigungsfalle. Wie kann unser Gehirn das verarbeiten? Was macht es mit all diesen Informationen und Anforderungen?

Die gigantische Informationsflut lässt die Zeit rasen, geht aber nicht in die Tiefe unserer Seele. Am Ende sind die Stunden weg, ohne dass sie sonderliche Spuren in unserer Erinnerung hinterlassen hätten. Damit schützt sich das Gehirn vor der totalen Überlastung.

Auf eines glauben wir uns verlassen zu können: Ein Jahr ist ein Jahr, ein Tag ein Tag und eine Minute eine Minute. Insofern ist die Zeit auch eine feste Größe, die unserem Leben eine Struktur gibt. Wir schaffen uns damit eine Ordnung im Rahmen des Vergänglichen. Körper und Seele brauchen diesen Rhythmus, denn der Mensch ist als Teil der Natur ein einzigartiges »Rhythmusgefüge«, in dem nichts stillsteht – vergleichbar mit einem riesigen Uhrenladen, in dem viele Uhrwerke gleichzeitig laufen. Im Tag- und Nachtrhythmus spielen sich unzählige Dinge in uns ab. Zu jeder Stunde sind wir ein anderer Mensch. Das Zusammenspiel dieser inneren und äußeren Rhythmen wird jedoch gestört durch das hektische Leben, in dem der Tag zur Nacht und die Nacht zum Tag gemacht wird. Unser Organismus gerät aus dem Takt, wenn wir selbst das rechte Maß für die Zeit verlieren.

Mit Sicherheit werden wir die Schnelllebigkeit nicht gänzlich abschaffen können und wollen, denn manche Dinge sind uns ja auch schon lieb geworden. Die meisten von uns können sich aber allein aus beruflichen Gründen nicht einfach ausklinken. Jedenfalls brauchen wir wieder ein anderes Bewusstsein von der Langsamkeit und den immer wiederkehrenden Rhythmen der Zeit, der Natur und des Menschen. Nutze die Zeit, denn es ist später, als du denkst, hieß es schon früher. Niemand kann Zeit auf einem Konto ansparen und bei Bedarf abheben. Zeit: Das ist jetzt.

Zeit steckt auch in Ihrem Kopf

Das Zeitempfinden wird vom Stirnlappen im vorderen Teil des Gehirns gesteuert: Dort werden für jedes Ereignis Zeitmarken eingegeben. Je mehr es sind, desto schneller rast die Zeit. Jedenfalls kommt es uns so vor.

Alles, was das Gehirn auf Trab bringt, lässt die Zeit nur so fliegen. Hauptsache, es treten viele Ereignisse ein. Im Nachhinein haben wir jedoch meist das Gefühl, die Zeit sei überhaupt nicht schnell vergangen. Die Erklärung dafür ist unser Gefühl für die Realität. Wenn Sie zum Beispiel in letzter Zeit viel erlebt haben, dann kommt es Ihnen zwar so vor, als sei Ihnen die Zeit davongerast, aber Sie sagen trotzdem: »Das Ereignis X ist ja schon so lange her!« Nicht weil unsere innere Uhr in dieser Zeit langsamer tickte, sondern weil wir nicht begreifen können, dass so viele Ereignisse tatsächlich in dieser Zeit stattgefunden haben.

Zeit ist etwas, was wir Menschen nicht fassen können. Die meisten von uns haben das Gefühl, keine Zeit zu haben. Immer mehr Menschen stehen unter Zeitdruck und haben das Gefühl, die Zeit liefe ihnen davon. Das Leben wird immer schneller und die Informationen, die auf uns einprasseln, werden immer mehr. Dabei verlieren wir nicht nur Zeit, sondern auch uns selbst aus den Augen. Wir müssen wieder ein Gefühl sowohl für unseren eigenen Rhythmus entwickeln als auch für den der Natur.

Wenn wir über Zeit reden, dann tun wir so, als würde die Zeit uns gehören und wir könnten sie dehnen und schrumpfen lassen. Wer seine Zeit im Griff hat, holt das meiste aus ihr heraus. Glauben wir. Deshalb besuchen auch immer mehr Menschen Zeitmanagement-Seminare erfahren, was es mit Time-System auf sich hat, und lernen wie man sich Prioritäten setzt. Damit mehr Zeit in unsere Zeit passt. Doch das kostet uns mehr Zeit und nimmt uns nicht das Gefühl des Gehetztseins. Zeit kann man nämlich nicht haben. Sie ist da, man muss sie nur nutzen.

Unser Zeitverständnis ist linear: Es gibt ein eindeutig definierbares Vorher und Nachher. Es gibt Vergangenheit, Gegenwart und Zukunft. Die Zeit ist die Bewegung von hier und jetzt zu gleich und nachher, den Blick stets nach vorne gerichtet. So kommt es, dass wir uns oft mehr mit der Zukunft beschäftigen als mit der Gegenwart.

Wenn Sie Ihr Zeitproblem angehen wollen, sollten Sie als Erstes aufhören, Ihre Zeit in den Griff bekommen zu wollen. Pfeifen Sie – wann irgend möglich – auf Zeitpläne. Lernen Sie, den Unterschied zwischen vollgestopfter Zeit und erfüllter Zeit zu erkennen. Zeit sinnvoll nutzen bedeutet, auch mal gar nichts zu tun. Es heißt nicht, so viel wie möglich zu tun. Alles hat seine Zeit. Es gibt eine Zeit zum Fischen und eine Zeit, um die Netze trocknen zu lassen, sagt man an der Küste. »Die Zeit ist umso kürzer, je glücklicher man ist«, erkannte bereits der Philosoph Plinius der Jüngere.

Sehnsucht nach einem verlorenen Gefühl

Immer mehr »Zeit-Rebellen« rufen zur »Entschleunigung« auf. »Slow but better!« lautet ihre Parole. Aus dieser heraus gründete sich die Slow-Food-Bewegung. Diese will dem menschlichen Rhythmus wieder mehr Geltung verschaffen gegenüber der wachsenden Schnelligkeit des volltechnisierten Informationszeitalters. Dabei zählen der Genuss, die Individualität von Menschen und Ländern sowie der Schutz der Natur. Der Überdruss am schnellen und lauten Leben, das sogar unsere natürlichen Tag- und Nachtrhythmen ignoriert, macht viele von uns ganz offenbar reif für die Insel.

Selbst der Sonntag und die Feiertage sind uns nicht mehr heilig. Die so wesentlichen und gesunden Verschnaufpausen von einst haben wir abgeschafft. Das aber kann gesundheitsbedrohlich werden, denn alles in unserem Körper und der Natur unterliegt ebenfalls einem mehr oder weniger regelmäßigen Rhythmus, den wir nicht ewig einfach wegrationalisieren können. Allein hundertfünfzig biologische, nur an den Tag- und Nachtrhythmus gekoppelte Rhythmen unseres Organismus sind inzwischen bekannt – etwa Blutdruck, Atmung, Stoffwechsel, Verdauung und Blutzuckerspiegel. Dennoch bemüht sich unsere moderne Gesellschaft, die natürlichen Rhythmen auszuschalten, und gibt sich der Illusion hin, dass der Fortschritt in der Maxime »schneller werden – besser werden« liegt. Wir glauben, dass sich unser Körper den Arbeitsbedingungen anpassen muss und nicht umgekehrt. Wir machen die Nacht zum Tag, und wenn unser Körper damit nicht klar kommt, werfen wir einfach ein paar Tabletten ein – Aufputschmittel, Schlaftabletten, Psychopharmaka oder Melatonin –, die ihn in der Spur halten sollen. Der Löwenanteil dieser medikamentösen Beeinflussungen wird von Frauen konsumiert.

Der natürliche Rhythmus gliedert unsere Zeit, er verleiht ihr eine wohltuende Gestalt. Er wird vor allem gesteuert durch Mond, Sonne und die Jahreszeiten. Die Bindung an diese natürlichen Zeitgeber sind jedoch im Rahmen der »Flexibilisierung« verloren gegangen. Wo diese aber fehlen, suchen wir Menschen nach Orientierung, denn von Natur aus sind wir nicht darauf eingerichtet, unsere Rhythmen selbst zu bestimmen. Unser Lebensrhythmus ist eingebettet in den der Natur und wird beispielsweise über unsere Zirbeldrüse vom Tages- und Nachtlicht reguliert. Die Frage, die sich stellt: Wie sehr können wir Menschen (und Tiere) uns aus diesem Rhythmus des Werdens und Vergehens ausklinken? Wieviel Abstand vertragen wir gerade noch? Wie sehr macht es uns zu schaffen, dass wir dieses fehlende Korsett kompensieren müssen? Welche Folgen hat es, dass wir unsere inneren Zeitmuster ignorieren? Werden wir eines Tages einen »Zeitinfarkt« erleiden?

Sicher scheint zu sein, dass wir auf Dauer ohne diesen regelmäßigen Rhythmus von Schlafen und Wachen, von Hunger und Sättigung, Anspannung und Entspannung nicht funktionieren können. Etliche Untersuchungen bestätigen mittlerweile, dass viele schwerwiegende Fehler und Unfälle auf Übermüdung und Erschöpfung zurückzuführen sind. Ein großer Teil der schweren Autounfälle wird dem so genannten Sekundenschlaf zur Last gelegt, in den vor allem Menschen fallen, die nicht genügend schlafen und die überlastet sind. Dass so viele Menschen unter Schlafproblemen und Depressionen leiden, ist dem Umstand der »Entrhythmisierung« zu verdanken. Auch sozial kippen wir aus den Latschen, wenn uns diese Rhythmen fehlen, weil ja plötzlich jeder einen anderen Tages- und Nachtablauf haben kann. Viele Menschen vereinsamen dadurch. Dass alle Menschen ähnliche Zeitabläufe und etwa zur gleichen Zeit frei haben, ist eine wesentliche Klammer unseres menschlichen Miteinanders.

Unser »Zeitnotstand« – so sagt der Zeitexperte Professor Karlheinz A. Geißler – ist auf diese Entrhythmisierung unserer Lebensumstände zurückzuführen. Vor der Erfindung der Uhr im 13. Jahrhundert und noch lange danach hatten die Menschen einen anderen Zeitbegriff. Sie lebten nach den Taktgebern der Natur, den Tages- und Jahreszeiten und deren untrüglichen Zeichen, und sie orientierten sich an den Aktivitäten des Alltags. Der Tagesablauf wurde von den Ereignissen bestimmt. Aus den Rhythmen hat sich die moderne Gesellschaft weitestgehend verabschiedet. Wann wir aufstehen, wann wir essen, wie lange wir arbeiten und wann wir ins Bett gehen, bestimmen nicht mehr Sonnenaufgang und Sonnenuntergang, nicht mehr Wind und Wetter, Sommer oder Winter, sondern die Uhr. Durch die Erfindung von Kunstlicht und Computern können wir »rund um die Uhr« im Einsatz sein. In unseren Bürohäusern und Einkaufsmeilen ist es uns gelungen, sämtliche äußeren Einflüsse der Natur auszuschalten. Viele neue Einrichtungen haben zum Ziel, uns die Zeit zu vertreiben, die wir doch so dringend brauchen.

Zeit ist in unserer Gesellschaft zu etwas geworden, was wir nicht haben (dürfen). Uns läuft die Zeit davon, Zeit wird uns gestohlen, Zeit wird verschlungen. Wenn wir keine festen Terminpläne haben, entwickeln wir rasch das Gefühl, unsere Zeit zu verplempern.

Zeit ohne Strukturen macht uns ganz nervös und letztlich krank. Viele Zivilisationskrankheiten sind auf dieses »aus dem Rhythmus Kommen« zurückzuführen. Wenn das natürliche Ineinanderfließen unserer Rhythmen gestört wird, sind Krankheiten unausweichlich, denn dann passen die Abläufe im Körper nicht mehr zusammen. Wenn wir uns zu weit davon entfernen, verlieren wir auch eine wichtige Quelle für Glücksgefühle. Glück besteht nämlich vor allem – sagt der Zeitforscher Professor Norbert Schneider – in der Fähigkeit, mit den Rhythmen zu harmonieren und mit ihnen zu schwingen.

Üben Sie sich in Ruhe!

Der Rhythmus, mit dem man mit muss – das ist nicht nur ein alter Schlagerslogan. Versuchen Sie einfach wieder, klein anzufangen:

- Fühlen Sie beim Aufwachen den Puls oder lauschen Sie Ihrem Herzschlag.

- Achten Sie im Lauf des Tages darauf, wo Sie Höhen und Tiefen spüren, wann Sie sich entspannt fühlen, wann Sie müde werden, wann Sie besonders munter sind und ob Sie sich in den verschiedenen Jahreszeiten unterschiedlich fühlen.

- Um Ihre Rhythmen besser zu spüren, sollten Sie Ihre Ernährung jahreszeitlich ausrichten. Versuchen Sie so oft wie möglich das auf den Tisch zu bringen, was gerade Saison hat. So können Sie sich wieder auf die ersten frischen heimischen Erdbeeren freuen, auf den ersten Nachtfrost-Grünkohl oder die ersten neuen Kartoffeln. Schon solche kleinen Maßnahmen binden Sie wieder ein in die Rhythmen der Natur, die uns im Blut liegen.

- Versuchen Sie, bewusst zu kochen, sich dabei zu entspannen und das Essen genüsslich zu zelebrieren.

- Versuchen Sie zu ergründen, welcher Rhythmus Ihnen am besten liegt, und verändern Sie Ihren Tagesablauf entsprechend.

- Sie haben sich etwas zuviel vorgenommen? Versuchen Sie, den Moment festzuhalten, in dem Ihnen bewusst wird, dass Sie mit Ihrer Zeit nicht pfleglich umgegangen sind. Nehmen Sie sich Zeit zum Nachdenken, warum Sie Dinge zugesagt haben, die Ihnen eigentlich zuviel sind.

- Geben Sie Ihrem Tag Orientierungsmarken, indem sie bestimmte Rituale schaffen. Läuten Sie beispielsweise bewusst den Feierabend ein, indem Sie sich zunächst richtig von Ihrer Arbeit verabschieden. Dann gehen Sie vielleicht spazieren, trinken einen Tee oder genehmigen sich eine ruhige Lesestunde.

- Nehmen Sie sich Zeit, über den Tag nachzudenken. Vielleicht möchten Sie ein Tagebuch führen, indem Sie Ihren Tagesablauf und Ihre Gedanken dazu notieren.

- Versuchen Sie möglichst immer nur eine Sache auf einmal zu tun.
- Wenn Sie einen Berg von Arbeit vor sich haben – was sich ja auch nicht immer vermeiden lässt –, zerteilen Sie ihn in kleine Häppchen. Machen Sie sich eine Liste und haken Sie ab, was Sie geschafft haben. Das verschafft Ihnen kleine Erfolgserlebnisse.
- Wenn es Ihr Problem ist, dass Sie immer zu spät kommen, stellen Sie sich alle Uhren zehn bis fünfzehn Minuten vor. Beobachten Sie, was Sie in den Minuten machen, die dafür verantwortlich sind, dass Sie zu spät kommen. Sind diese Tätigkeiten wirklich unverzichtbar? Nicht aufschiebbar? Richten Sie sich innerlich darauf ein, dass Sie eine halbe Stunde vor dem Termin da sein wollen. Genießen Sie das Gefühl, mal nicht gehetzt zu sein. Und machen Sie sich klar: Zu früh oder wenigstens rechtzeitig zu kommen, ist nicht spießig. Die echten Spießer sind die, die glauben, es sei cool, unpünktlich zu sein.
- Lernen Sie, Zeitlöcher zwischen zwei Aktivitäten zu erkennen und sie bewusst für sich zu nutzen. Es gibt mehr Zeitlöcher, als Sie denken: Wenn Sie an der Ampel stehen, wenn Sie beim Frisör sitzen, wenn Sie am Kopierer stehen oder mit der Bahn fahren, können Sie Ihre Gedanken auf die Reise schicken. Halten Sie bewusst inne.
- Tun Sie ungewöhnliche Dinge: Suchen Sie sich Möglichkeiten aus, bei denen Sie warten müssen und vor sich hin träumen können. Stellen Sie sich beispielsweise nicht in die kürzeste, sondern in die längste Schlange vor einer Kasse. Gehen Sie viel zu früh auf den Bahnhof, seien Sie beim Fliegen überpünktlich. Wirkliche Zeit ist nutzlos, sagt der Zeitforscher Geißler, sinnlos ist sie indes nicht.
- Lassen Sie Ihre freie Zeit unverplant.

Der Zeitmanagement-Experte Ralf Senftleben hat die wichtigsten Zeitfallen enttarnt:

- Die meisten Frauen haben Schwierigkeiten damit, nein zu sagen.
- Viele Frauen sind erst zufrieden, wenn alles perfekt ist.
- Etliche Frauen lassen unangenehme Dinge erst einmal liegen.
- Manche verplanen ihren Tag so, dass sie völlig unflexibel sind.
- Bei vielen wachsen die Arbeitsberge, statt zu schrumpfen.
- Manch eine lässt sich immer wieder durch andere Menschen aus dem Tritt bringen.

Medien und Multitasking – wieviel wollen Sie sich zumuten?

Multitasking ist ein neues Schlagwort unserer Tage. Es bedeutet, dass wir wie ein Computer immer mehr Dinge gleichzeitig tun: Beim Autofahren schminken wir uns und beißen nebenbei noch ins Brötchen, wir telefonieren beim Geschirrspüler-Ausräumen mit dem Liebsten und zappen uns durch 30 Fernsehprogramme, während wir E-mails versenden. Wir surfen in 90 Sekunden rund um die Welt, immer in der Angst, irgendetwas Wichtiges zu versäumen. In unserem Gehirn muss es zugehen wie in einer großen Schaltzentrale. Wir müssen uns schneller als je zuvor auf neue Situationen einstellen.

Immer mehr Menschen verbringen nicht nur beruflich, sondern auch privat ihre Zeit vor dem Computer. Für viele ist der Umgang mit den Medien zu einem Fulltimejob geworden. Nicht wenige legen inzwischen ein regelrechtes Suchtverhalten an den Tag. Auch wenn das nicht auf Sie zutrifft, so wirkt sich das dennoch auf Ihr eigenes Leben aus. So kann es beispielsweise sein, dass sich Ihr

172

Mann abends nicht vom Internet trennen kann oder Ihre Kinder – mit Computer-Spielen bestens vertraut – von Ihnen »Entertainment« im Sekundentakt verlangen.

Viele Menschen kommen damit jedoch nicht zurecht, denn unser Gehirn ist ein Fossil aus alten Tagen. Vertreter der neuen Schnelligkeit glauben zwar, dass sich die menschlichen Gehirnstrukturen schneller anpassen werden, als wir es vermuten. Dennoch scheint es sicher zu sein, dass das Gehirn nach dem alten Prinzip vorgeht: Eins nach dem anderen. Der Münchner Psychologe und Hirnforscher Ernst Pöppel ist zu dem Schluss gekommen, dass unser Gehirn mit Multitasking nicht wirklich zurecht kommt. Es ist dafür schlicht nicht gebaut. Wir können die unterschiedlichen Informationen zwar durchaus rasch verfolgen, jedoch nur oberflächlich. Wir schaffen es nicht, uns intensiv damit auseinanderzusetzen. Im Zeitfenster des Gehirns und in unserem Bewusstsein ist immer nur Platz für jeweils ein Thema. Etwas anderes wird das Gehirn auch nicht lernen, sagt er, weil es nicht beliebig formbar ist. Selbst wenn sich bei den nachfolgenden Generationen gewisse Anpassungen im Gehirn feststellen ließen, so blieben die Grundkonstanten des Denkens doch erhalten. Pöppel meint: »Auf Dauer werden wir unsere Aufmerksamkeit durch Multitasking nicht stärken – vielmehr verzetteln wir uns sprichwörtlich und schwächen unsere Konzentrationsfähigkeit. Und da Multitasking kein eigentliches ›Weltwissen‹ schafft, ist es auch für die individuelle Intelligenz- und Wissensentwicklung wenig hilfreich.«

Das gilt im übrigen auch für den Zeiträuber Fernsehen: Fachleute haben ausgerechnet, dass wir zusammengenommen zehn Jahre unseres Lebens vor der Glotze hocken, anstatt uns mit Familie, Freunden oder einem Hobby zu beschäftigen. Oder einfach mal mit Nichtstun. So ist das Medium Fernsehen zu einer unserer größten Zeitfal-

len geworden. Rasch stellt sich das Gefühl ein, immer we
niger selbst zu leben, sich immer mehr mit etwas zu be
schäftigen, das ursächlich nichts mit uns zu tun hat.

Was aber machen Menschen, die nicht fernsehen? Die
Zeitschrift »Psychologie heute« hat recherchiert: Sie ge
hen ausgiebig ihren Interessen nach, so lautet ihre Ant
wort. Sie pflegen künstlerische Interessen wie Malere
oder Fotografie, sie treiben Sport, besuchen kulturelle
Veranstaltungen, Seminare, Fortbildungen und engagie
ren sich häufig ehrenamtlich in Vereinen, sie besucher
oder bekochen Freunde. Und sie alle lesen leidenschaft
lich Bücher (was wir natürlich ganz besonders gern hö
ren). Zudem sind sie häufig noch besser informiert über
das, was in der Welt läuft, denn sie haben ja Zeit, sich aus
führlich und aktiv mit einer Zeitung zu befassen, Radio zu
hören oder ein Buch über Hintergründe zu lesen.

So ist es bei uns

Jahrelang haben wir am Sonntag dicke Extra-Zeitungen
gelesen, bis uns zwei Dinge auffielen: Da wir unter der Wo-
che aus beruflichen Gründen schon mehr als genug Tages-
zeitungen und Fachblätter lesen, erfuhren wir eigentlich
nichts Neues aus der Sonntagszeitung. Da wir sie dennoch
aus irgendeinem Pflichtgefühl heraus (was bezahlt ist,
muss auch genutzt werden) intensiv studierten, fehlten uns
am Ende des Sonntags mindestens drei bis vier Stunden
von unserer Erholungszeit. Manchmal schafften wir es
nicht einmal mehr, an die frische Luft zu gehen. Da uns
eine ausgiebige Wanderung am Sonntag für Genuss und
Gesundheit wichtiger erschien, haben wir die Zeitung –
und gleich noch eine Reihe anderer – abbestellt. Entgegen
den ersten Befürchtungen fühlen wir uns nicht weniger in-
formiert als vorher. Begeistert von dem Gefühl für die ge-
wonnene Zeit, haben wir auch den Fernsehkonsum dras-
tisch »geschrumpft«. An den meisten Tagen in der Woche
bleibt der Bildschirm schwarz. Am Sonntag sowieso – vor

174

allem abends. Dann schlafen wir nämlich besser in die neue Arbeitswoche hinein. Gelegentliches Abhängen vor dem Gerät und gemütliche Filmstunden werden dadurch zum bewussten Genuss, ja manchmal richtig zum Feiertag.

Legen Sie sich einen zeitlichen Vorgarten an: Der Münchner Zeitforscher Professor Karlheinz A. Geißler hat die Idee vom zeitlichen Vorgarten geprägt: Er meint damit kleine lieb gewordene Gewohnheiten, die wir wie den Vorgarten vor unserem Haus pflegen und genießen sollten. So wie der Vorgarten eine Art Grenze zwischen dem öffentlichen Leben und unserer kleinen privaten Welt ist, so können der Drink und der Espresso an der Bar den Feierabend von der Arbeit trennen, so trennt die Gute-Nacht-Geschichte für die Kinder den Schlaf vom Tag, die Tasse Tee den Abend vom Nachmittag, das Tischgebet das Abendessen von der Hektik des Tages, die gute Flasche Wein das Wochenende von der Arbeitswoche. Dieser Vorgarten bietet uns den bewussten Wechsel zwischen Anspannung und Besinnung, Tätigkeit und Muße. Durch ihn gewinnen wir Raum und Kraft.

Geben Sie Ihrem inneren Rhythmus eine Chance!

Die Uhr, die unseren Tag regelt, wird – wie gesagt – vom Tag- und Nachtrhythmus bestimmt – sie wird auch Bio-Uhr genannt. Wenn es hell ist, werden andere Hormone ausgeschüttet als bei Dunkelheit. Diese machen uns müde oder wach, aktivieren unseren Stoffwechsel oder fahren ihn herunter, lassen unsere Laune steigen oder dämpfen uns zur Nacht hin. Das wichtigste Hormon für unsere innere Uhr ist das Melatonin. Es kann seine Dienste am besten verrichten, wenn wir schlafen, und am allerbesten, wenn wir das vor Mitternacht tun.

So tickt Ihre Bio-Uhr:

- 4 Uhr morgens: Der Körper schaltet von Nachtruhe allmählich wieder auf Tagesleistung um. Das Stresshormon Cortisol macht ihn betriebsbereit. Das Immunsystem läuft auf Hochtouren.
- 6 Uhr: Das Cortisol »weckt« die einzelnen Zellen auf. Wer jetzt kalt duscht, verteilt es schneller, fühlt sich munterer und frischer. Die Melatonin-Ausschüttung wird gedrosselt.
- 7 Uhr: Jetzt powern die Weck-Hormone, das Aufwachsignal verstärkt sich, der Stoffwechsel läuft an und die Sexual-Hormone möchten ein Wörtchen mitreden.
- 8 Uhr: Schlechte Zeit für Raucher: Die Morgenzigarette ist besonders gefährlich.
- 10 Uhr: Ein kreatives Hoch bahnt sich an. Jetzt ist Zeit für Höchstleistungen.
- 12 Uhr: Der Säurespiegel des Magens steigt an: Hunger!!! Die Leistungsbereitschaft lässt nach.
- 13 Uhr: Mittagsflaute, Zeit für eine Siesta, auf jeden Fall für eine kurze Entspannungspause. Die Energie geht für die Verdauung drauf.
- 14 Uhr: Die beste Zeit, um zum Zahnarzt zu gehen: Das Schmerzempfinden ist gering und die Betäubungsspritzen wirken länger. Das Langzeitgedächtnis ist jetzt topfit.
- 16 Uhr: Ein Leistungshoch naht, Blutdruck und Kreislauf sind in Hochform. Beste Zeit für Ausdauersport.
- 17 Uhr: Alle Sinne sind besonders munter. Sauna wirkt nun am besten.
- 19 Uhr: Der Geschmackssinn verfeinert sich, Alkohol wird jetzt am besten abgebaut, Zeit zum sinnlichen Genießen.
- 21 Uhr: Der Verdauungstrakt läutet nun seine Ruhepause ein. Die Entspannungsphase wird eingeleitet. Die Melatoninausschüttung steigt, ebenso die Schlummerbereitschaft.

- 22 Uhr: Ab jetzt kann der Körper Gifte schlechter abbauen.
- 23 Uhr: Der körperinterne Reparaturmechanismus läuft an. Die Zellen teilen sich schneller und es wird Jagd auf Zellschädlinge gemacht, die so genannten Freien Radikalen, die unter anderem für die Hautalterung verantwortlich sind.
- 24 Uhr: Schlaf macht jetzt besonders schön. Es wird das Wachstumshormon ausgeschüttet, das für die Jungerhaltung und Schönheit verantwortlich ist. Das Power-Hormon Melatonin wird in den Körper geschickt. Der Stoffwechsel ist gedrosselt und die erste Traumphase beginnt.

Der beste Weg, das Zeitgefühl zu trainieren, ist absolute Stille. Hier eine kleine Einstimmungsübung:

Schließen Sie die Augen und schütteln Sie die Schultern aus. Atmen Sie einmal tief aus und stellen Sie sich dabei eine sanft sprudelnde Wasserquelle vor. Wer das Glück hat, in der Nähe eines Gewässers zu leben, oder wer im Garten einen Brunnen hat, sollte sich dorthin begeben und dem Plätschern lauschen. Innere Unruhe und belastende Gedanken werden von dieser Quelle angezogen, sammeln sich dort und versickern allmählich im Boden. Während das Wasser Ihre Sorgen und Ihre Unruhe aufnimmt, atmen Sie tief und ruhig. Wer sich täglich für eine Weile in diese Oase begibt, wird bald eine Veränderung in seinem Zeitgefühl feststellen und spüren, wie in den Körper eine tiefere Ruhe einkehrt. Beim Lauschen auf das Plätschern des Wassers ordnen sich die Gedanken, die Muskeln entspannen sich, Stresshormone werden ab- und neue Reserven aufgebaut. Sie können sich auch vorstellen, dass Sie an einem schönen ruhigen Fluss Platz nehmen. Er nimmt Ihre Sorgen und Unruhe auf und trägt sie mit seiner Strömung davon. Alles ist im Fluss, und Sie fließen mit.

Absage an die ständige Erreichbarkeit

Nicht erreichbar zu sein, ist eines der größten Abenteuer unseres Informationszeitalters und nur etwas für ganz Wagemutige. Die meisten von uns sind mit mehreren Telefonanschlüssen ausgerüstet, mit Anrufbeantwortern und Faxgeräten bestückt, mit Handys bewehrt, mit Internet versehen und global vernetzt. Rund um die Uhr können wir miteinander kommunizieren und sind auch nirgendwo mehr voreinander sicher. Wir setzen uns mit der ständigen Erreichbarkeit gegenseitig unter Druck. Wer dieses ganze Equipment nicht hat, gilt als Landpomeranze.

Die modernen Kommunikationsmittel sind unsere größten Zeiträuber und Nervensägen. Allerdings haben wir ihren Einsatz auch selbst in der Hand. Zwar sind alle für sich gesehen unter bestimmten Umständen nützlich, jedoch ihr Dauereinsatz ist für uns schädlich. Zumal sich die Kommunikation dadurch nicht wirklich verbessert. Sie wird oft ihres Inhalts beraubt und auf kleine Sprachschnipsel oder unwichtiges Geplänkel beschränkt. Der größte Schwachsinn rauscht hier durch die Leitungen. Die Kommunikation wird belang- und wahlloser. Dies befördert die allgemeine Sprachlosigkeit und Oberflächlichkeit unserer Gesellschaft. Die Menschen verlernen dadurch, dass auch Alleinsein oder Distanz zu anderen Menschen ausgehalten werden muss und gelegentlich heilsam sein kann. Gefühle wie Sehnsucht nach dem Liebsten oder den Kindern sind vom Aussterben bedroht.

Die wirklich wichtigen Menschen dieser Welt telefonieren nicht in der Öffentlichkeit und haben ihren Tag meist auch so gut organisiert, dass sie das gar nicht nötig haben. Der Zwang zum »On-sein« nimmt allgemein jedoch stetig zu.

Schalten Sie ruhig öfter mal auf stur: Sie müssen nicht ständig erreichbar sein. Sie versäumen nicht wirklich etwas – außer sich selbst. Wer etwas von Ihnen will, wird es wieder probieren, das tun Sie doch schließlich auch. Und alles andere ist unwichtig. Lassen Sie den Anrufbeantworter irgendwo laufen, wo sie ihn nicht hören, oder schalten Sie sämtliche Geräte aus. Machen Sie mit den Leuten, mit denen Sie sprechen müssen, bestimmte Zeiten aus, zu denen Sie erreichbar sind. Abends mit Mann und Familie sollten Sie sich Ruhestunden gönnen. Jedes unerwartete Klingeln lässt nämlich Stresshormone ins Blut schießen. Das ist Ihrer Gesundheit und Lebensqualität abträglich.

So ist es bei uns

Wir haben die Erfahrung gemacht, dass gerade Frauen häufig das Gefühl vermittelt wird, sie müssten jederzeit erreichbar sein. Egal, ob sie berufstätig sind, ein Baby stillen, in einer wichtigen Konferenz sitzen oder eine pflegebedürftige Person im Haus haben: Läuft bei ihrem Telefon nur der Anrufbeantworter oder die Mailbox, schwingt beim Anrufer rasch der beleidigte Unterton mit: »Die ist ja nie zu erreichen!«. Das gilt insbesondere für männliche Anrufer. Viele haben offenbar das Gefühl, eine Frau müsse Tag und Nacht, sieben Tage in der Woche rund um die Uhr verfügbar sein. Kaum einer kommt auf die Idee, dass die Frau arbeitet, enorm viel zu tun hat, sich auf einer Dienstreise befindet, in einem anderen Raum sitzt, um sich besser auf ihre Arbeit konzentrieren zu können. Bei Anruf hat sie für alle und jeden da zu sein. Bei Männern ist das eindeutig nicht der Fall.

Unter uns viel beschäftigten Frauen halten wir das anders: Wir rufen uns sogar oft eigens an, wenn wir wissen, dass bei der anderen nur der Anrufbeantworter läuft, weil sie total im Stress ist und wir sie nicht stören wollen. Dann plaudern wir auf das Band, sagen, was wir wollen, haben alle beide Zeit gespart, wissen dennoch, was los ist und dass die andere an uns oder eine bestimmte Sache denkt. Das funktioniert ebenso mit Fax und E-mail. Und keine ist beleidigt. So sparen wir mit der neuen Technik wirklich Zeit.

Die 10 Clear-Your-Life-Regeln für den klaren Umgang mit Zeit

1.

Machen Sie sich klar, dass Sie selbst Herrin Ihrer Zeit sind.

Es sind nicht immer die anderen, die Ihnen Zeit stehlen. Sie selbst haben es in der Hand, wieviel Raum Sie Ihrer Eigenzeit geben.

2.

Reduzieren Sie, wo Sie nur können!

Nehmen Sie sich nicht mehr so viel vor. Versuchen Sie, Prioritäten zu setzen und von hinten weg zu kürzen. Teilen Sie sich Ihre Pflichten in kleine Portionen ein, das schützt vor Überlastungsgefühl.

3.

Fragen Sie sich, was passiert, wenn Sie das eine oder andere gar nicht tun!

Viele Aktivitäten, die wir entfalten, bringen uns nicht wirklich etwas. Wenn Sie sie vorher darauf überprüfen, was passiert, wenn Sie es einfach sein lassen, werden Sie erstaunt sein, wie viele Tätigkeiten Sie von Ihrer Liste schlicht streichen können.

4.

Schaffen Sie sich stützende Rituale!

Da unsere Welt gewissermaßen aus ihren natürlichen Fugen geraten ist und wir uns selbst wichtiger Rituale wie etwa der Feiertage beraubt haben, müssen wir uns wieder solche stützenden Elemente schaffen. Sie könnten es beispielsweise einrichten, dass Sie sich jeden Freitag für ein oder zwei Stunden mit Ihren Freunden, Kind und Kegel in einer Bar oder einem Café treffen, um das Wochenende einzuläuten. Alles, was eine gewisse Regelmäßigkeit hat, tut Ihnen gut.

5.
Lernen Sie, möglichst viel NICHT zu tun!

Notieren Sie sich für ein paar Tage alles, was Sie tun – auch wann Sie was im Fernsehen gesehen haben, wann Sie was gelesen haben und wann Sie mit wem telefoniert haben. Dann streichen Sie, was Sie im Nachhinein für überflüssig halten – dieses Tun kommt nun zukünftig auf Ihre »Abschussliste«.

6.
Enttarnen Sie Zeiträuber!

Zeiträuber sind nicht diejenigen Dinge oder Menschen, die dafür sorgen, dass alles etwas gemächlicher geht, sondern jene, die Sie unter Druck setzen und Sie von sich selbst abhalten. Lassen Sie alles etwas langsamer angehen – das fängt beim Gehen an und hört bei der Nachtruhe auf. Wenn Sie Ihr Leben etwas entschleunigen, haben Sie automatisch keine Zeit mehr für Zeiträuber.

7.
Stoppen Sie das Multitasking.

Machen Sie immer nur eine Sache auf einmal. Wenn Sie fernsehen, konzentrieren Sie sich darauf. Wenn Sie sich mit Ihren Kindern beschäftigen, nehmen Sie sich Zeit dafür. Denken Sie daran: Es gibt eine Zeit zum Fischen und eine Zeit, um die Netze zu trocknen.

8.
Schöpfen Sie Kraft aus den Rhythmen der Natur!

Gehen Sie so oft wie möglich an die frische Luft und in die Natur. Versuchen Sie, die schönen Seiten der unterschiedlichen Jahreszeiten bewusst wahrzunehmen und zu genießen. Wer einen Garten oder einen Balkon hat, kann das Wachsen und Gedeihen von Pflanzen- und Tierwelt beobachten.

9.
Geben Sie Ihrem Bio-Rhythmus eine Chance!

Versuchen Sie, Ihren Tagesablauf – sofern möglich – so eng wie möglich an den natürlichen Tagesablauf anzupassen, das heißt: tagsüber wach sein und nachts schlafen. Arbeiten Sie morgens die wichtigen Dinge ab, wenn Ihr Körper in Hochform ist.

10.
Verschaffen Sie Ihrer Seele Zeit!

Vor allem unsere Seele möchte in einem natürlichen Rhythmus pendeln. Lassen Sie ihr Zeit, mit Ihnen Schritt zu halten und Erlebnisse zu verarbeiten. Wenn Sie zum Beispiel aus dem Kino kommen, gehen Sie nicht gleich zum nächsten Event über, denken Sie ruhig noch eine Weile über die Stimmung des Films nach und lassen Sie sie nachklingen. Die Seele ist immer langsamer als die Füße, sagt ein altes indianisches Sprichwort.

8. Weg

Abstand zum Konsum gewinnen!

Clear-Your-Life-Test:
Wie klar ist Ihr Verhältnis zu Genuss und Konsum?

Sie haben die Möglichkeit, für ein Jahr an einen anderen Ort versetzt zu werden. Wohin würde es Sie am ehesten ziehen?

- ☐ a) an ein beschauliches Örtchen in der Toskana
- ☐ b) an einen exotischen Ort in Thailand
- ☐ c) in das aufregende New York

Was verbinden Sie mit Ihrem Traumort?
(Wählen Sie sich fünf Begriffe aus.)

- ☐ a) innere Einkehr
- ☐ b) das Gefühl von Zugehörigkeit
- ☐ c) kennenlernen wollen
- ☐ b) Abenteuer erleben
- ☐ a) Zurück zum Ursprung!
- ☐ c) Auf in die Zukunft!
- ☐ a) auf Werte besinnen
- ☐ b) Gegenwart erspüren
- ☐ c) mit dem Fortschritt gehen
- ☐ a) sich zur Vergangenheit bekennen
- ☐ b) Versenkung
- ☐ c) die Einmaligkeit des Moments spüren
- ☐ c) die Möglichkeiten wahrnehmen
- ☐ b) hinzulernen
- ☐ b) größere Zusammenhänge erkennen
- ☐ a) im Einklang leben
- ☐ a) weise werden
- ☐ c) sich sicher fühlen
- ☐ a) im Einklang mit der Natur sein
- ☐ c) im Trend liegen
- ☐ b) fremde Welten erleben

Wo würde Ihr Liebster Sie am ehesten treffen wollen?

☐ a) in dem beschaulichen Dorf
☐ b) an dem exotischen Ort
☐ c) in der großen Weltstadt

Bei einem Preisausschreiben haben Sie eine Abenteuerreise gewonnen. Wie reagieren Sie?

☐ a) Ich sehne mich nach einer Zeit des Abschaltens, weit weg von zu Hause.
☐ b) Ich bin ganz heiß auf dieses Event.
☐ c) Ich freue mich zwar, aber eigentlich ist mir die Reise zu riskant.

»Leben im Hier und Heute, denn es ist später, als man denkt.« Könnte das auch Ihr Lebensmotto sein?

☐ a) Ja, man soll jeden Tag nutzen.
☐ b) Ist mir nicht spektakulär genug.
☐ c) Ich plane lieber schon etwas im Voraus.

Wenn Sie im Urlaub ganz entspannt auf der Sonnenliege liegen, was denken Sie?

☐ a) Wie frei ich mich gerade fühle.
☐ b) Wie gerne ich mit anderen Menschen zusammen bin.
☐ c) Wie ich mich auf den nächsten Urlaub freue.

Was genießen Sie besonders?

☐ a) Ein edles Abendessen daheim mit Kerzenschein und Champagner.
☐ b) Ein ausgesuchtes Menü in einem Sterne-Restaurant mit einer besonders aufmerksamen Bedienung.
☐ c) Ein Essen mit Geschäftspartnern, bei dem ich die wichtigste Rolle spiele.

Sie haben bei einem Date einen tollen Mann kennen gelernt. Leider entspricht er im Bett nicht den Vorstellungen von Ihrem Traummann. Was nun?

☐ a) Ich lasse ihm Zeit und mache ihn peu à peu mit meinen Erwartungen vertraut.

☐ b) Ich verführe ihn nach Strich und Faden, um ihn herauszulocken.

☐ c) Ich lasse ihn sausen und schaue mich nach etwas anderem um.

Ist Egoismus für Sie persönlich etwas Wünschenswertes?

☐ a) Ich erfreue mich an den vielen kleinen Dingen des Lebens.

☐ b) Ich kann zurückstecken, passe aber im Normalfall auch auf, dass ich nicht über den Tisch gezogen werde.

☐ c) Mein Motto ist: Wenn jeder an sich denkt, ist an alle gedacht.

Wenn Sie einen Park zu gestalten hätten und dafür ausgeben könnten, was Sie wollen, wie würde Ihr Traumpark aussehen?

☐ a) Ich würde einen Naturpark mit vielen Blumen, Gräsern, Büschen und Bäumen anlegen und ihn dann verwildern lassen. Tiere kämen dann von allein hinein.

☐ b) Ich würde mir eher einen Obstgarten anlegen mit Streuobstwiesen, viel Grün und bunten Wiesenblumen, dazwischen lägen Tiger und hüpften Kängurus herum.

☐ c) Ich würde mir einen exotischen Blumengarten anlegen mit Orchideen, Magnolien und Hibiskus. Dazu fände ich Bären und Elefanten toll.

Wenn Sie eine Katze wären, was wäre wohl Ihre Lieblingsbeschäftigung?

☐ a) Selig schlummern, mich recken und strecken.
☐ b) Durch die Gegend streifen und alles erkunden.
☐ c) Majestätisch herumliegen und alles beobachten.

Womit verbinden Sie das Fliegen?

☐ a) Mit grenzenloser Freiheit.
☐ b) Mit Abstand von Kleinigkeiten.
☐ c) Mit einer bequemen Möglichkeit, von einem Ort zum anderen zu kommen.

Mal angenommen, Sie hätten in letzter Zeit etwas zugenommen, wie würden Sie damit umgehen?

☐ a) Um es mit Kater Garfield zu sagen: Ich bin nicht zu dick, nur untergroß.
☐ b) Bei Frauen kommt das halt vor, sie haben mehr Probleme, ihr Gewicht zu halten.
☐ c) Ich wäre ziemlich sauer und würde nicht eher ruhen, bis die Pfunde wieder fort sind.

Wie gehen Sie überhaupt mit Geld um?

☐ a) Ich achte auf ein ausgewogenes Verhältnis zwischen dem, was ich mir gönnen will, und dem, was ich auf die hohe Kante lege.
☐ b) Was ich habe, kommt unters Volk.
☐ c) Ich lege mein Geld gut an und lasse es für mich arbeiten.

Auswertung:

Zählen Sie nun nach, welcher Buchstabe bei Ihren Antworten am häufigsten auftaucht.

Typ A

Sie treten sehr bescheiden auf. Das ist aber kein vorauseilendes Sich-selbst-Zurückstellen, sondern ein untrügliches Zeichen Ihrer inneren Harmonie. Sie verfügen über die große Gabe, sich an den kleinen, aber schönen Dingen des Lebens zu erfreuen und sie auch richtig zu genießen. Ihnen verschafft der Anblick des ersten Schneeglöckchens im Jahr mehr Glücksgefühle, als es ein Sechser im Lotto tun würde. Laute Partys, superwichtige Leute, exotische Urlaubsabenteuer, Hummer und Kaviar geben Ihnen nicht viel. Sie lieben die Natur und halten sich gerne draußen auf, Sie gehen gern spazieren und wandern, freuen sich über ein anregendes Gespräch und ein romantisches Essen mit Ihrem Liebsten. Sie kultivieren Ihr Gespür für Nuancen, der Zauber der Feinheiten macht sie glücklich. Übertreibungen sind Ihnen ein Gräuel. Sinnenfreude auf allen Ebenen ist Ihr Lebensgefühl. Was auch immer Sie tun, Sie genießen es. So entspannt ist auch Ihr Verhältnis zum Geld. Sie brauchen den großen Konsum nicht, weil Sie Ihre Befriedigung aus den kleinen Dingen des Lebens ziehen. Trotzdem gönnen Sie sich hin und wieder richtig etwas, was Sie sich schon länger wünschen.

Typ B

Sie lieben es, aus dem Vollen zu schöpfen. Mit Ihrem überschäumenden Temperament sind Sie ständig auf der Suche nach neuen Reizen. Sie brauchen den Kitzel des Abenteuers. Am liebsten ist es Ihnen, wenn alles immer vom Feinsten ist und so exotisch wie möglich. Labelklamotten, Designermöbel, Segeltörn in der Karibik – nichts ist Ihnen zu teuer. Sie sind voll im Action- und Konsumrausch. Sie konsumieren auch Bekanntschaften und lieben es, im Mittelpunkt zu stehen. Dabei schließen Sie nie wirklich Freundschaften. Sie jagen atemlos von Höhepunkt zu Höhepunkt, ohne wirklich etwas wahrzunehmen. An vielen Dingen rauschen Sie einfach vorbei, und diese an Ihnen. Es wäre ratsam, einmal inne zu halten und sich zu überlegen, ob Sie das wirklich alles brauchen. Worauf könnten Sie verzichten, um andere Dinge tiefer und intensiver genießen zu können?

Typ C

Sie sind ein Mensch, der gerne plant. Ihr Tagesplan gibt Ihnen Halt und Sicherheit, denn so haben Sie alles im Blick und im Griff. Ihre Pflichten und Aufgaben vernachlässigen Sie so gut wie nie. Einfach in den Tag hinein zu leben, das käme für Sie gar nicht in Frage. Und sich einmal selbst zu verwöhnen – das empfinden Sie nicht nur als Zeit-, sondern auch als Geldverschwendung. Müßiggang ist aller Laster Anfang, finden Sie. So richtig gönnen tun Sie sich nie etwas – das liegt jedoch nicht an Ihren finanziellen Möglichkeiten, denn Sie gehen sehr planvoll mit Ihrem Geld um und sorgen auch dafür, dass es sich vermehrt. Sie gehen schon gern einmal essen, aber am liebsten auf Einladung von anderen. Richtig entspannen können Sie sich dabei aber auch nicht, denn Sie sind ständig damit beschäftigt, das Für und Wider, Wenn und Aber der jeweiligen Situation zu überdenken und zu kontrollieren. Sie sollten etwas mehr loslassen lernen, damit Sie auch die schönen Seiten des Lebens genießen können. Müßiggang ist aller Entspannung Anfang! Und die brauchen Sie als Ausgleich für Ihren durchplanten Alltag.

Ich konsumiere, also scheine ich

Frauen sind in den vergangenen Jahren zunehmend in die etablierten Machtbereiche der Männer eingedrungen. Wir verfügen heute über mehr Geld, mehr Macht, mehr Möglichkeiten und Rechte als jemals zuvor. Dennoch sitzen viele von uns schon wieder in der Falle. Ihr Credo lautet: »Ich, ich, ich. Haben, haben, haben. Mehr, mehr, mehr. Neuer, größer, teurer. Schlanker, faltenfreier, fitter, jünger.« Das ist die Konsum-Falle.

Wir sind zu einer Gesellschaft geworden, in der der Schein mehr gilt als das Sein. Der schöne Schein wird oft mit Glück verwechselt. Nichts erscheint den Menschen wichtiger als das eigene materielle Wohlergehen. Mehr Genuss bei weniger Leistung, mehr Vergnügen bei weniger Verantwortung, mehr Rechte, weniger Pflichten, Lust statt Liebe – und das Ganze heißt dann Fun-Gesellschaft. Gleichzeitig fürchten sich – das ergab gerade eine neue Studie des Hamburger BAT-Institutes für Freizeitforschung – immer mehr Menschen vor sozialer Kälte und Einsamkeit. Nächstenliebe, Demut, Bescheidenheit, Moral und Anstand sind zu Fremdworten verkommen. Das Geld hat viele nicht käufliche Werte und Erlebnisse verdrängt.

Nicht nur Massenmedien und Werbung, sondern auch viele andere Interessengruppen suggerieren uns, dass wir uns besser fühlen, wenn wir konsumieren. Wir sollen – so Professor Gerhard Scherhorn, Wirtschaftswissenschaftler an der Universität Hohenheim – dazu gebracht werden, den Konsum als Mittel zur Selbstüberhöhung zu verwenden, um materielle Dinge an die Stelle immaterieller Dinge zu setzen und vor allem nicht darüber nachzudenken, warum wir das tun und ob wir das wirklich brauchen, was wir da konsumieren. Selbst Geldmangel soll uns davon nicht abhalten. Dann wird eben auf Kredit gekauft. Die heimliche Botschaft lautet: Konsum macht Laune und vertreibt ungute Gefühle. Dabei kaufen wir nicht nur Dinge, sondern in zunehmendem Maß auch Weltanschauungen, esoterische Dienstleistungen oder medizinische Verheißungen.

Schon haben Experten eine neue Krankheit entdeckt, die hauptsächlich Frauen befällt: die Konsumsucht. Der Konsum soll die betroffenen Frauen von innerer Unruhe, Depressionen oder Minderwertigkeitsgefühlen befreien. Wenn sie konsumieren, fühlen sie sich anerkannt und beliebt. Denn sie haben gelernt, dass äußere Symbole oder die Inanspruchnahme exotischer Angebote die persönliche Bedeutung heben. Allerdings hält dieses Gefühl nicht lange an. Danach folgt wegen der drückenden Geldnot der Absturz in ein schlechtes Gewissen, Isolation und Panikgefühle. Suchtfördernd wirkt die Möglichkeit, auf Kredit einzukaufen – sei es auf Überziehungskredit, auf Kreditkarte, im Internet oder im Versandhandel auf Ratenzahlung. Oft stapeln sich die gekauften Dinge danach unbenutzt in der Wohnung. Suchtfördernd sind aber auch der Konsum von Medien und die allgegenwärtige Werbeberieselung.

Wenn Sie sich einmal daraufhin bewusst Soaps, Krimis und Fernsehfilme anschauen, werden Sie feststellen, dass es unglaublich ist, in welchen Verhältnissen die Protagonisten leben. Der kleine Kommissar hat eine riesige Penthouse-Wohnung oder fährt Porsche, die Wohnungen von Opfern und Tätern sind mit den teuersten Antiquitäten bestückt und selbst die junge Wohngemeinschaft lebt in der edelsten Designerausstattung. Da beschleicht uns Normalbürgerinnen doch schnell das Gefühl: »Was mache ich falsch, dass ich mir das nicht leisten kann, was scheinbar alle anderen haben?« Geldmangel wird heute allgemein als die schlimmste Kränkung erlebt. Wer nicht mithalten kann, fühlt sich zweitrangig.

Zur charakterlichen Reifung gehören aber Selbstbeherrschung und das Aufschiebenkönnen von Wünschen. Babys und kleine Kinder sind noch auf die mehr oder weniger sofortige Erfüllung ihrer Bedürfnisse angewiesen – trinken, sauber gemacht werden, schlafen und schmusen. Doch bereits von der Windel an müssen wir Menschen Schritt für Schritt lernen, dass wir uns in vielerlei Hinsicht erst einmal richtig bemühen müssen, um zum Erfolg zu gelangen, dass wir nicht alles auf Anhieb haben können, was wir möchten. Auf manche Dinge müssen wir unser Leben lang verzichten und müssen das auch noch akzeptieren.

Doch das Habenwollen duldet bei vielen Menschen heute keinen Aufschub mehr. Wer dauerhaft daran gewöhnt ist, dass Bedürfnisse sofort befriedigt werden, kann seine Persönlichkeit nicht richtig entwickeln. Viele von uns haben es nicht mehr gelernt, Enttäuschungen zu verarbeiten und ihre Wünsche und Bedürfnisse selbst zu regulieren. Daraus resultiert eine Art Maßlosigkeit. Bei der »Flucht in den Konsum« wird Kaufen oder Konsumieren zum Selbstzweck, das Gekaufte oder Konsumierte bleibt letztlich bedeutungslos. Nur aus dem Bewusstsein, Schwierigkeiten bewältigen, sich anstrengen, beherrschen und selbst überwinden zu können, entspringt aber das Gefühl von Stärke, innerer Kraft und Selbstvertrauen. Wir entscheiden uns allzu häufig für den Weg des geringsten Widerstandes und damit für die sofortige Befriedigung unserer Wünsche und Impulse. Wir können uns vielfach einfach nicht mehr »beherrschen«.

Lernen Sie zu widerstehen!

Wer spontanen Verlockungen auf Dauer nicht widerstehen kann, rutscht in der Regel in die Verschuldung hinein. Die Tendenz ist angesichts der wirtschaftlichen Lage steigend. Sind die Wünsche größer als die Möglichkeiten und wird die Lücke mit einem Bankkredit gefüllt, droht der Absturz in ein Schuldenloch. Mit steigender Zinslast wird der Atem immer kürzer, der Bewegungsfreiraum immer enger, der Schlaf immer schlechter und am Ende geht gar nichts mehr. Dann sperrt auch noch die Bank die Konten. Insolvenz droht, während auf dem stahlblechgebürsteten Herd der Alessi-Kessel pfeift, vierzig Paar Schuhe im Schrank stehen und der Sohnemann zum 18. Geburtstag ein eigenes Auto fordert. Fünf Millionen Erwachsene stehen derzeit an der Grenze der kompletten Zahlungsunfähigkeit, mehr als zwei Millionen Haushalte in der Bundesrepublik sind untilgbar verschuldet. Damit ist der Traum von der Entscheidungsfreiheit erst einmal vom Tisch.

Was besonders erschreckend ist: Nach einer Umfrage des Münchner Instituts für Jugendforschung stehen bereits viele Kinder und Jugendliche in der Kreide. Auf rund 3,6 Milliarden Euro sollen sich ihre Schulden belaufen. Schon die Sechs- bis Zwölfjährigen »arbeiten« mit Krediten, um ihre Wünsche zu befriedigen. Bei den Kleinen sind die Eltern noch die Gläubiger, bei den Größeren springen bereitwillig die Banken ein. Eine besondere Schuldenfalle der Kids ist das Handy, das Kosten in ungeahnten Ausmaßen verursachen kann.

Wenn auch über Ihnen der Pleitegeier kreist, weil Sie sich übernommen haben, sollten Sie sich dazu durchringen, einige Notfall-Maßnahmen zu ergreifen. Da wir alle in den nächsten Jahren noch weniger Geld zur Verfügung haben werden, lohnt es sich auch schon im Vorfeld, Soll und Haben zu überprüfen, die Lage rechtzeitig aktiv selbst zu steuern, sich unnötige Sorgen zu ersparen und dafür vielleicht mehr Zeit herauszuwirtschaften. Ein gesunder Geiz kann die Lebensqualität in vielen Fällen deutlich anheben.

● Verabschieden Sie sich zunächst einmal von der Idee,

dass Geld glücklich macht. Geld allein macht zwar nicht unglücklich, doch Zufriedenheit stellt sich erst dann ein, wenn Sie im Rahmen Ihrer ganz persönlichen Möglichkeiten mit dem klar kommen, was Ihnen zur Verfügung steht. Wenn Sie das Gefühl haben, dass Sie selbst aktiv Einnahmen, Ausgaben und Sparen steuern, kann Ihnen das mehr Befriedigung verschaffen, als wenn Sie im Lotto gewinnen. Wissenschaftliche Studien ergaben übrigens, dass ein Lottogewinn nicht unbedingt glücklich macht, sondern auch eine ganze Menge unangenehmer Probleme nach sich ziehen kann. Nur wenige empfinden das unverhoffte Glück auch wirklich als Glück.

- Reaktivieren Sie die Einrichtung des Haushaltsbuches – auch wenn Ihnen das spießig vorkommt. Sie werden merken, wie schnell wir den Überblick über unsere Ausgaben verlieren. Die Umstellung auf den Euro hat viele verdeckte Preiserhöhungen mit sich gebracht. Manche Preise für Dinge des täglichen Bedarfs sind eins zu eins von Mark auf Euro umgewandelt worden. Beim Einkaufen für den täglichen Lebensbedarf sind 50 € gar nichts mehr. Wenn Sie das Schwarz auf Weiß vor Augen haben, können Sie besser entscheiden, wo sich in Zukunft sparen lässt. Müssen Sie wirklich so viel Geld für Kleidung, Zeitschriften und Benzin ausgeben? Wollen Sie nicht mal wieder auf Vorrat kochen? Müssen Sie tatsächlich im Urlaub nach Gran Canaria? Muss es das Designermöbel für das Wohnzimmer sein? Brauchen Sie wirklich zwei (oder mehr) Autos?

- Wenn Sie einkaufen gehen, machen Sie sich vorher einen Einkaufszettel, auf dem Sie auch die Zirka-Preise vermerken. Nehmen Sie nicht mehr Geld mit, als Sie in etwa brauchen werden. Das verhindert Spontankäufe. Vielleicht sollten wir auch Großmutters Regel wieder beherzigen, dass wir nicht mit hungrigem Magen einkaufen gehen sollten.

- Nehmen Sie Ihr Bankkonto unter die Lupe: Reduzieren Sie die Überziehung möglichst auf Null, denn das kostet viel Geld für nichts, das man sparen kann. Bezahlen Sie weniger mit Kreditkarten, sondern lieber mit Bargeld, dann gibt man wirklich auch nur aus, was man in der Tasche hat.
- Überprüfen Sie Ihre festen Ausgaben. Sind sie alle notwendig – oder lässt sich irgendwo etwas einsparen?
- Was Frauen immer noch gern vor sich herschieben: Sorgen Sie für Ihre eigene Altersabsicherung. Das ist eines der besten Ruhekissen, die wir uns vorstellen können.
- Für Kredite – wie etwa Immobilienkredite – brauchen Sie eine realistische Abzahlungsstrategie. Versuchen Sie, möglichst schnell davon herunterzukommen, damit sich die monatlichen Belastungen reduzieren. Denn wenn Sie beispielsweise im eigenen Haus mietfrei wohnen können, sind Sie schon auf der sicheren Seite.
- Hüten Sie sich vor so genannten Konsumenten-Krediten. Kaufen Sie nichts auf Pump – insbesondere, wenn dem Kredit kein realer Wert gegenübersteht. Versuchen Sie lieber alles vorher anzusparen, beispielsweise auch, wenn Sie ein neues Auto brauchen.
- Schauen Sie zu, dass Sie Ihre Steuererklärungen professionell erstellen lassen. Dabei hilft ein guter Steuerberater. Er wird für Sie Ratschläge erarbeiten, was Ihre Konten- und Ausgabeentwicklung angeht.
- Wenn Sie Geld übrig haben, sparen Sie es. Bevorzugen Sie dabei lieber die »spießigen«, aber sicheren Anlagemöglichkeiten wie Bundesschatzbriefe, Extrazins-Wachstumskonten, Bonus-Sparen oder das gute alte Sparbuch.
- Reduzieren Sie Ihr Kreditkarten-Portfolio. Wenn Sie nicht häufig beruflich im Ausland unterwegs sind, brauchen Sie nicht mehr als eine oder höchstens zwei Kreditkarten.

- Wenn Sie sich etwas leisten wollen, nehmen Sie lieber vom Ersparten als von einem Kreditkonto.
- Wenn der Pleitegeier kreist, verschärfen Sie Ihre Anstrengungen, um ihn zu vertreiben – etwa indem Sie Nebenjobs annehmen. Nur lassen Sie es nicht einfach laufen. Das Wichtigste ist, dass Sie das Gefühl haben, aktiv zu sein und sich realistische Ziele gesteckt zu haben. Scheuen Sie sich vor keiner Arbeit und machen Sie sich ruhig die Hände schmutzig. Für Geld kann man nämlich ziemlich viel tun.
- Kaufen Sie einfach nicht mehr, als Sie brauchen, das entlastet Sie total, hält alles übersichtlicher (selbst den Inhalt des Kühlschranks!) und schenkt Ihnen obendrein noch Zeit.
- Lassen Sie sich keine Sonderangebote aufschwatzen, die Sie nicht brauchen. Ebenso sollten Sie am Telefon Versuchen widerstehen, irgendwelche unnötigen Versicherungen abzuschließen oder ein Dauerlos bei einer Lotterie anzunehmen. Es werden vermehrt solche telefonischen Überrumpelungstaktiken angewendet.
- Verzichten Sie auf den Konsum von zu vielen Frauenzeitschriften, Wohn- und Styling-Blättern. Nicht nur, dass Sie dabei Geld sparen können: Hier werden Ihnen ständig neue Trends vorgeführt, die Sie dazu verleiten, unnötige Dinge zu kaufen – so muss die Wohnung nicht jedes Jahr nach den neuesten Trendfarben durchgestylt oder der gesamte Kleiderschrank neu bestückt werden. Halten Sie sich frei von den verlockenden Bildern.

So ist es bei uns

Zugegeben: Wir haben natürlich auch (Schein)bedürfnisse, deren Befriedigung wir uns unvernünftigerweise gelegentlich gönnen, obwohl die Zeichen des Portemonnaies dafür gar nicht immer so günstig stehen, denn auch unsere Konten kreisen hin und wieder an der Schallmauer des Überziehungskredites. Besonders schwach werden wir bei

196

alten englischen Park-Rosen und toskanischen Blumenkü-
beln, bei Rankgerüsten und Teakholzmöbeln für den Gar-
ten. Die eine legt sich gerne gute Weine in den Keller, die an-
dere gönnt sich gerne etwas Besonderes zur Entspannung.

Wir sparen dafür an anderen Dingen – an Kleidung, am
Auto und an großen Urlauben etwa. Und wir leisten uns
eine kompetente Steuerberaterin, die dafür sorgt, dass wir
immer mit dem Finanzamt á jour sind. Sie hält auch ein
wachsames Auge auf die finanzielle Entwicklung und gibt
entsprechende Empfehlungen ab. Das ist im Zeichen im-
mer knapper werdender Geldmittel von unschätzbarem
Wert.

Generell empfehlenswert ist es beispielsweise, das mo-
natliche Geld in drei Sparten aufzuteilen: Einmal, was zum
Leben gebraucht wird, dann eine kleine Summe (muss
wirklich nicht viel sein) für gelegentliche Schwelgereien
und eine etwas größere Summe für ein Sparkonto. Die
»Goodies« sollten auf Dauer nicht per Kredit bezahlt wer-
den.

Frauenfalle Eso- und Gesundheitsmarkt

Wir Frauen konsumieren heute – neben den »klassischen
weiblichen Geldfallen« wie Mode und Kosmetik – ganz
besondere Dinge: Wir füllen unsere rare Freizeit mit Pendeln und Firewalking, heulen mit den Wölfinnen, suchen
unser Heil in Edelsteinen und Wiedergeburt oder versuchen vor wichtigen Entscheidungen, schnell noch unserer
Aura auf die Beine zu helfen. Manchmal machen wir
auch alles auf einmal. Gleichzeitig boomt die Anti-
Aging-Welle wie noch nie, wechselt eine Modewelle die
nächste ab, ist die Schönheitschirurgie zum wachstumsin-
tensivsten Zweig der Medizin geworden, haben Ess-, Psy-
cho- und Zwangsstörungen epidemische Ausmaße erreicht, werden abstruse Diätbücher in Rekordauflagen

verkauft, verzeichnen Beautyfarmen und Fitness-Center einen enormen Zulauf. Selbst die »seriöse« Medizin verbucht Konsumzuwächse: Noch nie gab es so viele Frauenkrankheiten, an denen es sich – auch ohne wirkliche medizinische Indikation – so gut verdienen lässt. Wechseljahrs- und Anti-Aging-Therapien beispielsweise bescheren Ärzten und Pharma-Industrie Rekordgewinne. Mit beinahe allen Angeboten soll die Frau gewissermaßen von sich selbst befreit werden.

Die vielen »Befreiungshilfen« dienen allerdings in Wirklichkeit dazu, es Frauen in der Konsumfalle nett und kuschelig zu machen, damit sie weiter konsumieren und nicht aufbegehren. Wie Frauen gestern, heute und morgen sein und was sie haben wollen, bestimmen der Zeitgeist oder der Trend, der keinesfalls mit Fortschritt verwechselt werden sollte. Fortschritt ist notwendig und unaufhaltbar. Er kann stagnieren, lässt sich aber nicht zurückschrauben. Trends hingegen werden gemacht, manipuliert, gesteuert, wechseln zwischen »in« und »out«, werden totgesagt und wiederbelebt, nicht nur in der Mode oder der Kosmetik, sondern in allen gesellschaftlichen Bereichen. Natürlich nicht zufällig und nach dem Motto »öfter mal was Neues« oder wegen des instinktiven Wunsches nach Veränderung, sondern je nach Marktlage, Konsumangebot, politischen und wirtschaftlichen Strömungen. Dahinter steckt eine gigantische und geniale Strategie, die gemeinsam mit Wirtschaft und Medien »Zeichen setzt« und unser Denken kolonialisiert hat, sodass wir die Manipulationen kaum noch bemerken.

Besonders deutlich werden diese Verkaufsstrategien in Frauenzeitschriften, die unermüdlich den neuesten Trend zum absoluten »Must« stilisieren. Dabei unterliegen sie selbst wirtschaftlichen Zwängen: Ihr wichtigster Kunde ist nicht die Leserin, sondern der Anzeigenkunde der Kosmetik-, Pharma- und Mode-Industrie, der Schöner-Essen-, Besser-Wohnen- und Weiter-Reisen-Branchen.

198

Seit mehr als einem Jahrhundert gehören die Frauenzeitschriften zu den wichtigsten Instrumenten, mit denen Wirtschaft, Werbung und Staat die Frau in das jeweils gewünschte Korsett zwängen.

Wie frei sind Ihre Entscheidungen?

In Wirklichkeit sind unsere Instinkte, ist unser Streben nach Selbstbestimmung schon vielfach durch das Trommelfeuer der Marktstrategen verwässert, bei vielen sogar schon weggewaschen worden. Die neue Selbsteinschätzung »der Frau« zeigt sich heute oftmals in Konsumbesessenheit – auch Lifestyle genannt. Täglich sind Werbeforscher, Trendscouts und Interviewer unterwegs, um unsere Sehnsüchte, Ängste, Träume, Lebensgewohnheiten und Befindlichkeiten zu eruieren. Daraus wird ein Bild von der modernen perfekten Frau gezeichnet und dann erklärt, wie Ottilie Normalverbraucherin dieses Ideal erreichen kann. Damit wird sie die Summe aller Trends.

Die klassischen Anforderungen an Frauen sind nicht verschwunden, es sind nur neue hinzugekommen. Immer mehr Frauen haben den Eindruck, dass sie ihr Leben besser hinbekommen müssten, dass ständig »irgendwie und irgendwo die Säge klemmt«. Entweder haben sie das Gefühl, sie seien schlechte Mütter, schlechte Liebhaberinnen oder zu wenig Karrierefrau, oder sie seien zu dick, nicht attraktiv genug, nicht richtig gestylt oder falsch eingerichtet. Frauen fühlen sich immer irgendwie defizitär. Und das ist sehr nützlich, wie wir noch sehen werden.

Doch was macht erwachsene, emanzipierte und starke Frauen wie Sie und uns so schwach? Warum sind wir so leicht zu verführen? Weil wir, um es verkürzt zu sagen, oftmals noch immer aus Mangel an Selbstliebe heraus den Eindruck haben, dass es für andere – Familie, Freunde, Gesellschaft – eine Katastrophe sein muss, wenn wir eigene Ziele verfolgen und sie auch erreichen. Solange sich Frauen sagen lassen, wie sie sein sollen, werden sie sich nicht annehmen können, wie sie sind. Sobald eine Frau anfängt, sich selbst zu lieben, fängt sie an, von ihrem gesellschaftlichen Wert überzeugt zu sein. Sie liebt sich, ohne sich stets mit anderen zu vergleichen. Es ist nicht mehr wichtig, was andere tun, sie wird für ihre eigenen Rechte eintreten und sich einen Teufel um aufgesetzten Konsum scheren.

Deshalb gilt es als so wichtig, dass Frauen permanent mit sich unzufrieden sind. Ein Wirtschaftssystem, das darauf fußt, mit der Unzufriedenheit der Frauen Geld zu verdienen, muss dafür sorgen, dass die Frauen das Ziel der Zufriedenheit nie erreichen, denn dann wäre es aus mit der sprudelnden Geldquelle. Aus diesem Grund muss ein Trend den anderen ablösen, und das in möglichst rascher Abfolge. Außerdem muss jede Frau jeden Trend mitmachen! Wo das allein nicht ausreicht, muss massiv die Panik vor der Konsumverweigerung geschürt werden. Angst ist eine wunderbare Verkaufshilfe, denn Mühe allein genügt nicht, wir müssen auch die richtigen Produkte konsumieren. Hören Sie da nicht auch das Klingeln der Kassen?

Solche wirklichkeitsfremden Trends sollen uns eine neue weibliche Welt mit eigenen Gesetzen und Aufgaben vortäuschen. Was früher Kinder, Küche und Kirche waren, könnte man heute in Karriere, Konsum und Körperpsychose umformulieren. Wir dürfen uns ruhig emanzipiert geben, solange wir willig konsumieren. Dieses nicht minder repressive Instrumentarium zieht viele Frauen in einen Strudel aus Selbsthass, Selbstzerfleischung, zwanghaftem Kreisen um vermeintliche Unvollkommenheiten, permanenter Selbstbeobachtung und ständiger Unzufriedenheit, Angst vor dem Älterwerden, Kontrollverlust und Lebenskrisen. Und an dieser tiefgreifenden Unzufriedenheit – so glauben wir – sind wir auch noch selbst Schuld, weil wir ja von Natur aus mangelhaft sind.

Das Fatale daran ist, dass wir letztlich gar nicht merken,

dass unsere Bedürfnisse und Wünsche gesteuert werden, um uns das Geld aus der Tasche zu ziehen. Ob Bach-Blüten-Tropfen oder Dior-Parfum, ob Trommelkursus oder Bodybuilding oder was wir uns sonst Gutes gönnen – das alles ist nur vermeintlich unsere freie Entscheidung. Die Schein-Bedürfnisse, die haarscharf auf unsere seelische Befindlichkeit zugeschnitten sind, werden durch Werbestrategien erst geweckt. Wir laufen praktisch an jeder Ecke unserer Welt in eine Konsumfalle und finden das auch noch toll, weil es uns doch verheißt, dass wir endlich zufriedener mit uns leben könnten. Das hindert viele daran, hier und heute ein wirklich erfülltes Leben zu führen, denn es bindet Kraft, Zeit und Geld. Zudem hält es uns von uns selbst fern.

Erspüren Sie lieber, was Ihnen wirklich fehlt!

Der Markt der alternativen und esoterischen Heilversprechen ist riesengroß und schier undurchschaubar. Doch eines steht fest: Frauen wie Sie und wir sind die Hauptkundinnen der oft mehr als zweifelhaften Angebote. Das Strickmuster ist fast immer gleich. Zur Zeit dürfte es kaum eine Mischung psychologischer, religiöser und esoterischer Methoden geben, die nicht irgendwo angeboten wird, und an fast allem ist ein bisschen etwas Wahres dran. Der Psycho- und Wohlfühlmarkt bietet neben der Vielfalt der konsumierbaren Angebote auch Antworten auf Sinn- und Lebensfragen. Vermarktet wird alles: Transferkurse ins Jenseits, Channeling-Seminare, Reinkarnationstherapien, buddhistische Rituale, Kundalini, Geistheilung, Hexenmagie, Engelssuche und diverse Mixturen aus all dem. Es ist ein Schmelztiegel entstanden aus Riten und Mythen, Kulten und Techniken aus den Naturreligionen der Antike, Asiens und Afrikas und dem wiederentdeckten keltischen und germanischen Zauber.

Die Therapie ist hier oft nicht die Hilfe aus einer Lebenskrise, sondern eine Art Weltanschauung. Selbsterfahrung und Bewusstseinserweiterung sind häufig wiederkehrende Verkaufsargumente. Triebfeder für die Annahme solcher Angebote sind vor allem auch die menschliche Isolation in unseren Großstädten, das Fehlen verlässlicher Bindungen an Angehörige und Gleichgesinnte, an Institutionen und Gemeinschaften. Verlorene Werte, Liebeshunger und Glaubenssehnsüchte führen Frauen auf die Suche und nicht selten zu fragwürdigen Antworten. Der »Stern« berichtete beispielsweise von einem spirituellen Anbieter, der seinen Kundinnen in der Tiefenentspannung suggeriert, sie seien in der Vergangenheit mehrfach vergewaltigt worden. Diese inneren Verletzungen »heilt« er dann gegen Barzahlung und zusätzliche Spenden.

Solche Heilsangebote sind nicht selten gepaart mit Größenwahn und Realitätsverlust der Veranstalter. Gerade der Eso-Markt ist ein Eldorado für Trickbetrüger. Gute Rechner sind sie allerdings alle. Auf diesem Markt kann man nämlich jede Menge Geld verdienen. Und den schnellen Reibach machen, das wollen alle dubiosen Psychogruppen und Esoterik-Anbieter. Nicht wenige Frauen geraten auf diesem Markt an den Rand des Ruins. Etliche Milliarden Euro geben die Bundesbürgerinnen jährlich für derartige »Weiterbildungen« aus.

Viele Seminare füllen eine Marktlücke, weil eben nicht wenige von uns Halt und neue Erfahrungen suchen. »Wir leben in einer Gesellschaft, die sehr erfolgs- und leistungsorientiert ist, die sich zunehmend über Effizienz definiert. Für Schwächen, die Menschen haben, ist da kein Platz, und weil jeder Einzelne jedoch mit seinen Schwächen umgehen muss, irgendwo hin muss damit, ist er anfällig für spirituelle Verlockungen. Diese Gruppen locken mit vermeintlicher Wärme – ein Versprechen, das sie nie halten«, weiß die Weltanschauungsbeauftragte der Nordelbischen Evangelisch-Lutherischen Kirche, Gabriele Lademann-Priemer. Nicht wenige Frauen machen sich hoffnungsvoll auf die Suche nach innen, durchlaufen eine Seelenerfahrung nach der anderen und lassen nicht selten frühere Bindungen und Ziele hinter sich. Das Ende dieser Reise können heilsame Ernüchterung und Enttäuschung sein, aber auch Leid, Verzweiflung und Absturz.

Versagt eine solche »Therapie«, ist der Absturz umso schlimmer. Und versagen müssen sie, weil sie nichts an den Lebensbedingungen ändern und deshalb zumeist mit leeren Versprechungen arbeiten. Die Leere bleibt und wächst mit dem süchtigen Verlangen nach immer neuen »Therapien«, nach immer neuen Inhalten. Lax gesagt: Hat es mit dem Urschrei nicht geklappt, hilft vielleicht eine Aura-Politur.

Die Zahl derer, die massive Probleme bekommen, weil sie es nicht schaffen, auf Knopfdruck erfolgreich, gut gelaunt und glücklich zu sein, wächst und wächst. Nicht wenige stürzen ab in die Depression. Manche der »Therapeuten« provozieren Gefühlsausbrüche und seelische Zusammenbrüche und lassen die Zusammengebrochenen dann mit ihren Scherbenhaufen allein. Einige Frauen ticken dabei psychisch richtig aus, ohne dass ihnen professionell geholfen wird. Das macht diese Wald- und Wiesen-Heilsversprechungen so überaus riskant.

Als besonders gefährlich müssen dabei die Angebote gelten, die von Sekten angeboten werden. Unantastbare Führer-Figuren, Ich-Verlust der Anhänger, Entmündigung, Gesinnungskontrolle und eine gnadenlose Abzockerei sind ihre Markenzeichen. Ihr erklärtes Ziel ist eine Veränderung der Persönlichkeit, sprich: Gehirnwäsche. Dabei werden die Teilnehmer mit verwirrenden Botschaften überladen und unter Druck gesetzt, sie werden bis ins Intimste ausgeforscht und müssen sich oft auch sexuell outen. Am Ende sind sie meist so zermürbt, dass sie innerlich zusammenbrechen und wehrlos alles weitere schlucken. Fast immer werden »die Jünger« – oder wie auch immer sie genannt werden – dazu gebracht, die Fa-

milie zu verlassen und deren Vermögen an die Sekte abzu-
geben. Die Folgen sind Hörigkeit und Selbstaufgabe.

Die neuen Sekten werfen ihre Angelhaken vor allem in
der Esoterikszene aus, die überwiegend von Frauen be-
völkert wird. Mit ihren falschen Verlockungen – Unsterb-
lichkeit, Überwindung der Grenzen des Ichs, Schwerelo-
sigkeit, Erleuchtungen in allen Lebenslagen – verdienen
sie Milliarden. Im Windschatten von Scientology haben
sich kleinere Gruppen wie Pilze nach einem Regen-
schauer verbreitet. Rund 600 soll es inzwischen davon geben.

Unser un-heimlicher Mangel:
Hormone von der Wiege bis zur Bahre

Mit großem Aufwand wird Frauen auch von der Pharma-
Industrie Hand in Hand mit den Gynäkologen suggeriert,
dass sie ein »Defizitmodell« sind. In diesem Fall bedeutet
man ihnen, dass sie unter vielfältigstem Hormonmangel
leiden. Doch glücklicherweise steht flugs der liebe Frau-
enarzt parat, um ihren Mangel auszugleichen. Massive
Panikmache und bis ins Detail entworfene Horrorszena-
rien haben die Konsumentinnen weich gekocht: Als seien
sie das Allheilmittel gegen jedwede Art von Frauenlei-
den, Befindlichkeitsstörungen und gegen das Älterwerden, fordern sie selbst von ihrem Gynäkologen Hormone
– gewissermaßen von der Wiege bis zur Bahre, egal, welches Risiko sie dafür eingehen. Quasi nebenher schlucken sie ganze Berge von Nahrungsergänzungsmitteln –
auch das ist ein gigantischer Markt, der mit zweifelhaftem
Nutzen operiert.

Ganz besonders im Trend liegt die hormonelle Behandlung von drohenden Beschwerden in und nach den Wechseljahren und vom Leben an sich schlechthin. Logischer-
weise wird willig verordnet, denn damit lässt sich gutes
Geld verdienen. Die Pharma-Industrie kassiert an den

Packungen, der Arzt an den wiederkehrenden Kontrollen, denn da Hormone hochpotente Substanzen sind, muss regelmäßig nach negativen Auswirkungen Ausschau gehalten werden. Frauen, die die Beeinflussung durch künstliche Hormone – schließlich sind sie laut Werbung doch »etwas Besseres als Mutter Natur« – nicht einsehen oder zu widerlegen vermögen, gelten als dumme und unmoderne Hühner, die die Zeichen der Zeit nicht begriffen haben. Das sind Frauen, die eigentlich todgeweiht sind.

Dahinter steckt ein Jahrtausende altes System, Frauen abzuwerten. Es ist inzwischen so ausgeklügelt, dass die wenigsten von uns es überhaupt noch wahrnehmen. Dieser Mechanismus funktioniert umso besser, je weniger Eigenkompentenz eine Frau in Bezug auf ihren eigenen Körper entwickelt, je weniger Gefühl sie für ihre eigene körperliche und geistige Gesundheit hat. Dass sie davon möglichst wenig entwickelt, ist das unvornehmste Ziel der gesamten Gynäkologie-Branche. Das System basiert auf der nachhaltigen Enteignung der Weiblichkeit, in dem die Frau nur als arme Schluckerin nutzbringend ist.

In Deutschland haben wir die höchste Gynäkologen-Dichte der Welt – bei gleichzeitig abnehmender Zahl von Patientinnen. Wollen alle Ärzte satt werden, müssen genügend Frauenkrankheiten diagnostiziert werden. Dazu werden neue Krankheitsprofile erarbeitet und den Frauen medial eingetrichtert. Die größte und genialste Erfindung waren dabei die Wechseljahre, an deren Existenz heute der größte Teil der Frauen glaubt. Die Hormonpropaganda von Industrie und Ärzten hat hervorragende Arbeit geleistet. Die Nutzen-Risiko-Abwägung wurde in den vergangenen Jahren todesmutig frisiert. Allerdings ging es dabei um den fahrlässig oder vorsätzlich riskierten Tod der Konsumentinnen.

Dass die »Behandlung« des vermeintlichen Hormonmangels eine tödliche Gefahr darstellt, hat kürzlich die weltweit größte Studie zur so genannten Hormonersatztherapie erbracht. Sie wurde wegen der enormen Risiken für die Frauen drei Jahre vor ihrem eigentlichen Ende abgebrochen. Die vielfach angepriesenen positiven Wirkungen konnten – außer bei Hitzewallungen – nicht nachgewiesen werden. Doch welche Frau will schon ihre Hitzewallungen loswerden und sich dafür einen Brustkrebs einfangen?

Auch eine große britische Studie wurde aus den gleichen Gründen kurz darauf zehn Jahre vor ihrem Ende abgebrochen. Lapidarer Kommentar des Studienleiters: Hier noch etwas erforschen zu wollen, sei »reine Zeitverschwendung«. Eine Reihe anderer Studien hatte schon lange vorher auf die Nutzlosigkeit und das hohe Risiko der Hormone hingewiesen. Der Anstieg der Brustkrebserkrankungen in den vergangenen Jahren ist eindeutig auf die Einnahme von Hormonen zurückzuführen. Das lässt sich längst nicht mehr vom Tisch wischen.

Auch bei den vollmundig als Anti-Aging-Hormone und -Substanzen gepriesenen Medikamenten mehren sich die negativen Studienergebnisse. Es kann als sicher gelten, dass auch sie eines Tages wegen gravierender Nebenwirkungen aus dem Verkehr gezogen werden müssen.

Doch als ginge sie das alles nichts an, propagieren Pharma-Industrie und deutsche Gynäkologen weiterhin sämtliche künstlichen Hormone als das Ei des Kolumbus. Denn wenn Ihnen, liebe Leserin, aufgeht, welcher Trickbetrügerei Sie da aufsitzen, müssen Tausende von Gynäkologen ihre Praxen dicht machen. Aber es kann doch nicht angehen, dass ein solches Arbeitsmarktproblem auf dem Rücken der Frauen ausgetragen wird. Wo ein Aufschrei des Entsetzens durch das Land gehen sollte, schweigt die Politik.

So ist es bei uns

Als Medizinjournalistinnen beobachten wir schon seit etlichen Jahren diese beängstigende Entwicklung. Wir waren von Beginn an skeptisch und haben immer wieder versucht, den Einsatz von Hormonen kritisch zu hinterfragen. Die Nutzen- und Risiko-Verteilung wurde relativ rasch klar. Wo wir konnten, haben wir davor gewarnt. Nun, da wir selbst auch »ein paar Tage älter« geworden sind, wissen wir sicher, dass man dem Leben und auch dem Älterwerden nicht davonlaufen kann. Mit der Einnahme eines Medikaments oder dem Verwenden eines Pflasters werden Lebenserfahrungen, Sünden, Krisen und Genetik nicht ausradiert. Nur die Auseinandersetzung mit dem Leben und seinem Sinn kann uns geläutert in die nächste Lebensphase entlassen.

Hier können und wollen wir Ihnen deshalb ganz kategorisch nur einen Rat geben, der Sie letztendlich wirklich entlastet: Gehen Sie ehrlich mit sich selbst, Ihren Wünschen und Träumen um und lassen Sie die Hände weg von solchen so genannten Medikamenten. Verschwenden Sie Ihre Zeit und Ihr Geld nicht mit falschen Hoffnungen. Riskieren Sie nicht Ihr Leben für nutz- und sinnlose Pillen.

Wenn Sie sich möglichst lange jugendlich frisch und gesund fühlen wollen, nehmen Sie die Anti-Aging-Methoden wahr, die Ihnen kostenlos zur Verfügung stehen und mehr bewirken als alles andere:

- Ernähren Sie sich frisch und ausgewogen.
- Bewegen Sie sich mindestens dreimal die Woche eine halbe Stunde.
- Gehen Sie möglichst jeden Tag an die frische Luft.
- Rauchen Sie nicht und trinken Sie mäßig Alkohol.
- Vergessen Sie (wenn möglich) den Sex nicht.
- Pflegen Sie Beziehungen.
- Genießen Sie das Leben möglichst unbeschwert.

Warum die vermeintlichen Hilfsangebote uns verführbar machen

Die große Verführbarkeit zum Konsum ist ein Zeichen unserer Zeit. Wesentliche Bedürfnisse bleiben oft unbefriedigt unter den modernen Lebensbedingungen. Etwa der Wunsch nach:

- Zugehörigkeit,
- Antworten (wo kommen wir her, wo gehen wir hin, was ist der Sinn des Lebens?),
- Ganzheit,
- kultureller Identität,
- Anerkennung,
- Transzendenz,
- geistlicher Führung,
- Perspektive,
- Beteiligung und Mitarbeit,
- sozialer Wärme.

Psychologische Untersuchungen haben gezeigt, dass die Psycho- und Esoterik-Welle mitnichten Mitmenschlichkeit und Gemeinsinn stärken, sondern die soziale Verarmung befördern. Ethik und Moral, Achtung vor dem Leben und Rücksichtnahme, die die Gemeinschaft so dringend benötigt, gelten nichts mehr. Die Älteren können sich kaum noch daran erinnern, die Jüngeren wissen schon gar nicht mehr, was das ist.

Instinktiv ahnen wir dennoch, dass Glück für Geld nicht zu haben ist. Auch deshalb ist die Sinnsuche zu einem Symbol unserer orientierungslosen Zeit geworden. Viele suchen den spirituellen Freiraum als Gegenstück zum rastlosen Materialismus. Der Konsum bietet sich an, um dieses Vakuum auszufüllen, und gerade Frauen sind emotional und ideell anfällig für solche Verführungen, die ihnen letztlich jedoch nur das Geld aus der Tasche zie-

208

hen. Zerbrochene Ideale, verlorene Utopien und vor allem Einsamkeits- und Verlassenheitsgefühle machen sie weich. Wo immer Frauen Aufmerksamkeit, Zuwendung, Freundlichkeit und Zuhören zuteil wird, sind sie empfänglich und verlieren ganz offenbar schnell ihre Kritikfähigkeit und ihr gesundes Misstrauen.

Die meisten Frauen bleiben dennoch Passanten – Reihum-Suchende auf diesem Markt, die ebenso schnell Dinge annehmen wie wieder ablegen. Für viele sind manche Experimente nur Unterhaltung und Spielerei. Einigen bringt es tatsächlich etwas. Und selten, ganz selten gibt es wirklich einen Menschen, der weiter und klarer schauen kann als andere. Schlimm wird es jedoch, wenn aus dem neugierigen »Das möchte ich mal kennenlernen« blinder Glaube wird. Vor allem seelisch Labile, besonders Verletzliche oder Menschen, die Halt suchen in Lebenskrisen, laufen Gefahr, ihr Selbst aufzugeben.

Dabei zeigt sich ein spirituell erfülltes Bewusstsein in Verhaltensweisen, die wir uns im Leben hart erarbeiten müssen, die es dafür aber umsonst gibt: Güte, Toleranz, Mitgefühl, Bescheidenheit, Authentizität, Mut, Gelassenheit und Achtsamkeit. Das ist – so sagt der Züricher Psychoanalytiker und Spiritualitätsforscher Prof. Christian Scharfetter – die Kraft, die Menschen das Schwere im Leben bestehen lässt, ohne sich dem Schlechten zu beugen.

Die 10 Clear-Your-Life-Regeln für eine klare Konsumauswahl

1.
Kontrollieren Sie Ihr Haben-Wollen-Bedürfnis!

Machen Sie sich bewusst, dass es ein größerer Gewinn sein kann, zu verzichten oder den kurzfristigen Konsum zu vertagen. Malen Sie sich in den schönsten Farben aus, wie befriedigend es sein wird, wenn Sie das zukünftige Ereignis aus eigener Kraft erreicht haben werden, ohne dem Ruin ein Stück näher gekommen zu sein.

2.
Setzen Sie sich bewusst mit den schädlichen Seiten des Konsums auseinander!

Bevor Sie etwas kaufen oder konsumieren wollen beziehungsweise wenn jemand versucht, Ihnen etwas aufzuschwatzen, fragen Sie sich: Was passiert mir Schlimmes, wenn ich jetzt gar nichts tue? Welche Risiken gehe ich ein, wenn ich der Versuchung oder den »Einflüsterungen« erliege? Das gilt auch für manche Medikamente: Das Überstehen von Hitzewallungen in den Wechseljahren etwa ist wesentlich weniger unangenehm, als wenn Sie durch den Konsum von nutzlosen Hormonpillen einen Brustkrebs entwickeln.

3.
Überlegen Sie sich, was es Ihnen wirklich bringt, wenn Sie alles hier und sofort bekommen.

Leben Sie nicht mehr nach dem Motto »Der Spatz in der Hand ist besser als die Taube auf dem Dach«, sondern nach der chinesischen Weisheit: »Lieber morgen die Henne als heute das Ei«.

4.
Bauen Sie sich Eselsbrücken.

Um sich daran zu erinnern, dass Sie sich vorgenommen haben, künftig nicht mehr so verführbar zu sein, können Sie sich kleine Erinnerungshilfen erfinden. Kleben Sie sich beispielsweise Ihre Kontoauszüge an die Kühlschranktür: die positiven als Motivation weiterzumachen, die negativen als Warnung und Mahnung.

5.
Lassen Sie in der Falle Konsum keine Impulsivität zu.

Beherzigen Sie die heilsame Regel: Immer erst mindestens eine Nacht – besser noch ein Wochenende – darüber schlafen, bevor Sie etwas kaufen oder unterschreiben. Meiden Sie Einkaufszonen, die Ihre Sehnsüchte steigern. Beispiel: Wenn Sie lieber etwas für Ihre Altersvorsorge tun wollen, machen Sie einen Bogen um teure Geschäfte. Lassen Sie Ihre Kreditkarte zu Hause!

6.
Finden Sie zu neuer Bescheidenheit.

Lernen Sie den Zauber der kleinen Dinge wieder schätzen, den gibt es nämlich völlig umsonst. Sie müssen es lernen, ihn zu sehen und einzufangen. So könnten Sie beispielsweise wieder selbst mehr frisch kochen. Das ist letztlich billiger, gesünder, leckerer, entspannt und befriedigt Sie mehr. Obendrein kann es auch eine soziale Wohltat sein, wenn sie das mit anderen zusammen tun. Das Gleiche gilt beispielsweise für »stinknormales« Spazierengehen: Der gute alte Waldspaziergang hat nichts von seiner Heilsamkeit eingebüßt.

7.
Verkürzen Sie sich die Wartezeiten.

Wenn Sie die Begehrlichkeit packt und Sie sich einen bestimmten Kauf verkneifen oder ihn vertagen müssen: Beschäftigen Sie sich mit anderen Dingen, die Ihnen Freude bereiten, lenken Sie sich ab, denn sonst erscheint Ihnen die Wartezeit – etwa wenn Sie sich endlich das ersehnte Auto leisten können – endlos und das Durchhalten fällt Ihnen schwer. Das lockt die Verführbarkeit unnötig hervor.

8.
Überlegen Sie sich, wobei Ihnen der Konsum helfen soll.

Wenn wir Dinge kaufen oder Therapien konsumieren, steckt oft etwas anderes dahinter, als dass wir sie wirklich brauchen. Auf welche Fragen suchen wir Antwort, welche Probleme sollen damit gelöst werden, wo fühlen wir uns allein gelassen? Vieles, was uns bewegt, liegt in unserer Lebenssituation und verlangt nach »geistigen« Lösungen.

9.
Bauen Sie Schulden ab und entwickeln Sie sich eine Finanzstrategie, die Sie schützt.

Wenn Sie Probleme mit Geld haben, sollten Sie mit oberster Priorität versuchen, diese abzubauen. Geldsorgen rauben uns unnötig Schlaf und Energie, machen krank und verhindern, dass wir stressfrei leben können.

10.
Bleiben Sie kritisch und hüten Sie sich vor Gurus!

Sie sind all den Verführern auf dem Psycho-, Esoterik- und Medizinmarkt nicht hilflos ausgeliefert. Sie können sich informieren und kompetent werden für sich selbst. Schulen Sie Ihren Blick für Manipulationen und bauen Sie sich einen echten Freundeskreis auf, der Sie auffängt und vor »feindlichen Übernahmen« schützt.

9. Weg

Absage an die Erholungskiller!

Clear-Your-Life-Test:
Wie klar gehen Sie mit Ihrer Erholung um?

☐ Können Sie keine fünf Minuten ruhig sitzen, ohne gleich wieder etwas zu tun?

☐ Wachen Sie nachts häufiger auf und grübeln darüber, was Sie alles so zu tun haben, wissen aber nicht, wie es zu schaffen ist?

☐ Machen Sie meist mehrere Sachen gleichzeitig?

☐ Haben Sie des Nachts häufiger schlaflose »Wälzstunden«?

☐ Gehen Sie meist zu spät ins Bett?

☐ Fahren Sie regelmäßig völlig erschöpft in den Urlaub?

☐ Haben Sie schon häufiger den Stoßseufzer losgelassen, dass Sie nie wieder Urlaub machen wollen, weil das alles so stressig ist?

☐ Haben Sie in der Freizeit oft das Gefühl, nicht richtig zur Ruhe zu kommen?

☐ Haben Sie für Ihren Urlaub weniger als vierzehn Tage eingeplant?

☐ Haben Sie bei der Planung vor allem auf Freunde oder Bekannte gehört beziehungsweise sich nach Medienberichten oder Trendmeldungen gerichtet, und weniger nach Ihren eigenen Bedürfnissen?

☐ Sind die Tage vor dem Urlaub eine einzige Hetzjagd, und sind noch die letzten Sekunden vor der Abreise dem Kofferpacken gewidmet?

☐ Machen Sie nie »kleine Urlaube«, nie ein verlängertes Wochenende?

☐ Fahren Sie gleich nach dem Dienst, dem Schulschluss Ihrer Kinder oder noch in der Nacht des ersten Urlaubstages los?

☐ Wollen Sie ans Ziel brausen, möglichst ohne Pausen einzulegen?

- [ ] Heißt Ihr Erholungsmotto »Bloß keine Zeit verlieren«?
- [ ] Haben Sie sich vorgenommen, mit Ihrem Partner im Urlaub ernsthafte Dinge zu klären und aufzuholen, was Sie versäumt haben?
- [ ] Streiten Sie sich während der Freizeit und vor allem im Urlaub häufiger als normal?
- [ ] Werden Sie schnell nervös, wenn Sie keine Aufgaben haben?
- [ ] Machen Sie meist in Ferienhäusern oder –wohnungen Urlaub?
- [ ] Denken Sie oft an Ihre Pflichten, die zu Hause oder im Büro auf Sie warten?
- [ ] Haben Sie im Büro freiwillig Ihre Urlaubsadresse und -telefonnummer hinterlassen?
- [ ] Haben Sie schon einmal einen Urlaub oder eine Wochenenderholung platzen lassen, weil Sie im Beruf »nicht durchsehen« konnten?
- [ ] Nehmen Sie Arbeitsunterlagen oder so etwas wie Pflichtlektüre mit an den Urlaubsort?
- [ ] Kommen Sie auch an den Wochenenden nie so richtig zur Ruhe?
- [ ] »Zappeln« Sie auch in der Sauna, bei der Kosmetikerin oder der Massage nervös herum?
- [ ] Wollen Sie sich gerne mehr bewegen, kommen aber nie dazu?
- [ ] Haben Sie selbst beim Sport das Gefühl, gehetzt zu sein?
- [ ] Übernehmen Sie sich auch jedes Mal an Besinnungszeiten wie Weihnachten und haben dann das Gefühl, immer diejenige zu sein, an der alles hängen bleibt?

Je öfter Sie mit »Ja« antworten, umso gefährdeter ist Ihre Erholung. Mit jedem »Ja« sinken die Chancen, dass sie sich wirklich einstellt. Dass Sie selbst nicht einmal mehr spüren, wie erholungsbedürftig Sie sind, ist ein deutliches

Warnsignal. Um Ihre überlebenswichtige Energie wiederzugewinnen, sollten Sie Ihre Gewohnheiten überdenken und sich für Freizeit und Urlaub eine andere Planung einfallen lassen. Erholungszeiten sind kein Leistungssport und auch kein Gradmesser für Ihre Eignung als Privatperson, schließlich wollen Sie sich am Ende besser und nicht schlechter fühlen.

Die Wohlfühlgesellschaft raubt uns die Erholung

Wir alle leben in einer anstrengenden Gesellschaft, die meisten von uns haben mehr als genug am Hals und finden kaum noch Nischen für wirkliche Entspannung. Wir schminken uns im Auto, essen im Stehen, telefonieren beim Lesen, beim feinen Essen schicken wir der Freundin schnell noch eine SMS und ziehen uns die Lippen nach. Für berufstätige Frauen beginnt der wahre Stress erst nach Dienstschluss. Die Zeit zwischen 17 und 21 Uhr ist für sie die anstrengendste des ganzen Tages, haben amerikanische Forscherinnen herausgefunden, denn jetzt müssen sie nicht nur einer Rolle – der der Berufstätigen – gerecht werden, sondern gleich mehrerer, der der Mutter, Einkäuferin, Köchin, Familienfrau, Freundin, Ehefrau, Geliebten, Zuhörerin. Diese Stunden schwächen das weibliche Immunsystem erheblich, werden für Herz- und Kreislaufbeschwerden, Kopf- und Rückenschmerzen, Magenleiden und Schlaflosigkeit verantwortlich gemacht.

Gerade die Freizeit setzt uns Frauen zunehmend unter Druck, denn jetzt schlägt die Fitness- und Wohlfühlwelt zu. Nun sollen wir uns auf Knopfdruck ebenfalls um unseren Körper kümmern und uns schnell einfach wohl fühlen. Das gängige Schönheitsideal verlangt auch, dass wir als Krönung ein Leben lang unsere Modelfigur in Größe 36 pressen und überhaupt aussehen, als wären wir unsere Tochter. In dieser Welt jagt ein Trend den nächsten, und wir kommen gar nicht mehr hinterher. Heute rasen wir auf Laufbändern, morgen hopsen wir Treppentrainer auf und ab, übermorgen hängen wir kopfüber an einem Heimtrainer. Danach wollen wir uns heute rasch mit Yoga-Übungen entspannen, morgen bei einer ayurvedischen Öl-Massage abhängen, und übermorgen sollen uns Klangschalen zur inneren Ruhe betten. Diese Art der Turbo-Entspannung strengt an. Für die wirkliche Entspannung fehlen uns die Zeit, die Ruhe, die Muße, die Entspannung. In wenigen Stunden sollen so unzählige Stunden ungesunden Lebens ausgeglichen werden.

Das Gefühl für die richtige Dosis Ruhe ist uns abhanden gekommen. Viele von uns haben keinen blassen Schimmer mehr davon, wie das mit dem Innehalten überhaupt funktioniert. In unserer Leistungsgesellschaft sollen die Ruhezeiten auch effektiv sein, deswegen legen wir selbst an unsere Entspannung Leistungskriterien. Wir wollen danach nicht ruhiger und in-uns-gekehrter, sondern leistungsfähiger und fitter sein. Selbst die oft sinnvollen Anleihen aus den fernöstlichen Heil- und Entspannungslehren unterwerfen wir unserer »Hibbeligkeit«. Zu gewinnen ist damit gar nichts, denn wir hetzen von einem zu anderen und haben dabei obendrein immer noch das Handy auf Empfang geschaltet.

Selbst die Zeiten des Nichtstuns füllen wir aus mit Entschuldigungen und Begründungen. Faulenzen ist gerade bei uns Frauen verpönt. Wir entschuldigen uns sogar für unsere Verschnaufpausen: Wenn wir Urlaub machen, faulenzen wir nicht, sondern wir erzählen anderen, dass wir dringend für Job oder Kindererziehung auftanken müssen. Das mittägliche Nickerchen wird zur Kreativpause umdefiniert, und der Urlaub im Kloster dient letztlich der Steigerung unserer Leistungsfähigkeit. Wenn wir uns am Wochenende einfach nur erholen wollen (oder müssen, weil wir so kaputt sind) und keinen Nerv auf Verabredungen und weitere Termine haben – seien sie nun berufli-

cher oder privater Natur –, erfinden wir wortreiche Notlügen. Wie können nicht einfach nein sagen, nicht sagen,
dass wir keine Zeit haben, dass es nicht geht, wir müssen
stattdessen auch noch ausführlich erklären, warum. Danach plagen uns dann Schuldgefühle nach dem Motto:
»Hätte ich nicht doch …? So schlimm wäre es doch gar
nicht gewesen … War ich nicht zu egoistisch?«. Diese
Grübeleien kennen Sie garantiert von sich selbst!

Wenn wir dann einmal gar nichts zu tun haben, überlegen wir uns gleich, was wir denn tun könnten, um die Zeit
sinnvoll auszunutzen. Sicher finden sich ein paar Dinge,
die wir »schnell noch« und am besten gleichzeitig tun
könnten. Unaufhörlich versuchen wir, wie ein Uhrwerk
zu funktionieren und bloß keinen Leerlauf eintreten zu
lassen.

So ist es bei uns

*Nachdem wir gemerkt haben, dass wir uns oft die Wochen-
enden zu voll stopfen oder uns Verabredungen aufdrängen
lassen, die uns Kraft rauben, dass manchmal nicht ein Wochenende zur Erholung bleibt und wir montags regelmäßig in den Seilen hängen, haben wir die Notbremse gezogen. Nur noch ein Wochenende im Monat steht für eine
größere Verabredung oder Veranstaltung zur Verfügung,
Freunde treffen wir am Freitag möglichst gleich im An-
schluss an die Arbeit, mit den Schwiegereltern wird am
Samstag nach den Markteinkäufen ein schönes Essen zele-
briert, danach ist für alle Ruhepause bis Montag morgen.
Die Klingel wird abgestellt, Telefon und Fernseher bleiben
aus, die Tür zu. Ungebetene Gäste müssen draußen bleiben
(Ausnahme sind natürlich immer und jederzeit Notfälle
im Familien- und Freundeskreis). Wir reden, lesen, spielen
Spiele, gärtnern, kochen, gehen spazieren und träumen vor
uns hin. Selbst wenn einer von uns am Wochenende arbeiten muss, was ziemlich regelmäßig vorkommt, haben wir
am Ende alle das Gefühl, dennoch zur Ruhe gekommen*

*und zusammen gewesen zu sein. Der Rückzug auf sich
selbst bringt im Übrigen für die Hausfrau weitere Entspannung mit sich, weil sie nun nicht ständig danach schauen
muss, ob Haus oder Wohnung sauber und aufgeräumt sind
oder ob im Kühlschrank genügend Ess- und Trinkbares
vorhanden ist, falls unerwartet Besuch kommt. Denn darüber sind wir uns mit Ihnen sicher einig: Wenn jemand zu
uns kommt und insgeheim findet, dass unsere Fenster dringend geputzt werden müssten, so wird das nicht unserem
Mann angelastet, sondern uns, der schlampigen Hausfrau.*

Sich richtig erholen will gelernt sein!

Selbst im heißersehnten Urlaub bleiben die guten Vorsätze oft unerfüllt, endlich mal richtig auszuspannen und
neue Kraft zu tanken. Forscher fanden heraus, dass viele
von uns gar nicht mehr wissen, wie man sich erholt und
was sie selbst brauchen, um abschalten zu können. Urlaub ist für die meisten Menschen ein Synonym für die
schönste Zeit des Jahres, in der Körper und Seele sich gewissermaßen selbsttätig runderneuern sollen. Doch
falsche Erwartungen, Streit mit dem Partner, Unwohlsein
durch den Klimawechsel, Jetlag, Anpassungsprobleme
oder Überforderung durch zu viele Aktivitäten machen
dies sehr häufig unmöglich. Mehr als die Hälfte aller
Frauen – so schätzt man – kommen frustriert und gestresst aus den Ferien wieder nach Hause.

Ihre Freizeit sollte frei sein!

● Freizeit – egal ob am Wochenende oder in den Ferien –
  soll wirklich Frei-Zeit sein und Ihnen in erster Linie ein
  Gefühl von Unbeschwertheit vermitteln – einfach nur
  da sein, ohne Sinn und Zweck.
● Sie sollten spüren, wie kostbar einfach vertrödelte Zeit
  sein kann.

- Das Gefühl, bei einem Schritt nicht gleich an den nächsten denken zu müssen, sollte Ihren Körper durchfließen.
- Der Luxus von echter Freizeit bedeutet: Keinen Anruf und keine Post zu erwarten, keinen Brief eilig zur Post bringen zu müssen, kein Konzept für die nächste Sitzung erarbeiten zu müssen, nicht darüber nachzudenken, was als Nächstes gekocht und eingefroren werden muss, nicht an die Steuer zu denken und auch die lieben Kollegen oder die Familie weit hinter sich lassen zu können.

Viele von uns lassen Urlaub und Freizeit einfach auf sich zukommen, weil sie die langfristige Planung spießig finden. Andere legen minutiös fest, wie genau alles abzulaufen hat. Wie so häufig liegt das richtige Maß in der Mitte: Ein gut geplanter Urlaub oder ein halbwegs vorstrukturiertes Wochenende gibt uns schon vorher Sicherheit, dass alles klappen wird, und die Möglichkeit, uns in aller Ruhe darauf zu freuen. Zu eng gesteckte Vorstellungen jedoch verpassen uns schon im Vorfeld Blockaden.

Zunächst sollten Sie sich deshalb diese Fragen beantworten, die zu Ihrer Erholung führen:

- Was will ich in meiner Freizeit?
- Was brauche ich zur Erholung?
- Was erwarte ich von meinen »losgelösten« Stunden?
- Wieviel kann ich, wieviel will ich mir in dieser Zeit zumuten?
- Wie unterscheiden sich meine Vorstellungen von denen meines Partners, meiner Kinder, Familie, Freundinnen?
- Wie finden die unterschiedlichen Vorstellungen Raum, ohne dass meine eigenen zu kurz kommen?

Werfen Sie bei der Urlaubsplanung erst einmal falsche Vorstellungen über Bord!

- Befreien Sie sich von unmöglichen Erwartungen, wie etwa der, dass nur eine Reise, die möglichst teuer ist und möglichst weit weg führt, ein »richtiger« Urlaub ist.
- Wer Kleinkinder hat, muss sich beispielsweise nicht durch die Hitze Südafrikas quälen, wenn es bei Oma und Opa oder im Kleingarten der Freunde viel geruhsamer ist.
- Für kleinere Kinder ist zuviel Abwechslung ohnehin nicht gut, für sie ist es erholsamer, zu Hause möglichst viel mit den Eltern zusammen zu unternehmen, vielleicht kleinere Ausflüge in die Nähe oder gemeinsames Planschen im Freibad.
- Wenn Sie nicht gerne kochen und sich von der Alltagsarbeit erholen wollen, ist ein Ferienhaus nicht das Richtige für Sie. Sie sollten im Rahmen Ihrer finanziellen Möglichkeiten eine Unterkunft finden, in der Sie sich um nichts kümmern müssen.
- Sie müssen für Ihre kleinen Kinder auch in den Ferien nicht rund um die Uhr parat stehen. Planen Sie am besten vorher, wer Ihnen die Kleinen von Zeit zu Zeit abnehmen kann.
- Weite und illustre Reisen in exotische Gebiete oder das »Shopping« in New York oder L.A. mögen zwar in gewissen Kreisen im Trend liegen, doch zu Erholungszwecken sind sie für die wenigsten von uns geeignet.
- Strapazieren Sie auch Ihren Geldbeutel nicht über, denn das stresst Sie unnötig, ob Sie nun ständig bewusst daran denken oder nicht. Sie müssen anderen nicht beweisen, wie tolle Ferienziele Sie ansteuern oder sich leisten können. Suchen Sie sich den Ort – der ja auch ganz in der Nähe liegen kann – vor allem danach aus, wo und wie Sie sich am besten erholen.

Was brauchen Sie im Urlaub?

Damit Sie etwas besser erspüren können, wohin die Reise gehen soll, müssen Sie schauen, wo im Alltag Ihre Defizite liegen. Denn eine Grundregel für Ihre wirkliche Erholung lautet: Verstärken Sie in den Erholungszeiten, was in Ihrem Alltag zu kurz kommt. Vermeiden Sie die Dinge, die Sie unnötig nerven und unter Druck setzen. Die Grundstimmung, in der Sie sich befinden, spielt ebenfalls für Ihre Planung eine wichtige Rolle. Jede Frau braucht nämlich Abstand von anderen Dingen. Wer beispielsweise beruflich sehr strapaziert ist, braucht eher Ruhe, während eine Hausfrau sich nach munterer Abwechslung sehnt. Wer auf dem Land wohnt und arbeitet, hat Lust auf Trubel und pulsierendes Leben. Wer aus der Großstadt kommt, genießt ausgiebige Wanderungen in der Natur. Welche Stimmung trifft am ehesten auf Sie zu?

Ich fühle mich eher gelangweilt.
Das wäre ein sinnvoller Ausgleich für Sie: Planen Sie etwas eher Anregendes – wie anspruchsvolle Bücher lesen, Denksport-Aufgaben lösen, mit anderen knifflige Spiele spielen, einen Mannschaftssport betreiben, kulturelle Ereignisse besuchen, eine Studienreise buchen, Ihren Garten umgestalten.

Ich fühle mich eher ausgelaugt.
Das wäre ein sinnvoller Ausgleich für Sie: Tanken Sie Ihre Energiespeicher auf – ruhen Sie sich aus, lesen Sie entspannende Bücher, gehen Sie in die Sauna und ins Schwimmbad, dösen Sie und geben Sie Ihrem Schlafbedürfnis nach, machen Sie Entspannungsübungen, gehen Sie viel spazieren, pusseln Sie in Haus und Garten (aber bitte keine Mammutprogramme) und genießen Sie auch mal unterhaltsame Fernsehkost.

Ich bin total frustriert und habe echt die Schnauze voll.
Das wäre ein sinnvoller Ausgleich für Sie: Gehen Sie aus und besuchen Sie interessante Veranstaltungen, die Ihren Kopf durchlüften, führen Sie angeregte Diskussionen, hören Sie Vorträge über Dinge, die nichts mit Ihrem Alltag zu tun haben, lernen Sie neue Leute kennen, eine neue Sprache, oder suchen Sie sich eine aufregende Sportart, die Sie in völlig andere Kreise führt.

Ich stehe absolut unter Strom.
Das wäre ein sinnvoller Ausgleich für Sie: Versuchen Sie, zur Ruhe zu kommen – etwa indem Sie Ihre Reizüberflutung eindämmen, suchen Sie Orte der Stille auf, verzichten Sie auf turbulente Reisen, genießen Sie den Reiz von ruhigen Landschaften, lernen Sie, sich gezielt zu entspannen und vielleicht auch zu meditieren. Für Sie sind entspannende Tätigkeiten wichtig – wie etwa Kochen, Gärtnern, Sport treiben, besinnliches Spazierengehen oder Schwimmen. Sie müssen sich und anderen im Urlaub gar nichts beweisen.

Wappnen Sie sich gegen Ihren Perfektionismus!

Da die meisten von uns nicht allein das Wochenende verbringen oder in den Urlaub fahren, sollten wir uns vorher mit den unterschiedlichen Erwartungen und Ansprüchen auseinandersetzen. Jede dritte Scheidung soll auf Unstimmigkeiten zurückzuführen sein, die sich während des Urlaubs einstellen. Nach Ansicht von Psychologen sind die ungewohnte Nähe zum Partner und die hohen Erwartungen an diese paar Tage im Jahr die häufigste Ursache für die Unstimmigkeiten. Im Alltag spricht ein Paar im statistischen Durchschnitt nur etwa neun Minuten wirklich miteinander, in der übrigen Zeit wird über Kinder, den Haushalt und Alltäglichkeiten diskutiert. Die Wochenenden werden meist auch nicht gezielt für das entspannte Miteinander eingesetzt, das jede Beziehung so dringend braucht, um am Leben zu bleiben. Im Urlaub soll dann alles nachgeholt oder sollen vielleicht sogar Beziehungsprobleme gelöst werden. Es liegt auf der Hand, dass das nicht funktionieren kann.

Sie sind als Freundin, Tochter, Schwiegertochter, Frau und Mutter allerdings nicht der Garant dafür, dass es für alle eine Superzeit wird. Sie müssen auch selbst nicht alles »schaffen«, was Sie glauben, dass es erstrebenswert sei: Möglichst viele Interessen der anderen unter einen Hut zu bringen, selbst endlich Tiefsinniges zu lesen, zweimal am Tag eine Stunde zu schwimmen, die Strandgymnastik nicht zu versäumen, Mittagsschlaf zu halten, mit den Kindern surfen zu lernen, lange Abende zu genießen, trotzdem rechtzeitig ins Bett zu gehen, mit dem Mann heiße erotische Stunden zu verbringen, ausgiebig zu shoppen und dabei kein Geld auszugeben, die Familie toll nach Landessitte zu bekochen, neue Restaurants kennenzulernen, einen Malkurs zu machen, mit den Kindern Ferienabenteuer zu erleben und womöglich »nebenher« noch etwas abzunehmen oder den Body zu stählen: Versuchen Sie sich auch hier von möglichst viel Unnötigem zu befreien. Dazu müssen Sie erst einmal Ihren Hang zum Perfektionismus unter die Lupe nehmen:

- Versuchen Sie stets, auch außerhalb der Ferienzeiten immer etwas Urlaub in Ihren Alltag zu integrieren und umgekehrt.
- Sprechen Sie Ihre Wochenenden »heilig«. Planen Sie nur Dinge ein, bei denen Sie sich wirklich erholen können.
- Schieben Sie Ihre Erholung nicht auf. Sie ist genauso wichtig wie alles andere.
- Nehmen Sie sich nicht mehr vor als eine, höchstens zwei Aktivitäten pro Tag.

- Beginnen Sie Urlaub nicht unter größtem Stress und Druck und kommen Sie am besten auch nicht erst direkt vor dem notwendigen Einstieg in den Alltag wieder.
- Schleichen Sie sich gemächlich in den Urlaub ein und aus. Das ist für Ihre Nerven und Ihre Beziehung bekömmlicher, denn Sie reagieren nicht mehr so gestresst, wenn Sie in den Ferien einmal Ihre Pläne umstellen müssen.
- Sprechen Sie mit allen Mitreisenden über ihre Vorstellungen, wie der Urlaub werden soll. Versuchen Sie vorher zu klären, wie sich das unter einen Hut bringen lässt und wer wann welche Abstriche machen muss. Es sollte vorher allen Beteiligten klar sein, dass der Urlaub nur schön wird, wenn alle etwas dazu beitragen.
- Machen Sie den anderen klar, dass Sie nicht der Reiseveranstalter sind, bei dem die Mitreisenden eine Regresspflicht einklagen können.
- Wenn die Vorstellungen zu verschieden sind, sollten Sie in aller Ruhe gemeinsam überlegen, ob Ihnen ein getrennter Urlaub besser tut, damit sich jeder wirklich erholen kann, oder ob es vielleicht ganz woanders hingehen soll. Allerdings: Eine Paarbeziehung braucht auch die gemeinsamen Erholungszeiten, um für den Alltag auftanken zu können. Doch wenn die Erwartungen zu unterschiedlich sind, sind getrennte Wege besser, als wenn ein Partner den ganzen Urlaub gefrustet vor sich hin muffelt, sodass der andere auch nichts davon hat. Frauen entwickeln dabei rasch Schuldgefühle.
- Versuchen Sie, die Dinge auch einmal auf sich zukommen zu lassen und sie zu nehmen, wie sie sind, denn sonst nehmen Sie womöglich schöne Urlaubserlebnisse gar nicht wahr, weil Sie so mit dem Einhalten Ihres Planes oder dem Wohlbefinden der anderen beschäftigt sind.
- Wenn es zunächst nicht optimal läuft und Sie sich über etwas ärgern, versuchen Sie der Situation eine unge-

wohnte Perspektive oder das Lustige, Denkwürdige abzugewinnen. Fragen Sie sich, ob das, worüber Sie sich gerade ärgern, wirklich so schlimm ist, dass Sie sich die Stimmung davon verderben lassen wollen. Der Urlaub bietet auch die Chance, eine andere Sicht der Dinge zu erleben und die eigene Vielseitigkeit auszuleben. Das sind oft Seiten, die beispielsweise im Beruf keinen Platz finden.

- Kleine Verschnaufpausen zwischendurch nehmen dem großen Urlaub den Erwartungsdruck. Wenn Sie öfter mal ein verlängertes Wochenende mit zwei, drei Urlaubstagen einlegen, liegen beim großen Urlaub nicht gleich Ihre Nerven blank. Ihrer Beziehung bekommen die kleinen Highlights mit etwas Abstand vom Alltag ebenfalls gut.

- Bleiben Sie im Kurzurlaub lieber zu Hause oder in der Nähe, dann entspannen Sie sich besser, als wenn Sie mal schnell nach Mallorca jetten. Planen Sie schöne Dinge, zu denen Sie schon lange Lust haben. Und passen Sie vor allem auf, dass Sie sich nicht zuviel vornehmen. Lieber einen schönen Abend mit ausgewählten Freunden zusammen sein als in drei Tagen alle Freunde abhaken, die Sie länger nicht gesehen haben. Hier können Sie auch genießen, was Ihnen an einem normalen Wochenende zuviel wird.

- Versuchen Sie, Ihre freien Tage bewusst zu entrümpeln und die Dinge, die Sie tun, wirklich zu genießen. Sie sollten keine Aktivitäten planen, die mit Haushalt oder Garten zu tun haben, sondern wirklich etwas, wozu Sie besondere Lust haben. Frauen neigen leider dazu, schnell ein schlechtes Gewissen zu entwickeln, wenn sie mal die Hände in den Schoß legen.

- Wenn Sie einen schönen Urlaub hinter sich haben, überlegen Sie, was Ihnen am besten getan hat und ob es sich nicht auch in Ihren Alltag integrieren lässt. So können Sie sich ein Stück Erholungsreservoir erhalten.

- Strukturieren Sie Ihren Alltag von nun an anders, damit die Dinge, die Sie vorher vermisst haben, nun nicht mehr zu kurz kommen.

So ist es bei uns

Wir haben aus leidvoller Erfahrung gelernt, offiziell einen oder zwei Tage früher in den Urlaub zu gehen, als die Reise beginnt. Der erste Ferientag dient den letzten Vorbereitungen, jetzt wird auch der Koffer gepackt. Der zweite ist unser erster Urlaubstag, an dem wir es etwas langsamer angehen lassen. Viele Jahre lang haben wir uns selbst in den letzten Tagen vor der Abreise so abgehetzt, dass wir fast bis zum Ende der Ferien brauchten, um uns davon zu erholen. Wir wissen, dass das eine große Erholungsfalle für Frauen ist: Im Büro muss der Schreibtisch leer sein, die anstehenden Aufgaben an andere verteilt, zu Hause muss noch einmal sauber gemacht, die Fenster geputzt werden, die Pflanzen versorgt, der Rasen gemäht, die Wäsche sauber in Reih und Glied in den Schränken, die Reisekleidung muss gewaschen, gebügelt und gepackt werden, es müssen noch viele Kleinigkeiten besorgt, das Spielzeug für die Kinder zusammengestellt, die Nachbarn informiert werden und dergleichen. Sind die Koffer dann endlich zu, müsste eigentlich ein Experte für posttraumatischen Stress kommen, um uns erst einmal wieder auf den Boden zu bringen. Für Freiberufler ist die Urlaubsplanung noch etwas aufwändiger. Zum einen verdienen sie in dieser Zeit keinen Euro – müssen also auch das Finanzielle anders vorausplanen –, zum anderen sollten die Geschäftspartner so gut versorgt sein, dass alle zufrieden sind und es keinen Frust gibt. Außerdem dürfen ihnen währenddessen keine wichtigen Aufträge »durch die Lappen« gehen. Hier empfiehlt es sich, doch lieber mehrere kleinere Urlaube zu machen oder während eines großen Urlaubs zu bestimmten, in vorher angekündigten Zeiten erreichbar zu sein.

Sie versäumen nichts, wenn alles etwas langsamer geht

Machen Sie sich klar, dass Ihnen nicht wirklich Urlaubs-
tage verloren gehen, wenn Sie etwas später losfahren und
etwas früher wiederkommen, denn dieses kleine Zeitpols-
ter zahlt sich wirklich aus. Müßiggang ist nicht aller Laster,
sondern aller Selbstbesinnung Anfang. Stimmen Sie sich
lieber gemeinsam ein, indem Sie am Abend vorher noch
einmal schön essen gehen oder gemeinsam kochen. Lassen Sie es auch am Urlaubsort ruhig angehen, damit sich
Ihr Körper an die veränderten Gegebenheiten anpassen
kann. Wenn Sie Ihrer Seele keine Zeit lassen, um anzukommen – wie es die Indianer sagen –, fühlen Sie sich
noch lange unwohl. Die Seele fliegt nicht mit Überschall-
geschwindigkeit, sondern nach ihren eigenen Regeln.

Auch im Alltag können Sie sich immer wieder Momente der Ruhe schaffen, indem Sie Ihrem Kopf und Ihrer
Seele beim Abschalten helfen: Blättern Sie nicht sofort in
der Zeitung, sobald Sie in Bus, Bahn oder beim Frisör sitzen. Fixieren Sie stattdessen irgendeinen Punkt. Nach
kurzer Zeit gehen Ihre Gedanken von ganz allein auf Reisen. Die einfachste Art, Lärm bewusst auszuschalten, ist,
aus dem Fenster zu schauen: Die vorbeiziehenden Wolken, sich sacht verändernde Formen und Farben wirken
wohltuend aufs Auge, fangen die Gedanken ein. Auch Dü-
nenlandschaften, Meereswogen, Blumenwiesen – alles,
was von Natur aus leicht bewegt erscheint, überträgt bei
längerem Hinschauen die leisen Wellenbewegungen auf
das Gehirn und lässt es in Ruhe auspendeln. Widerstehen
Sie der Versuchung, gleich Radio oder Fernsehgerät anzu-
schalten, wenn Sie nach Hause kommen. Genießen Sie die
Momente der Ruhe in Ihrer Wohnung. Verordnen Sie sich
selbst telefonfreie Stunden – legen Sie den Hörer neben
die Gabel oder schalten Sie das Telefon ab. Sie müssen
nicht immer erreichbar sein, und so bleiben Ihnen auch

die nervigen Geräusche erspart. Wer seinem Kopf etwas Gutes tun möchte, sollte solche Plätze aufsuchen, still sein und die Seele mitschwingen lassen. Das Gehirn braucht nämlich auch tagsüber diese Speicherzeiten, um die ununterbrochenen Sinneseindrücke und Denkvorgänge zu sortieren, zu ordnen, zu bewerten und unter Umständen »wegzustecken«.

Unsere wichtigste Erholungs- und Glücksquelle: Tiefschlaf

Einer der schlimmsten Erholungskiller ist zu wenig Schlaf. Generell schlafen wir alle zu wenig. Ausreichender Schlaf ist in unserer hektischen Zeit zu einem Luxusgut geworden. Schlafen gilt als Zeitverschwendung. Fernsehen, Computer und Internet können uns die ganze Nacht hindurch beschäftigen. Wer bekennender Gerne- und Langschläfer ist, gilt schnell als piefig und »uncool«. Und wollen Sie gerne für eine »Provinzsuse« gehalten werden? Also machen wir die Nacht zum Tag und stopfen noch mehr Aktivitäten in sie hinein. Wir schlafen insgesamt zwei Stunden pro Nacht weniger, als wir es brauchen. Das sind umgerechnet vierzehn Stunden in der Woche, also zwei ganze Sieben-Stunden-Nächte. Diese Dauerbelastung macht uns krank und kann am Ende weder durch Schlaf noch durch Erholung ausgeglichen werden.

Die meisten Menschen zwingen sich heute dazu, später ins Bett zu gehen, als sie eigentlich möchten. Ihr Körper braucht aber den Schlaf regelmäßig – am besten einige Stunden vor Mitternacht. Dafür belohnt er Sie dann aber auch, indem er Ihnen gute Laune und Glücksgefühle schenkt, Sie fit und schön hält. Ausreichender und guter Schlaf gilt als eine der wichtigsten Altersbremsen, denn im Schlaf mobilisiert das Immunsystem unsere Gesundheitspolizei. Für unsere Psyche ist der Schlaf am wichtigsten, in dem wir träumen.

Befreien Sie sich von Schlafkillern:

- Ideal ist eine Raumtemperatur von etwa 18 Grad.
- Eine zu harte oder zu weiche Matratze stört Ihren Schlaf. Alle zehn Jahre sollten Sie sich eine neue gönnen.
- Schlafen Sie möglichst nicht zur Straßenseite oder zu einer Seite, in der es nachts Geräusche gibt (Biergarten, Parkplatz, Industrieanlagen), denn Lärm stört Ihren Schlaf auch dann schon, wenn Sie ihn gar nicht bewusst wahrnehmen.
- Entfernen Sie auch die »kleinen« Geräuschquellen: Tickt oder surrt Ihr Wecker? Gibt es elektrische Geräte auf Stand-by in der Nähe Ihres Bettes? Werfen Sie alles Elektrische aus dem Schlafzimmer. Und vor allem: kein Handy und keinen Fernseher am Bett postieren.
- Es sollte möglichst dunkel im Schlafzimmer sein. Hängen Sie dichte Vorhänge auf, falls Ihnen eine Straßenlaterne ins Zimmer scheint.
- Treiben Sie nicht zu spät noch Sport, dann kommt Ihr Körper nicht schnell genug zur Ruhe.
- Essen Sie spätestens drei Stunden vor dem Schlafengehen die letzte Mahlzeit. Ein (!) Glas Rotwein, Bier oder Milch kann dem Schlaf dienlich sein. Zigaretten sind generell Gift für den Schlaf.
- Trinken Sie nicht zuviel vor dem Schlafengehen, dann müssen Sie nämlich nachts auf die Toilette. Stehen Sie zu einem ungünstigen Zeitpunkt auf, kann es Stunden dauern, bis Sie wieder einschlafen.
- Wenn Sie nachts schlecht schlafen, sollten Sie sich tagsüber nicht hinlegen.
- Wenn Sie nicht einschlafen können oder nachts lange wach liegen, verfallen Sie nicht ins Grübeln. Denken Sie an schöne Dinge. Wenn es nicht hilft, lieber wieder aufstehen, etwas lesen und leise Musik hören.
- Nehmen Sie auf keinen Fall Schlafmittel. Erfinden Sie sich lieber Schlafrituale wie das abendliche Einschlaf-

bad. Trocknen Sie sich danach nicht ab, schlüpfen Sie feucht ins Bett. Das wirkt oft Wunder!

- Verzichten Sie auch am Wochenende nicht auf Ihren normalen Schlafrhythmus. Gehen Sie nicht viel später ins Bett als sonst und stehen Sie früh auf. Legen Sie lieber mittags ein Nickerchen ein, denn sonst handeln Sie sich einen Wochenend-Jetlag ein. Das gilt ganz besonders, wenn Sie zu Migräne oder zu depressiven Verstimmungen neigen.

- Ihr Bett ist vor allem zum Schlafen da, arbeiten und essen Sie nicht dort. Aber Sex ist natürlich unbedingt erlaubt. Schlafforscher stellten bei Ehepartnern fest: Wer öfter Sex hat, schläft besser. Und umgekehrt.

So ist es bei uns

In Zeiten, in denen wir extrem eingespannt sind, achten wir sehr bewusst darauf, dass wir genügend Schlaf bekommen. Nach einem kleinen Rundgang an der frischen Luft oder einem Schlafbad geht es spätestens gegen 21 Uhr in die Federn, denn um diese Zeit schläft man vom Bio-Rhythmus her besonders gut ein und kann meist auch durchschlafen. Am nächsten Morgen sind wir erfrischt und stehen entsprechend früh auf, um die Aufgaben des Tages in Angriff zu nehmen. Es kommt jedoch auch in Krisenzeiten immer wieder vor, dass wir nachts aufwachen. Dann besteht die Gefahr, vor lauter Grübelei über die anliegenden Probleme lange wach zu liegen. Erfahrungsgemäß lösen diese Grübeleien keine Probleme, sorgen aber dafür, dass wir uns zerschlagen fühlen. Es ist logisch, dass wir Zeiten durchleben, in denen uns mehr als eine Sorge plagt. Doch wir finden schneller Lösungen und halten schwierige Zeiten besser durch, wenn wir gut ausgeschlafen sind. Wir haben uns entschlossen, statt zu grübeln, an unsere Rosen zu denken, wenn sie in voller Blüte stehen. Es hilft auch, sich schöne Stoffe, romantische Parks oder beeindruckende Landschaften vorzustellen.

Die 10 Clear-Your-Life-Regeln für ein klares Erholungsmuster

1.
Beherzigen Sie die Regel »Weniger ist Mehr«!

Versuchen Sie nicht, alles in Ihre Erholungszeiten zu stopfen, was Sie zu versäumen glauben. Ihre Freizeit soll wirklich frei sein, möglichst auch von aufgesetzten Aktivitäten. Es steht Ihnen zu, auch mal richtig faul zu sein.

2.
Finden Sie heraus, wo Sie Ausgleich brauchen!

Am besten schalten Sie in aller Regel mit einem Kontrastprogramm zum Alltag ab. Versuchen Sie sich als Erstes bewusst zu machen, wofür Sie Ausgleich brauchen. Welche Erholungskonsequenzen ergeben sich für Sie daraus?

3.
Schützen Sie sich vor den Ansprüchen anderer!

In einer Art vorauseilendem Gehorsam erahnen wir schon im Vorfeld, was andere für Wünsche und Pläne haben. Wir haben oft bereits im Vorfeld ein schlechtes Gewissen, wenn wir uns darüber hinwegsetzen wollen oder müssen. Machen Sie sich klar, dass jeder für seine eigenen Ansprüche zuständig ist. Nehmen Sie alle Beteiligten in die Pflicht. Sie sind nicht die Alleinunterhalterin.

4.
Ihr größter Erholungsfeind ist Perfektionismus!

Auch wenn es uns noch so schwer fällt, weil wir uns meist mit den Augen anderer sehen: Es muss nicht immer alles

perfekt sein. Gerade die kleinen Brüche und Unzuläng-
lichkeiten machen das Leben doch unverwechselbar.
Denken Sie immer daran: Sie sind die Agierende – wem
das nicht passt, was Sie machen, soll es selbst besser machen.

5.
Senken Sie den Erwartungsdruck!
Um aus der Perfektionsfalle und dem Druck der Erwartungen zu entkommen, überlegen Sie sich rechtzeitig, was
sich einfacher gestalten lässt. Kündigen Sie Änderungen
oder Einschränkungen der normalen Abläufe vorher an.
Gehen vor allem Sie selbst locker damit um, wenn Sie
einfach bestimmte Pflichten aus dem Programm streichen.

6.
Machen Sie mehr kleine Erholungspausen!
Versuchen Sie jeden Tag, sich etwas Gutes zu gönnen und
ein Eckchen Ruhe für Sie ganz allein zu finden. Schicken
Sie Ihre Gedanken auf Reisen und lassen Sie Ihren Kopf
einmal leerlaufen. Planen Sie wenigstens eine halbe
Stunde täglich ein, die Ihnen ganz allein gehört.

7.
Stehen Sie dazu, dass Sie allein sein wollen!
Egal, ob es um Sie allein geht, um Sie und Ihren Partner,
Ihre Familie oder einen engeren Freundeskreis: Sie haben das gute Recht, miteinander allein sein zu wollen. Sie
müssen nicht die Verantwortung für entfernt bekannte
Singles, alleinstehende Tanten oder liebeskranke Kolleginnen übernehmen. Über Ihre Erholungszeiten verfügen Sie so, dass Sie sich erholen, nicht nur die anderen.

8.
Klinken Sie sich am Wochenende öfter mal aus!

Die Freizeit am Wochenende ist heute besonders kostbar, da die Wochen vollgestopfter sind als jemals zuvor. Machen Sie mit dem Partner und/oder der Familie öfter mal eine kleine Reise am Wochenende oder planen Sie einen besonderen Ausflug. Wenn Ihnen danach ist, machen Sie ohne schlechtes Gewissen einfach zu Hause »die Schotten dicht«.

9.
Geben Sie Ihrem Schlaf genügend Raum!

Zu wenig Schlaf ist einer der größten Erholungskiller. Das Beste, was Sie für sich tun können, ist, eine innige Beziehung zu Ihrem Bett aufzubauen. Für die meisten ist nach wie vor die gesündeste Regel, mit den Hühnern schlafen zu gehen und aufzustehen (echte Nachteulen haben zwar einen anderen Rhythmus, sind aber gar nicht so häufig anzutreffen). Stehen Sie selbstbewusst dazu, dass Sie früh schlafen gehen.

10.
Achten Sie gerade in Krisenzeiten darauf, dass Sie besonders viel und gut schlafen müssen!

Wenn Ihnen Arbeit, Stress und Probleme mal wieder über den Kopf zu wachsen drohen, legen Sie als Erstes ein Schlaf-Notprogramm fest, denn nur damit packen Sie die anstehenden Hürden wirklich. Schlafen Sie mindestens sieben bis acht Stunden und verordnen Sie sich vorher ein besonderes Verwöhnprogramm. Geben Sie dabei dem schlechten Gewissen keine Chance.

10. Weg

Hinein ins gute Gefühl!

Clear-your-Life-Test:
Wie ausgeprägt ist Ihr Talent zum Glück?

- ☐ Können Sie einen schönen Augenblick genießen und auskosten, ganz ohne an die Dinge zu denken, die Sie eigentlich noch erledigen müssten?
- ☐ Gibt es Tätigkeiten, die Sie so erfüllen, dass Sie um sich herum Raum und Zeit vergessen?
- ☐ Tun Sie manchmal etwas ganz ohne Sinn und Zweck – einfach nur, weil es Ihnen Spaß macht?
- ☐ Können Sie andere gut mit Ihrer Begeisterung anstecken?
- ☐ Kennen Sie Ihre persönliche Lebensaufgabe?
- ☐ Fühlen Sie sich manchmal gut – ganz ohne äußeren Grund?
- ☐ Ist Ihr Beruf für Sie – zumindest teilweise – Berufung?
- ☐ Können Sie mit sich alleine glücklich und zufrieden sein?
- ☐ Kennen Sie Ihre tiefen, ureigensten Bedürfnisse – und sind Sie in der Lage, sie sich zu erfüllen?
- ☐ Spielen Sie manchmal ein Spiel – ganz ohne an das Gewinnen oder Verlieren zu denken?
- ☐ Beherrschen Sie die Kunst, in der Gegenwart zu leben?
- ☐ Können Sie kleine Glücksmomente erkennen und auskosten – wie zum Beispiel Regentropfen im Gesicht, das Lächeln eines Passanten auf der Straße, ein überraschend gut schmeckender Apfel?

Diese Fragen sprechen für sich – sie zeigen an vielen Beispielen, wie wir Glück erleben. Je öfter Sie mit »Ja« antworten konnten, desto eher erkennen Sie die Momente des Glücks und können sie auch mit beiden Händen ergreifen.

Ganz beseelt von Klarheit

Wenn Sie sich bis hierher durch dieses Buch hindurch gearbeitet haben und einige Tipps vielleicht sogar bereits umsetzen konnten, wird es Ihnen jetzt sicher schon viel besser gehen.

Wir wissen das, denn auch wir haben oft genug klärenden Wind durch unser Leben wehen lassen. Wenn der Staub in allen Ecken unseres Lebens aufwirbelte, haben wir voller Freude den Besen genommen und den letzten Rest alten Schmutzes hinausgekehrt. Am Schluss stützten wir uns zufrieden auf den Besen und atmeten durch.

Wenn Sie jetzt auch an dieser Stelle stehen, liebe Leserin, dann haben Sie sich mutig von inneren und äußeren Zwängen befreit, haben geistige Begrenzungen überschritten und vielleicht sogar gesellschaftliche Schranken überwunden. Womöglich haben Sie Beziehungen entwirrt, Wohnung, Haus und Büro aufgeräumt, selbst in Handtasche und Kosmetikbeutel Klarschiff gemacht. Sie haben sich sicher nicht geschont. Wahrscheinlich konnten Sie Ihre persönlichen Zeiträuber entlarven und wissen nun, wie Sie effektiver arbeiten und sich effektiver erholen können, wie Sie sich Raum schaffen für Ruhe und Besinnung.

Ruhen Sie sich auf Ihren Lorbeeren aus!

Vielleicht ging es Ihnen ähnlich wie vielen Menschen: Hat man erst einmal angefangen, ist man schnell so beseelt vom Gedanken des Klärens, dass man Lust auf weitere Erfolge hat. Wenn die Ärmel innerlich aufgekrempelt sind, greift die Energie des Klarschiff-Machens schnell um sich. Kaum ist eine Aktion beendet, schaut man sich suchend nach neuen Bereichen um: Gibt es noch etwas, das man zu lange aufgeschoben hat und das nach Klärung schreit? Mit einer solchen Reinemach-Power sind Sie in der Lage, auch dort unter den Teppich zu schauen, wo Sie lange Jahre nicht hinsehen mochten – richtig? Auf diese Art haben Sie inzwischen einiges in Ihrem Leben überprüft. Was nicht mehr stimmte, wurde verabschiedet, entsorgt, zerschlagen, sanft zur Tür hinaus befördert oder zumindest auf die »Abschussliste« gesetzt. Symbolisch und praktisch entledigten Sie sich aller Hindernisse, die Sie am Weitergehen hinderten.

Ein gutes Stück Arbeit haben Sie geleistet, um hierher zu kommen – hier an diesen Punkt, an dem jeder landet, der sein Leben klärt. Es ist der Punkt, an dem wir uns ausruhen und innehalten, an dem wir uns gerne hinsetzen, um ein wenig zu genießen und zu schauen, wo wir stehen.

Und nun? Wie geht es weiter?

Lernen Sie das Wissen vom Glück!

Nun kommen wir zur Essenz: Zum Wissen vom Glück. In den Büchern und Artikeln, die sich zur Zeit mit diesem Thema befassen, steht immer wieder zu lesen, worauf es dabei ankommt: Wir werden aufgefordert, viele kleine Glücksmomente anzuhäufen und unser Auge für die schönen Augenblicke zu schulen. Nicht nach dem ganz großen Glück eines Lottogewinns oder einer Traumhochzeit gilt es zu schielen, sondern nach den Dingen, die wir riechen, schmecken, fühlen, hören, greifen können – und zwar jetzt, in diesem Moment. Glück empfinden heißt, sich Dingen und Tätigkeiten hinzugeben, die einen voll und ganz erfüllen, sich dem Fluss der Energien anzuvertrauen, das Herz zu öffnen für Liebe, Offenheit und echte Kommunikation.

Alles richtig. Wir möchten aber noch einen Schritt weiter gehen.

Auf die große Frage, wonach der Mensch in seinem Leben strebt, gab ein indischer Yogalehrer einmal eine sehr einfache Antwort: Nach dem guten Gefühl. Wie recht er

238

damit hat! Eigentlich suchen wir unser ganzes Leben lang nur nach diesem einen Gefühl. Manche nennen diesen Zustand Zufriedenheit, andere innere Ruhe, Gelassenheit oder im Einklang sein mit sich und der Welt. Wieder ein anderes Wort dafür ist Liebe. Wir nennen es gerne Ausdehnung, weil es beschreibt, was mit uns in diesem Zustand geschieht. Wir werden innerlich weit, immer weiter, ein warmes Gefühl strömt aus dem Herzen und breitet sich von dort über den gesamten Körper aus, erfüllt unser ganzes Sein und schenkt uns ein wunderbares Leuchten. Jeder von uns hat dieses Gefühl schon erlebt: in einer Liebesnacht, bei einem überwältigenden Naturschauspiel, nach einem berauschenden Erfolg, im innigen Zusammensein mit unserem Kind oder Partner, während tiefster Entspannung und völligem Loslassen.

Diesen Glücksmoment suchen wir immer wieder.

Wenn wir uns unter diesem Aspekt einmal anschauen, was uns anzieht, was uns abstößt und wonach wir streben, merken wir ganz schnell: Letztlich geschieht alles, was wir tun, in der Absicht, diesen einen, in vielen Facetten erlebten Zustand immer wieder zu erreichen und zu intensivieren. Wir lieben eigentlich nur das, was zu einem guten Gefühl beiträgt. Was uns kein Glück bringt, das mögen wir nicht. Angefangen vom Partner über das neue Auto, den Job, die Wohnung bis hin zum neuen Kleid. Und wenn wir ganz ehrlich sind, dann erkennen wir: Sogar Spenden, Zuwendungen und Taten aus Nächstenliebe geschehen in letzter Konsequenz nur, um uns vom schlechten Gefühl zu befreien (in diesem Fall vom schlechten Gewissen gegenüber Menschen, denen es nicht gut geht). Denken wir diesen Gedanken einmal zu Ende, merken wir spätestens hier: Das gute Gefühl zu bekommen oder zu erhalten, ist einer der bestimmenden Faktoren in unserem Leben.

Und so leben wir ständig in der Spannung zwischen Ablehnung und Verlangen, denn so wie das Gefühl ist, so empfinden wir den Tag. Wachen wir mit angenehmen Gedanken und Gefühlen auf, ist die Welt schön, im anderen Fall ist sie schrecklich und wir leiden. Auch Probleme erscheinen uns klein und nichtig oder groß und unüberwindbar – je nachdem, auf welchem Level unser Gefühl gerade ist.

Nicht mehr suchen – einfach sein

Warum nur schaffen wir es nicht, dieses Glücksgefühl zu behalten, warum erwischen wir immer nur einen Zipfel? Weil unser Bewusstsein falsch gepolt ist. Wir machen einen typisch westlichen Denkfehler und verwechseln Auslöser mit Verursacher. Statt zu begreifen, dass dieses Gefühl bereits in uns ist, glauben wir, es sei irgendwo außerhalb unserer Person zu finden. Und so sind wir ständig auf der Suche nach irgendwelchen äußeren Auslösern des guten Gefühls. Manche von uns verbinden es mit einem bestimmten Menschen, andere mit einem Glas guten Weins, mit einer neuen Handtasche, einem Superjob, einer Reise, einem Baby, einem schnellen Auto, dem Spielcasino oder mit Geld. Unsere durch Werbung irregeführte Konsumhaltung vergrößert diesen Irrtum und macht uns sogar noch weis, wir könnten das gute Gefühl durch den Kauf eines Parfüms oder einer Musik erzielen. Doch der durch äußere Auslöser erzielte Glücksrausch ist schnell vorbei. Es verhält sich damit ähnlich wie mit Drogen, und aus diesem Grund werden wir dann süchtig. Wir jagen diesem Rausch nach und wenden immense Energien auf, ihn immer wieder zu bekommen. Manche von uns vergeuden ihre ganze Lebenskraft mit dieser Suche. Ein teurer, erschöpfender Prozess, bei dem wir doch immer nur ein Abziehbild vom Paradies bekommen. Und so schieben wir das Glück vor uns her oder sogar von uns weg und betrachten es sehnsüchtig aus der Entfernung als ein fernes Ziel, das wir erreichen wollen.

Das gute Gefühl ist schon da

Und nun die gute Nachricht: Es ist möglich, dieses Glücksgefühl jetzt zu bekommen. Wir müssen weder abwarten, bis etwas in Zukunft geschieht, noch sind wir abhängig von Dingen, Situationen, Umständen oder Personen. Das Geheimnis lautet: Das echte, wahre, wirklich gute Gefühl will nur gefühlt werden – es ist in uns. Statt danach zu trachten, glücklich zu *werden*, können Sie es einfach *sein*. Wir alle können Glück in uns selbst entstehen lassen. Ganz ohne Grund, ohne Anlass, ohne Sinn und Zweck, einfach aus dem Gefühl heraus zu sein.

Klingt unmöglich, sagen Sie? Zwischen Kindergeplärr, Abwasch, einer nölenden Schwiegermutter und dem laufenden Fernseher einfach »sein«? Sie haben Recht, so geht es natürlich nicht. Selbstverständlich sollten wir uns zunächst einmal das passende Umfeld schaffen, um das »Sein« zu üben. In der Hektik des Alltags sind nur sehr geübte »Glücksempfinder« in der Lage, Momente des Glücks zu erkennen und zu erleben.

Doch es gibt einen Weg zum guten Gefühl, der für jeden von uns gangbar ist: Er heißt Entspannung, Loslassen, Hingabe! Klingt einfach, ist einfach. Und funktioniert, sobald Sie es verstanden haben.

Glück ist auch eine Frage des Bewusstseins. Wenn wir unsere inneren Antennen darauf ausrichten, kann es sich einstellen, sobald wir uns entspannen und äußere Dinge loslassen. Wenn wir uns wohl fühlen, durchströmt uns das gute Gefühl, und wenn wir es als solches einmal erkannt haben, dann erkennen wir es immer wieder. Wir lernen mit der Zeit, es zu kultivieren und immer öfter immer intensiver darin zu baden. Irgendwann verstehen wir sozusagen am eigenen Leib, worum es geht: Wir selbst sind das, was wir irgendwo draußen gesucht haben.

Lernen Sie, Ihr Glück aktiv zu empfinden!

Fangen Sie also an, mit wachen Sinnen Körper und Seele zu entspannen, die Zeit fließen zu lassen und immer wieder einfach zu »sein«. So beginnen Sie innerlich weiter zu werden. So beginnen Sie sich zu spüren und energetisch auszudehnen.

Nun ist es natürlich nicht immer damit getan, eine Kerze anzuzünden und zu relaxen. Aber es ist ein guter Anfang, denn die entspannte Körper- und Geisteshaltung ist die Basis jedes Glücksempfindens. Nach einiger Zeit ist das Glücksbewusstsein so weit entwickelt, dass wir beginnen, auch die Freude an den kleinen Augenblicken zu trainieren. Wer mit offenem Herzen und offenen Augen durch die Welt geht, entdeckt überall etwas, worüber er sich freuen kann. Das kleine Glück am Wegesrand: Es ist allgegenwärtig. Wir müssen nur hinschauen, erkennen – und erleben.

Es ist so einfach, dass der Verstand es kaum glauben mag: Jeder Mensch kann diese Freude leben. Nach einiger Zeit erkennt der »geschulte Glücksempfinder«: Statt etwas zu tun, um ein gutes Gefühl zu bekommen, ist es viel sinnvoller, alles aus dem guten Gefühl heraus zu tun. So wie wir als Kind unbelastet und fröhlich gespielt haben, nur aus der Freude am Augenblick heraus.

Diese Unbeschwertheit ist uns verloren gegangen. Wenn wir jedoch wieder lernen, innerlich freudvoll und zufrieden zu sein, wird das ganze Leben leichter und wir empfinden uns schneller als glücklich. Dieses Glücksgefühl ist gepaart mit der Dankbarkeit, so fühlen zu können, die Welt so empfinden zu dürfen. Und dieses Gefühl vermehrt sich dann gewissermaßen durch Zellteilung.

Beseitigen Sie die letzten Hindernisse auf Ihrem Weg zum Glück!

Selbstverständlich gibt es in unser aller Leben immer wieder Stolpersteine, Hindernisse und unglückliche Umstände, die uns daran hindern, dieses »Sein« zu spüren und mit dem Leben zu fließen. Hier einige Beispiele:

Die Tendenz zurückzublicken: Viele von uns leben eher in der Vergangenheit als in der Gegenwart. Das Klammern an frühere Zeiten zeigt sich durch Satzanfänge wie »als meine Eltern noch lebten« oder »in meiner Kindheit« oder »als ich vor zehn Jahren«. Auch an der Art, wie die Sätze gesprochen werden, spürt man deutlich, dass diese Menschen gefühlsmäßig sehr stark mit ihrer Vergangenheit verbunden sind. Manchmal blättern sie dazu noch in Fotoalben oder kramen alte Videos hervor, um in Erinnerungen zu schwelgen.

Doch wer seine Aufmerksamkeit auf etwas Vergangenes richtet, konzentriert auch seine Gedankenkräfte darauf und lädt diesen Bereich mit Lebensenergie auf. Damit wird dann die Vergangenheit lebendig, während das gegenwärtige Leben energetisch so schwach ist, dass man kaum noch Kraft übrig hat, um Wünsche oder Projekte zu realisieren oder etwas Wichtiges zu bewegen.

Machen Sie sich also bewusst, wie hemmend sich das Klammern an Vergangenes auf Ihre Lebensfülle auswirkt. Sie können an dem, was einmal war, nichts mehr ändern, auch wenn Sie sich stundenlang den Kopf darüber zermartern, welche Fehler Sie damals begangen haben und was Sie heute anders machen würden. Grübelei über Vergangenes ist nutzlos und vergeudet die Kraft, die Sie für Ihr jetziges Glück brauchen.

Der Spruch »Dazu bin ich schon zu alt«: Viele Menschen erleben das Erwachsenwerden wie eine gesellschaftliche

Programmierung. Sie meinen, sie müssten nun endlich vernünftig oder solide werden. Aber auch damit opfern sie einen Teil ihrer Fähigkeit, das Leben zu spüren. Die Fähigkeit zum Glück besitzen nur Menschen, die lebendig bleiben, neugierig und mutig genug, auch mal auf Konventionen zu pfeifen. Wer das Kind in sich »zur Vernunft bringt«, wechselt irgendwann vom Risikoverhalten zum Sicherheitsdenken, von der Flexibilität zur Bequemlichkeit, vom Lust- zum Vernunftverhalten, von der Spontaneität zur Verbindlichkeit, von der Entwicklung zur Stagnation. Sind Sie wirklich bereit, diesen hohen Preis dafür zu zahlen? Er besteht aus unerfreulichen Lebensjahren und dem Gefühl, nie richtig gelebt zu haben.

Die Angst, sich seine Wünsche alleine zu erfüllen: Eine unter Frauen weit verbreitete Eigen- oder Unart ist es, überall zu zweit oder zu mehreren aufzutauchen. Bei jeder Einladung zu einer Vernissage, einer Party oder einem Seminar rufen sie Freunde oder Freundinnen an, um nachzufragen, ob nicht jemand mit ihnen dort hingehen könnte. Als Ausrede gilt der Hinweis, dass es zu zweit oder mehreren doch viel mehr Spaß macht. Wenn sich dann keine Begleitperson findet, sagen sie den Termin einfach ab. Schade! Wer das Erleben schöner Dinge von der Anwesenheit anderer Menschen abhängig macht, wird immer wieder enttäuscht und unzufrieden sein und beraubt sich vieler Glückschancen. Es kostet zwar Mut und Überwindung, sich seine Bedürfnisse und Herzenswünsche im Alleingang zu erfüllen, aber es ist umso erfüllender, wenn man es geschafft hat. Speziell verheiratete Frauen, die nach ihrer Trennung oder Scheidung Probleme haben, ihr Leben wieder in Eigenverantwortung zu leben, sollten sich mit diesem Thema auseinandersetzen. Wer die Kunst beherrscht, ganz aus sich selbst heraus das gute Gefühl zu entwickeln, gehört zu den Glückspilzen des Lebens.

Das Aufschieben des Genießens auf später: Wir alle kennen Sätze, die anfangen mit: »Ich kann jetzt nicht, ich muss noch ...« Und dann folgt die übliche Litanei dessen, was wir vor das Glück stellen: den Herd putzen, die Wäsche einräumen, Oma anrufen, den Lottoschein abgeben ... Die Liste lässt sich endlos fortsetzen – es ist die Liste unserer inneren Glücks-Bremsen. Wir schieben das »Eigentliche«, das Erleben des Augenblicks, das Auskosten der ganzen Lebensfülle so lange auf, bis die Chance vorbei ist und wir müde vom Erledigen der Pflichten ins Bett fallen, frustriert und leer. Wieder mal nicht gelebt. Und warum? Weil der Antreiber in unserem Gehirn meint, wir müssen es uns erst verdienen, glücklich zu sein. Erst wenn Oma tot ist, die Kinder aus dem Haus sind, die Lebensversicherung ausgezahlt wird, die Wohnung abbezahlt ist, dann ... Ja, was dann? Vielleicht ist uns die Lust bis dahin längst vergangen. Deshalb: Schluss mit der Aufschieberitis! Leben können Sie immer nur jetzt. Wenn Sie einmal spontan eine Arbeit liegen gelassen haben, um mit dem Liebsten einen Spaziergang zu machen, dann wissen Sie spätestens beim Nach-Hause-Kommen, wie richtig es war. Wenn die Arbeit wirklich wichtig ist, können Sie sie anschließend mit mehr Kraft und Energie erledigen, denn Sie waren ja zwischendurch glücklich.

Eins sein mit dem, was man tut, voll und ganz in einer Tätigkeit aufgehen – das ist auch für den berühmten Psychologie-Professor Mihaly Csikszentmihalyi der Inbegriff des Glücks. Er hat dafür den Begriff des »Flow«, auf Deutsch »Fließen«, geprägt, der nichts anderes beschreibt als den anfangs erwähnten Zustand der Ausdehnung.

Auch den Csikszentmihalyi'schen Flow kann man immer und jederzeit erleben, wo man sich mit einer Tätigkeit verbindet – bei der Arbeit, in der Freizeit, mit Menschen zusammen und auch alleine für sich. Voraussetzung ist allerdings die so genannte Aktivierungsenergie. Es geht also darum, sich ganz bewusst und aktiv auf etwas einzulassen – was immer das sein mag. Für die einen ist es der Tanz, bei dem der Körper so im Rhythmus der Musik aufgeht, dass er ein Teil der Musik wird. Andere schreiben Gedichte, bei denen die Worte nur so aus der Feder fließen. Aber das gute Gefühl kann auch beim Bedienen einer Maschine oder einem anderen technischen Vorgang entstehen, bei dem ein Handgriff ganz selbstverständlich und folgerichtig dem nächsten folgt. Nicht wenige Menschen erleben ihren Flow während des Sports. Beim Joggen oder Bergsteigen zum Beispiel beginnt irgendwann der Augenblick, in dem das ewige Gedankenkreisen aufhört. Der Körper bewegt sich in seinem eigenen Rhythmus, alles geht oder läuft wie von alleine, man selbst wird zur Bewegung, Geist und Körper werden eins. Es ist die totale Hingabe an das, was gerade mit einem geschieht.

Getragen vom Fluss der Glücksenergie

Viele bezeichnen den Zustand als ein Strömen oder als das Gefühl, getragen zu werden. Alles passiert spontan und ergibt sich wie selbstverständlich aus dem, was man zuvor getan hat.

Menschen im glücklichen Fließen haben ihre gesamte Aufmerksamkeit nur auf einen Focus gerichtet. Sie wissen genau, was sie tun wollen, und dass das, was sie tun, richtig ist. Die meisten vergessen dabei die Zeit, oft auch das Essen oder schlafen – ja, sie scheinen dabei nicht einmal müde zu werden. Den Flow kann der Golfer auf dem Green ebenso erleben wie der Gärtner beim Umgraben der Erde, die Hausfrau beim Gemüseputzen, der Schüler beim Lernen. Selbstverständlich entsteht das gute Gefühl auch beim Nichtstun – aber nur, wenn es sich um das ganz bewusste, aktiv in Angriff genommene Nichtstun handelt – zum Beispiel mit dem Ziel, den Körper zu entspannen und Innenwelten zu erforschen. Wer faul und passiv auf dem Sofa liegt und sich durch die TV-Programme zappt, dem bleibt das Glückserlebnis sicher verwehrt.

Wie man sieht, geht es beim Glück nie darum, *was* man tut, sondern *wie*. Und das ist das fast schon Tragische dabei: In den Momenten höchsten Glücks ist man sich des Glücks gar nicht bewusst. Man kann es gar nicht, weil man so mit einer Sache, einer Tätigkeit, einer Situation verbunden ist, dass man sich darin auflöst und sich gleichzeitig total darin findet. Sobald man wieder in der Lage ist, aus dem Geschehen herauszutreten und seinen Zustand sozusagen aus der Beobachterposition zu beurteilen, ist das Glücksgefühl schon vorbei.

Der Glücksforscher Csikszentmihalyi hat übrigens inzwischen gut 30 Jahre lang zu diesem Thema gearbeitet und kann daher sehr genau sagen, warum viele Menschen das Fließen nicht erleben: weil sie ihre Psyche mit vielen gleichzeitigen Aktivitäten verwirren. Klassisches Beispiel ist die heute viel diskutierte Fähigkeit des Multitasking, die wir ausführlich in unserem Kapitel über die Zeit behandelt haben: Wer gleichzeitig telefoniert, im Internet surft und vielleicht nebenbei noch Musik hört oder einen Spielfilm im Fernsehen anschaut, hat keine Chance auf ein gutes Gefühl. Auch Menschen, die zu viel arbeiten, zu viele Verpflichtungen am Hals haben oder sich immer wieder vom Telefon aus der Konzentration reißen lassen, kommen nicht in den Glückszustand. Dorthin gelangen nur diejenigen, die sich bewusst die Zeit und die Freiheit nehmen, sich aus dem Geschehen zurückzuziehen und sich ungestört einer einzigen Sache zu widmen.

Wer das Glück, das Fließen, das Einssein mit sich und der Welt erleben will, muss sich allerdings auf eine gewisse Herausforderung einlassen und sein Können in die Waagschale werfen. Ein wenig positiver Stress soll schon sein. Für das Glück darf man sich also gern ein wenig anstrengen, aber immer nur so viel, dass man sich noch gut konzentrieren kann. Am Schluss soll man die Herausforderung bewältigt haben und an ihr gewachsen sein. Glück und Liebe haben nämlich eines gemeinsam: Beide wollen von Natur aus wachsen, Blüten treiben und sich vermehren.

So kommen Sie zu einem guten Gefühl:

- Überlegen Sie, welche Aktivität Sie voll und ganz einnimmt. Wobei gehen Sie wirklich ganz und gar auf?
- Was tun Sie gerade – und wie fühlen Sie sich dabei? Um ein Gespür dafür zu entwickeln, was Sie glücklich macht und was Zeitvergeudung ist, sollten Sie einmal zwei Wochen lang eine ganz spezielle Art von Tagebuch führen: Schreiben Sie alle halbe Stunde bis Stunde auf, was Sie gerade tun und wie es Ihnen dabei geht. So kommen Sie auch ganz nebenbei Ihren heimlichen Zeiträubern auf die Spur.
- Sorgen Sie dafür, dass es Ihrem Körper gut geht. Geben Sie ihm regelmäßig gutes, ausgewogenes Essen, sorgen Sie für ein Gleichmaß an An- und Entspannung, Aktivität und Passivität.
- Versuchen Sie, Erlebnisse des guten Gefühls in verschiedenen Lebensbereichen zu erfahren. Wenn Sie sich auf eine einzige Art der Glückserfahrung konzentrieren (beispielsweise bei der Arbeit), werden Sie davon leicht abhängig und fallen in ein seelisches Loch, wenn diese Möglichkeit wegfällt. Besser ist: auch in der Freizeit, im Zusammensein mit Freunden oder bei gemeinsamen Aktivitäten der ganzen Familie solche schönen Erfahrungen zu genießen.
- Lassen Sie sich von einer Arbeit, die Ihnen Spaß macht, nicht abbringen. Wenn Sie zum Beispiel etwas Wichtiges schreiben, stellen Sie das Telefon ab und sichern Sie sich einen Platz, an dem Sie sich ungestört auf Ihre Tätigkeit konzentrieren können.
- Reduzieren Sie zu großen Stress. Ein gewisses Maß an Anspannung und Herausforderung ist zwar nötig, da-

mit aus einer Aktivität ein gutes Gefühl wird, aber zu viel Stress oder zu hoch gesetzte Ziele bringen Sie um Ihr Glückserlebnis. Hier gilt es, entweder die Ziele ein wenig niedriger zu setzen oder zwischendurch Relax-Pausen einzulegen. Die besten Ideen kommen übrigens nicht am Schreibtisch, sondern in den Mußestunden: beim Spaziergang in der Natur oder bei der Fahrt ins Blaue.

So ist es bei uns

Wir erleben das gute Gefühl sehr häufig beim Schreiben. Die Arbeit an diesem Buch hat uns beide oft beflügelt, und wir haben es genossen, mit Ihnen zu teilen, was uns auf der Seele liegt. Nicht selten gingen dabei ganze Nächte drauf, in denen wir uns dem Fluss des Schreibens hingaben und alles andere um uns herum vergaßen, selbst das Essen und Trinken. Glücklicherweise hatten wir beide gerade fürsorgliche Menschen in der Nähe, die ab und an auftauchten, um uns einen Topf mit leckerem Essen vorbei zu bringen (Moni, Helmut, Manfred sei Dank!). Wie dankbar ist man in solchen Phasen für liebevolle Unterstützung von außen. Auch das ist Glück! Trotzdem zahlte eine von uns für ihr »Vergessenkönnen« den Preis von zwei neuen Herdplatten. Zweimal hatte sie sich Wasser für einen Tee aufgestellt und den Wasserkessel für einige Stunden auf der Herdplatte völlig vergessen. So holt einen der Alltag auch in den schönsten Momenten wieder ein.

Ähnliche Glücksgefühle können wir erleben, wenn wir losgelöst von allem im Garten werkeln können. Da stören uns weder Regen noch Sturm noch Dunkelheit. Haben wir das richtige Fleckchen Erde zu fassen, fließen wir quasi ins Universum hinein.

Das wünschen wir auch Ihnen!

Die 10 Clear-Your-Life-Regeln für ein klares Leben

1.

Nehmen Sie den Augenblick wahr!

Die Fähigkeit, mitten im Trubel innezuhalten, tief durchzuatmen und sich des Moments bewusst zu werden, bringt immer wieder wohltuenden Abstand in jede emotional aufgeladene Situation.

2.

Überlegen Sie gut, wem oder was Sie Ihre Aufmerksamkeit schenken!

Denn Ihre Energie folgt immer der Aufmerksamkeit. Geben Sie mit Ihrer Aufmerksamkeit dem Energie, was Sie gerne intensivieren möchten.

3.

Entscheiden Sie sich für das Sein!

Um etwas zu genießen, müssen Sie es nicht besitzen. Eine schöne Sache verliert oft sogar ihren Reiz, wenn man sie »hat« oder nach Belieben konsumieren kann.

4.

Machen Sie Entspannung zu einem wichtigen Teil Ihres Lebens!

Einmal am Tag sollten Sie Körper, Geist und Seele in tiefe Entspannung versetzen. Sorgen Sie dafür, dass Sie den Zustand innerer Gelassenheit so lange wie möglich im Alltag aufrecht erhalten, denn so sind Sie von Natur aus »gemeint«.

5.
So finden Sie zu Ihrem Glück!
Finden Sie eine Tätigkeit, in der Sie ganz und gar aufgehen können – und widmen Sie sich diesem Tun. Gestalten Sie Ihre Umgebung so, dass Sie sich vollkommen darauf konzentrieren können.

6.
Achten Sie auf Ihre Gedanken!
Denn was Sie denken, wird Ihr Schicksal. Das gilt für Ihre Selbsteinschätzung ebenso wie für die Einschätzung Ihrer Fähigkeiten, Probleme zu bewältigen. Mit positiven Affirmationen üben Sie, die Richtung Ihrer Gedanken zu steuern und deren Kraft für sich zu nutzen.

7.
Verweigern Sie sich dem Schönheitsstress!
Setzen Sie stattdessen auf Ihre Ausstrahlung, denn sie ist es, die letztlich zählt – in der Partnerschaft, im Job, bei wichtigen Entscheidungen.

8.
Erkennen Sie, wenn Sie manipuliert werden!
Die Konsumindustrie lebt davon, Bedürfnisse zu erzeugen, um diese durch den Verkauf von Produkten zu stillen. Dieser Mechanismus macht leider auch vor der Esoterik-Szene nicht halt. Labile, unzufriedene Frauen sind besonders anfällig für nutzlose Glücksversprechen.

9.
Hören Sie auf, immer erreichbar zu sein!
Wer wirklich etwas zu sagen hat, sagt dies zur rechten Zeit – im Beruf zum Beispiel zwischen 9 und 17 Uhr. Danach gibt es Zeit, die nur Ihnen gehört.

10.
Gehen Sie achtsam mit Beziehungen um!

Gute, unterstützende Beziehungen sind eines der wichtigsten Heilmittel unseres Lebens. Deswegen sollten wir sie pflegen wie eine kostbare Pflanze. Nach wie vor ist es das Schönste im Leben, sein Glück mit anderen zu teilen.

Bibliografische Information Der Deutschen Bibliothek

Die Deutsche Bibliothek verzeichnet dieses Publikation in der
Deutschen Nationalbibliografie; detaillierte bibliografische Daten
sind im Internet über http://dnb.ddb.de abrufbar

2 3 4 5   07 06 05 04 03

© 2003 Kreuz Verlag GmbH & Co. KG Stuttgart, Zürich
Ein Unternehmen der Verlagsgruppe Dornier
Postfach 80 06 69, 70506 Stuttgart, Tel: 0711/788030
Sie erreichen uns rund um die Uhr unter www.kreuzverlag.de
Umschlaggestaltung: P. Agentur für Markengestaltung, Hamburg
Umschlagfoto: Benjamin Ochs
Satz: de·te·pe, Aalen
Druck und Bindung: GGP Media, Pößneck

Die Schreibweise entspricht den Regeln
der neuen Rechtschreibung.

ISBN 3 7831 2214 7